U0368454

翟国强 著

宪法判断的原理与方法

基于比较法的视角

The Methodology of Constitutional Decision: Comparative Study

清华大学出版社

北京

图书在版编目 CIP 数据

宪法判断的原理与方法：基于比较法的视角/翟国强著.—北京：清华大学出版社，2019.12
（2024.5 重印）

ISBN 978-7-302-54325-1

Ⅰ．①宪…　Ⅱ．①翟…　Ⅲ．①宪法—法的理论—研究　Ⅳ．①D911

中国版本图书馆 CIP 数据核字（2019）第 257350 号

责任编辑：朱玉霞
封面设计：何凤霞
责任校对：王荣静
责任印制：丛怀宇

出版发行：清华大学出版社
　　　　　网　　　址：https://www.tup.com.cn，https://www.wqxuetang.com
　　　　　地　　　址：北京清华大学学研大厦 A 座　　　邮　　编：100084
　　　　　社 总 机：010-83470000　　　　　　　　　邮　　购：010-62786544
　　　　　投稿与读者服务：010-62776969，c-service@tup.tsinghua.edu.cn
　　　　　质量反馈：010-62772015，zhiliang@tup.tsinghua.edu.cn
印 刷 者：三河市铭诚印务有限公司
装 订 者：三河市启晨纸制品加工有限公司
经　　销：全国新华书店
开　　本：170mm×240mm　　　印　　张：19.25　　　字　　数：286 千字
版　　次：2019 年 12 月第 1 版　　　　　　　　　印　　次：2024 年 5 月第 2 次印刷
定　　价：99.00 元

产品编号：085703-02

作者简介

翟国强,中国社会科学院研究员、博士生导师,中国宪法学研究会副会长。2019 年入选万人计划"青年拔尖人才"。主要研究领域为宪法学、法理学,出版学术专著 5 部,在《中国社会科学》《法学研究》《中国法学》《中外法学》《马克思主义研究》等期刊发表论文多篇,在《求是》《人民日报》《光明日报》《经济日报》等发表理论文章多篇,多篇被《新华文摘》《中国社会科学文摘》《人大复印资料》等全文转载。

推荐一

　　该书自初版以来在宪法学界产生了较大的学术影响,其学术贡献主要在于:将宪法判断的方法加以体系化,提出较为完整的方法论框架,以宪法审查制度为平台,较好地平衡了宪法判断过程中的价值、事实与规范的关系。以相关案例的分析为基础,提出具有解释力的研究思路。本书提出的理论观点和方法论具有较强的实践价值。

　　本书已成为学术界研究相关问题的重要参考书目,得到了学界同仁的高度评价,是一部高水平的研究成果。

中国人民大学法学院教授

中国宪法学研究会会长

2018 年 7 月 6 日

推荐二

　　本书系国内较早专门研究宪法判断原理与方法的学术专著，自初版以来即在法学界产生了广泛和重大的影响，对分析宪法学方法和实践问题均产生了重大理论指导意义。基于该书从初版以来在法学界所受到的高度关注，其在法学研究领域引用率颇高，可谓得到了广大学界同仁的高度评价，特此推荐。

清华大学法学院教授
中国宪法学研究会副会长

2018 年 6 月 7 日

目　录

第一章 引 论

"宪法判断"这一概念本身可以在多种意义上使用。最广义宪法判断指任何人都可以进行的，关于宪法问题的"判断"。比如，"严重违宪!""与宪法精神相悖"等。这种意义上的宪法判断无须方法，只有判断。而宪法判断还可以是指如何对案件事实从宪法学角度作出分析与认定，即"宪法上的判断"或对案件的宪法分析，也可以说是一种"宪法推理"或"宪法论证"。而真正意义上的宪法判断是通过宪法审查程序所作出的具有法效力的判断，由于其目标是着眼于宪法结论的得出，因此可以说宪法判断是"如何得出宪法结论的方法"，即宪法审查得出结论的思考框架和方法。

毋庸讳言，宪法判断固然属于一种法律判断，为此一般法学方法固然在宪法判断领域不失其有效性。然而由于宪法作为一种相对于一般法规范的根本规范，在作出宪法判断时必须考虑到作为判断依据的宪法规范的特殊性。一方面，由于宪法判断本身所导致的政治后果[1]，使得宪法判断的方法需要考虑更多的因素；而另一方面，宪法判断的核心是特定的抽象或具体行为是否构成违宪，而在宪法判断过程中那种与宪法规范发生"目光往返流转"诠释循环的"事实"并不仅仅是一般意义上的案件事实，而是可包括那种作为"事实"存在的法律规范，此时规范本身即可作为一种"宪法事实"。而且一般法学方法大多以民法作为典范来展开，在宪法领域的判断方法尤其需要警惕那种将一般法学方法简单地生搬硬套的做法。因此有必要对宪法判断方法进行专门的研究。

一、国内外研究概况

作为宪法审查技术的重要部分，宪法判断的方法这一论题虽然在国际宪法学

---

〔1〕　当然这仅仅是"对象的政治性"，而非"方法的政治性"。

上已有丰富的研究成果，但国内（含我国台湾地区）尚无关于宪法判断的方法的系统研究，而仅有简单论及相关问题的文献。我国学者林来梵教授在《从宪法规范到规范宪法》[2]一书中对有关宪法判断的方法所作的论述可能是国内较早的相关文献。韩大元教授的《论合宪推定原则》[3]一文虽然主要论述合宪推定原则，然而对宪法判断的方法也有所论及。此后韩大元教授和莫纪宏教授主编的《外国宪法判例》一书中，围绕具体案例对于日本的宪法判断方法也作了一定程度的介绍[4]。胡锦光教授主编的《违宪审查比较研究》一书从比较法的角度分别论述了美、日、德、法、俄各国的宪法审查制度，其中由王峰峰所撰写的"日本违宪审查"部分，对日本宪法判断的方法作了较为详细的论述。[5]而吕艳滨教授在《适用违宪若干问题研究》一文中，对日本的适用违宪判断方法作了系统的研究。[6]由莫纪宏教授主编的《违宪审查的理论与实践》一书，对于日本、韩国宪法判断的方法也有深入的研究[7]。

由于我国台湾地区司法审查的制度模式受德国模式的深远影响，台湾地区的学者在此方面的成果大多集中在对德国宪法判断方法的研究，关于德国宪法判断的研究内容自然较为丰富。[8]当然也有学者对美国和日本的宪法判断方法作出

---

〔2〕 林来梵：《从宪法规范到规范宪法——规范宪法学的一种前言》，328～336 页，北京，法律出版社，2001。

〔3〕 韩大元：《论合宪性推定原则》，载《山西大学学报（哲学社会科学版）》，2004（3）；或韩大元：《宪法解释中的合宪性推定原则》，载《政法论坛》，2003（2）。

〔4〕 参见韩大元、莫纪宏主编：《外国宪法判例》，莫纪宏撰写部分，北京，中国人民大学出版社，2005。

〔5〕 胡锦光主编：《违宪审查比较研究》，北京，中国人民大学出版社，2006。

〔6〕 吕艳滨：《适用违宪若干问题研究：基于日本的违宪审查制度》，载张庆福主编：《宪政论丛》，第 5 卷，北京，法律出版社，2006。

〔7〕 莫纪宏主编：《违宪审查的理论与实践》，李岩、王祯军撰写部分，北京，法律出版社，2006。

〔8〕 李建良：《论法规之司法审查与违宪宣告》，载《欧美研究》，27（1）；Wilhelm Karl Geck：《西德联邦宪法法院之无效宣告以及其他宣告方式》，朱武献译，载《宪政时代》，10（4）。陈瑞堂：《违宪解释之将来效力与警告性判决》，载于林洋港主编：《司法院大法官释宪四十周年纪念论文集》，司法周刊杂志社 1988 年版。陈慈阳：《宪法解释之意涵、作用与界限》，载《大法官释宪五十周年学术研讨会论文集》，司法院 1999 年 4 月。苏永钦：《合宪性控制的理论与实践》，台北，月旦出版社，1994。陈爱娥：《大法官宪法解释权之界限——由功能法的观点出发》，载《宪政时代》，42（3）。朱武献：《公法专题研究》（一），辅仁大学法学丛书专论类，1986。

初步研究，然而其研究仍停留在介绍各国实践，而有欠深入的比较和分析。[9]
通观上述学者的研究，大多是集中围绕某个特定国家的宪法判断方法，由于并非
针对该问题的系统专门研究，相关研究散见于宪法审查的一般理论中，且所占比
例很少，因此对于该问题仍有进一步研究的空间。

　　与国内研究现状形成鲜明对比的是，欧美宪法审查制度已经较为成熟，各国
通过判例和实践发展出了许多系统的判断方法可资借鉴。然而根据其制度模式的
差异，各国的判断方法也有着较大不同。由于依托于成熟的宪法审查制度，国外
关于宪法判断方法的研究当然也较为细致和深入，且相关资料颇为丰硕[10]。不
过由于各国制度背景的不同，这些比较成型的理论无法"直接拿来"为我国所采
用，为此需要比较不同方法的差异，合理借鉴，寻求可能适用于我国宪法审查的
判断方法。

---

〔9〕　参见法治斌：《法治国家与表意自由》，台北，正典出版文化有限公司，2003；陈秀峰：《司法审
查之基准——二重基准论在美日之演变》，收于《现代国家与宪法》，591 页，台北，月旦出版公司，1997。

〔10〕　如美国的弗朗教授和道弗教授、日本的芦部信喜教授和高桥和之教授以及德国宪法法院的 Rupp
法官、Zeidler 法官等学者（这些德国学者的许多研究成果都已经发表在英文杂志上）在此方面的众多研究
成果可为参阅借鉴。美国的研究例如，Richard H. Fallon, *As-Applied And Facial Challenges*, 113
Harv. L. Rev. 1321（2000）；Michael C. Dorf, *Facial Challenges to State and Federal Statutes*, 46
Stan. L. Rev. 239（1994）. Gloria F. Taft, *Challenging The Facial Challenge*, 21 Campbell L. Rev. 81
（1998）. 日本的有关研究例如，芦部信喜：《宪法诉讼理论》，东京，有斐阁，1973；高桥和之：《宪法判
断的方法》，东京，有斐阁，1995；野中俊彦：《宪法诉讼的原理与技术》，东京，有斐阁，1995；时国康
夫：《宪法诉讼与其判断方法》，第一法规 1996 年版。德国的研究例如，Hans G. Rupp, *Judicial Review
in the Federal Republic of German*, The American Journal of Comparative Law, vol. 9（winter, 1996），
pp. 29-47. Wolfgang Zeidler, *The Federal Constitutional Court of The Federal Republic of Germany：De-
cisions On The Constitutionality of Legal Norms*, 62 Notre Dame L. Rev. 504（1987）. 另外也有许多学者
从比较法的角度对各国的方法加以比较研究的，比如著名比较法学家卡佩莱蒂的相关研究，see Mauro
Cappelletti, *Judicial Review in Contemporary World*, The Bobbs-merrill Company, Inc.（1971）；Danielle
E. Finck, *Judicial Review：The United States Supreme Court Versus the German Constitutional Court*, 20
B. C. Int'l & Comp. L. Rev. 123（1997）.

二、研究要点与研究方法

（一）研究要点

本书将对于不同模式下功能相当的方法，分析比较其共性与差异，特别是对于三个典型国家（德国、美国、日本）的宪法判断回避的方法加以比较，分析其背后积极或消极的判断哲学，并在此基础上结合我国可能的制度模式选择，为我国具有实效性的宪法审查制度的起步阶段提供宏观的价值取向和微观上的技术支持。

根据弗朗（Fallon）教授的看法，宪法理论可以分为"实质性宪法理论"和"形式的（或方法论）宪法理论"。[11] 实质理论意在寻找宪法判断所依赖的实质价值。比如，以自然法或罗尔斯的自由主义为价值原理。反之，形式的宪法理论提供宪法判断的方法论，但并不确定宪法判断的实体价值。宪法判断方法的论题主要包括回避宪法判断的方法、宪法事实判断和文面判断的方法、全部违宪或部分违宪的判断、适用违宪以及宪法判决的方法。本书将分别详细考证不同制度模式下各国宪法审查机关所采取的典型判断方法，并加以比较分析。除此之外，本书还将纵向分析从"主张违宪判断"（challenge）到"判断形态"再到"宪法判决"三个层次之间的关系，同时确定具体案件中文面判断和适用判断的方法之间的联系，以及其先后顺序，为作出宪法判断建立思考的框架。并比较各国不同情形下方法的取舍，分析深层原因以及可能导致的长远效果。同时本书还将分析世界各国宪法审查原理与技术的趋同化的原因，尤其是美国通过各种判断方法使得其附随制下的宪法审查同样发挥了规范控制的功能，以及德国的宪法诉愿制度何以发挥基本权利救济功能。本书将重点探究如何采取适切的技术处理，使得两种功能取向的判断方法得以兼容。由于在研究的整个过程中运用比较法的方法，对

---

[11]　Richard H. Fallon, As—Applied And Facial Challenges, 113 Harv. L. Rev. 1321（2000）.

于两种制度模式下不同的判断方法准确定位并比较其可适用的条件，将是本书的创新点之一，也是本书研究的主要难点之一。

（二）研究方法

1. 比较法的研究方法。对于国外学者建立在其本国宪法审查制度之上的理论研究，如何加以比较、分析与取舍是本书不得不面对的难题。因此，本书将结合不同国家审查机关在宪法体制中的功能定位，获取各国对于宪法判断的共同方法，以及功能类似的宪法判断方法的不同表现形态，并进一步分析其制度原因和制度外的因素（social context）。

2. 案例分析方法。宪法判断是针对具体案件所做的判断，如果离开具体案件实例，宪法判断的方法将无所附丽，而只有以案为例才能将宪法判断方法的抽象理论简单明了地说清楚。因此，本书将结合不同国家有代表性的宪法案例，以及我国当下发生的诸多"宪法事案"，展示不同制度模式下宪法判断的方法。

3. 历史分析方法。分析宪法审查制度产生的历史背景，以及特定历史时期立宪主义的不同价值取向对于判断方法选择的影响，对我国宪法审查中宪法判断方法的选择提供方针和指引。

4. 系统研究方法。宪法判断的方法是宪法审查原理与技术的重要组成部分，因此对于宪法判断方法的研究应当放在宪法审查的大课题中进行，兼顾宪法判断方法与各部分之间的关联，比如宪法判断方法与宪法审查基准之间的关联、宪法判断方法与宪法判决的效力之间的关联等。

三、本书研究的意义

（一）学术意义

1. 弥补我国宪法审查理论中关于宪法判断方法研究的不足。当下我国宪法审查理论的研究大多集中在宪法审查模式的选择与我国制度的构建，但是无论选择何种模式都无法绕开对于特定宪法案件作出是否合宪的判断。而得出这个违宪还是合宪的判断，显然并非仅仅将宪法条文和案件事实加以简单地比较对照即可得出结论。综观各国宪法审查原理和技术，不同制度模式下所采纳的判断方法也不尽相同，而通过本书的研究则可以弥补我国宪法审查理论在宪法判断方法这一领域的研究空白。

2. 对于强化宪法的法律实施的意义。将宪法仅仅理解为政治决断的结果和"统治阶级意志的体现"，而忽视了宪法本身所具有的规范性内涵，以及由此衍生出的以政治判断代替宪法判断的倾向，是我国宪法学研究的重要误区之一。这种以政治判断取代宪法判断的通常做法是：首先将违宪定义为"违反宪法精神"，进而以意识形态话语解释所谓"宪法精神"，动辄扣以"违宪"的帽子，如此将是否合宪的宪法判断等同于政治上是否"正确"的意识形态判断问题。本书的研究将有助于在理论上改正这种"宪法判断扩大化"的倾向，进而有助于剔除宪法学内充斥的意识形态话语，进而造就宪法学的法学品格。

（二）实践意义

对于宪法审查制度的必要性，前国际宪法学会主席弗莱奈教授曾指出："在现代国家，政府拥有垄断的强制权。只有政府可以采取强制手段执行法律，禁止某种行为。这就要求对于这种以强制为后盾的权力行使，必须采取严格特殊的审查、制约。"[12] 随着依法治国方略的贯彻实施，宪法监督成为中国法治建设的热点问题。主流的政治话语中并不缺乏对这种问题的关注，如 1999 年江泽民在宪法修改座谈会上曾指出："我们要在全社会进一步树立宪法的权威，建立健全保障宪法实施的强有力的监督机制。"所谓的"保障宪法实施的强有力的监督机制"，其核心制度是对下位法律法规进行宪法性审查进而作出具有法律效力的宪法判断。中国共产党十九大报告明确提出，"加强宪法实施和监督，推进合宪性

〔12〕　Thomas Fleiner, *What are Human Rights*? The Federation Press（1999），p. 11.

审查工作，维护宪法权威。"2018 年宪法修改后，宪法和法律委员会成为推进合实性审查的重要机构。当前，积极稳妥地推进合宪性审查工作，需要对宪法判断的方法与原理进行更深入的研究，为合宪性审查的制度实践提供学理支撑。

我国宪法规定全国人民代表大会有"监督宪法的实施"的职权，全国人大常委会有"解释宪法，监督宪法的实施"的职权。然而迄今为止，全国人大却并未作出任何具有合宪或违宪的宪法判断。对于我国宪法审查制度的沉睡状态，林来梵教授指出："在终极意义上，可归因于我国的宪法实践尚未彻底完成近代立宪主义的历史课题。之所以如是说，那是因为近代立宪主义的一个标志性的体现就是议会中心主义，其精神特质与我国现行的人民代表大会制度具有一致性，而除了美国之外，现代西方各国基本上正是在议会中心主义趋于式微之后才有可能确立宪法审查制度的，否则，就会遭遇各种困扰，包括观念上的迷雾，我国目前就正处于这一境况中。"[13] 无论当下我国是否完成近代立宪主义的历史课题，通过宪法审查程序来对法律体系进行统一整合并为基本权利提供切实的救济成为我国宪法制度完善的关键。从现行宪法中推导出人大常委会具有独立于立法权之外的宪法审查的职权和功能，在制度上并不会遭遇太大的困难和阻力。正因为如此，主张我国宪法中已经蕴含了由人大进行宪法审查的观点是学界的一种有力学说。[14] 全国人大常委会在法制工作委员会下设立的"宪法室"和"法规审查备案室"，以及委员长会议修订通过的《行政法规、地方性法规、自治条例和单行条例、经济特区法规备案审查工作程序》被认为是中国宪法审查制度的重要体制机制。根据这个内部工作程序，如果国务院、中央军事委员会、最高人民法院、最高人民检察院和各省、自治区、直辖市的人大常委会认为法规同宪法或者法律相抵触，向全国人大常委会书面提出审查要求的，常委会办公厅有关部门接收登记后，报秘书长批转有关专门委员会同法制工作委员会进行审查。上述机关以外的其他国家机关和社会团体、企业事业组织以及公民认为法规同宪法或者法律相

---

[13] 林来梵：《宪法不能没牙》，载《法学家茶座》（第 10 辑），济南，山东人民出版社，2006。
[14] 程湘清：《关于宪法监督的几个有争议的问题》，载《法学研究》，1992（4）；王叔文：《论宪法实施的监督》，载《中国法学》，1992（6）。

抵触，向全国人大常委会书面提出审查建议的，由法制工作委员会负责接收、登记，并进行研究；必要时，报秘书长批准后，送有关专门委员会进行审查。

然而迄今为止，全国人大常委会针对公民提请的书面审查建议尚未公开作出任何宪法性的回应或决定。2017年12月，全国人大常委会法制工作委员会首次将备案审查工作情况提请全国人大常委会审议，合宪性审查在宪法实施中的重要性更加突出。剩下的问题是，只有主动作出具有法效力的宪法决定和判断，才是激活中国宪法审查制度的关键。面对"一些不同程度的违宪现象仍然存在"的事实，全国人大及其常务委员会为何对此不予"坚决纠正"呢？其背后可能涉及纷繁复杂的利益关系，各种利益主体之间的对抗与博弈使得全国人大对行使宪法监督权作出宪法判断仍有所顾虑。特别是空喊口号式的对于"违宪"的一些"妖魔化"解释，也使得针对特定机关作出违宪判断可能会触动某些敏感的政治神经。通过对不同的宪法判断形态的展示，本书的研究将有助于消除这种陈旧观念，使宪法之下的国家机关以"平常心"来面对合宪或违宪的问题。

在当下中国，无论是政治制度的现状还是司法的实践经验都还没有达到让法院可以作出宪法判断甚至是有关"宪法"的判断。1955年，最高人民法院甚至在批复中明确指出："中华人民共和国宪法是我国国家的根本法，也是一切法律的'母法'。刘少奇委员长在关于中华人民共和国宪法草案的报告中指出：'它在我国国家生活的最重要的问题上，规定了什么样的事是合法的，或者是法定必须执行的，又规定了什么样的事是非法的，必须禁止的。'对刑事方面，它并不规定如何论罪科刑的问题，据此，我们同意你院的意见，在刑事判决中，宪法不宜引为论罪科刑的依据。"而且考虑到当下中国的主流意识形态以及现有的价值权威分配格局，司法性宪法审查的制度设想是不切合实际的。但实施宪法是一切国家机关的职责和义务，我国各级法院在适用法律对案件作出判断的时候，自然也不能无视宪法的存在。否则宪法"具有最高法律效力"将成为一句空文。但是许多宪法问题或准宪法问题却会将法院置于尴尬的境地。这种紧张局面本可以通过特定的宪法技术加以化解，同时有效解决案件纠纷，保障当事人的合法权利。

本书的研究对于我国宪法实践的一个意义在于为我国宪法审查的操作实践提

供具体的宪法判断方法，以此来激活我国的宪法审查制度。由于我国并没有真正意义上宪法审查机关作出的宪法判断，因此在实践上并没有判断的先例可供参照。无论是我国全国人民代表大会常务委员会的法规审查，还是各级法院在一些案件中提及宪法或是在判决中援引宪法规范作为依据，都需要特定的方法与技术。比如，由于宪法案件本身的政治敏感性，在案件中往往运用"回避宪法判断的方法"，以此避免导致不必要的紧张和冲突，而如果缺乏这种"回避宪法判断的方法"就可能会引起特定的"宪法危机"（constitutional crisis）。而在我国这种方法并不被法律实践所重视。再如，根据我国宪法和立法法的有关规定，对于违宪的法律法规，有权机关可以"改变"或"撤销"。假如有权机关决定要"撤销"法律法规，那么这种"撤销"是否需要考虑根据违宪法律形成的法律关系和法律秩序？是有追溯力的撤销？还是仅仅面向未来的撤销？本书对于宪法判断方法的研究即可为我国宪法审查的实践提供直接的技术支持。

另一个意义在于，提供宪法案件思考的框架，消除"宪法无用论"的误解。在当下中国，宪法的法律属性不被重视已属不争的事实。导致这种观念的主要原因在于我国缺乏成熟法治国家所具有的那种贴近寻常百姓生活的"活的宪法"（living constitution）。但是这种"活的宪法"的生成，却有赖于学理上一次次地对具体案件进行"模拟宪法判断"的作用，进而促成宪法实践中真正意义的宪法判断。但即使是这种模拟的宪法判断，也决非简单的合宪或违宪的意见表达，而是运用特定方法形成的"宪法判断"。本书研究可为具体案件提供宪法判断方法，使宪法"动起来"，消除宪法无用论的误解。

第二章　回避宪法判断的方法

宪法判断并非政治判断，然而宪法判断却不免会产生政治后果，当宪法审查机关处于政治的"风口浪尖"之上，其所做出的任何判断，无论是合宪还是违宪判断，支持或否定政治部门的决定，都将对现实的政治现状产生重大影响，而且即使是判断方法的非政治化，也终究无法避免宪法判断导致特定的政治化结果。根据宪法审查机关所采取的立场不同，宪法审查机关既可积极地作出宪法判断，即所谓的宪法判断积极主义；也可消极地回避宪法判断，即所谓的宪法判断消极主义。即使宪法审查机关不回避作出宪法判断，则又可选择积极地作出违宪判断或消极地回避违宪判断。[1]

为此上述积极主义和消极主义的区分仅仅是相对的区分，即使是采取宪法判断积极主义的立场，宪法审查机关也不排除采取回避宪法判断的方法。而这种回避宪法判断，广义上包含回避对宪法问题做出合宪或违宪的判断（下图 A 部分），以及回避做出违宪的判断（B 部分）。如果回避宪法判断，则案件自然以其他法律途径解决，但回避违宪判断的结果则会导致一种合宪的判断，在此意义上回避违宪判断的许多方法也可以说是一种"合宪判断"的方法。图示如下：

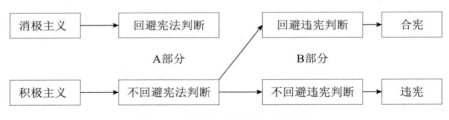

图表 1　回避宪法判断方法的结构

从不同的角度看，宪法可以分为作为政治制度的宪法和作为法律的宪法，二

---

〔1〕　关于宪法判断的积极主义和消极主义、违宪判断的积极主义和消极主义的概念辨析，可参见［日］野中俊彦：《宪法诉讼的原理与技术》，211～213 页，东京，有斐阁，1995。

者是双向互动的关系。作为法律的宪法的稳定结构使得作为政治制度的宪法得以保持其稳定性与连贯性，政治制度的宪法赋予作为法律的宪法以民主的合法性和法律实效性。如果将宪法仅仅理解为只有法院可解释适用的法律，那么就会将宪法局限于狭隘的职业主义理解；如果仅仅将其理解为政治制度，就会无视基本权利作为宪法的核心价值必须优先于政治的决定。作为法律的宪法最终受到作为政治制度的宪法的支配。在这个逻辑下，宪法审查机关与其他政府部门一样属于受宪法约束的机关。正是由于这种角色定位的悖论，宪法审查机关对立法机关的审查往往持自制（self-restraint）的立场，尽量回避宪法判断。但宪法审查机关也并非一味消极地回避宪法判断，在涉及基本权利的案件往往是"该出手时就出手"，实现宪法审查保障公民基本权利的功能。但无论如何，一旦作出宪法判断必然或多或少会影响作为政治制度的宪法之下的权力配置的格局。那么如何善尽违宪审查机关在"人民的宪法"下的角色呢？审查机关如何才能免于政治实力的较量之下呢？此时审查机关不仅仅需要一般法律方法的知识装备，同时还需要运用特定的宪法判断的方法与技术，方能在审查机关的双重身份之间寻求平衡。由于宪法案件本身的政治敏感性，即一旦作出宪法判断，对法律秩序的安定性必然会造成较大冲击，所以为了避免卷入政治纷争和影响既存法秩序的稳定，宪法审查机关面对宪法案件时往往首先考虑是否可以回避作出宪法判断，以此避免导致不必要的紧张和冲突。考虑到那种在时机不成熟的情况下直接作出违宪的决定对既有政治格局的冲击，我们也就不难理解为什么在"孙志刚事件"中全国人大常委会对三位具有法学博士学位的普通公民依据《宪法》和《立法法》，对《城市流浪乞讨人员收容遣送办法》的合宪性提出的质疑没有作出任何回应。

孙志刚事件

2003 年 3 月 17 日孙志刚因未携带任何证件上街，被公安机关收容，并于 3 月 20 日死于广州收容人员救治站。5 月 16 日，3 位具有法学博士的公民上书全国人大常委会，就孙志刚案提出对《城市流浪乞讨人员收容遣送办法》进行"违宪审查"的建议。5 月 23 日，贺卫方、盛洪、沈岿、萧瀚、何海波5位国内知名法学家，同样以中国公民的名义，联合上书全国人大常委会，就孙志刚案及收容遣送制度实施状况提请启动特别调查程序，要求对收容遣送制度的"违宪审查"进入实质性法律操作层面。8月1日，国务院废止了《收容遣送办法》，并制定了《城市生活无着的流浪乞讨救助管理办法》。据悉，全国人大常委会有关部门接受公民上书宪法审查案后，根据《立法法》也做完了内部应有的审查工作，最后以常委会领导批示的方式转国务院，国务院也以积极主动的态度撤销了该条例，但这个过程说明政治家就是有意回避违宪审查制度的建立，这有深层的政治原因。[2] 对此林来梵教授指出："从法理上说，如果当时的全国人大常委会能及时受理审查建议，主动开启审查程序，作出违宪判断，之后再由国务院宣布接受这一判断，宣布废止该法，那么，这将作为中国现行违宪审查制度的第一次实践，而被载入新中国法治的皇皇史册，其意义和正当性也还可能超过了2001年由最高人民法院在一份批复中所处理的所谓'宪法第一案'。"[3]

一、源流与概观：比较法上的考察

毋庸置疑，如何回避宪法判断需要特定的方法和技术，而在宪法审查制度较为成熟的美国，已经通过判例确定了较为体系化的规则。由于美国宪法审查中宪法判断回避方法最有代表性，且最早系统的出现，所以为许多国家所吸收借鉴。[4] 早在19世纪初期，美国联邦最高法院在诸多案件中形成回避宪法判断的方法，后在1936年"阿什旺案件"（Ashwander et al. v. Tennessee Valley Au-

---

〔2〕 蔡定剑：《中国宪法实施的私法化之路》，载《中国社会科学》，2004（2）。

〔3〕 林来梵：《宪法不能没牙》，载张士宝主编：《法学家茶座》（第10辑），济南，山东人民出版社，2006。

〔4〕 比如日本、德国、南非等国家，特别是南非甚至直接将美国的布兰代斯规则转化为宪法条文，参见 www.constitutionalcourt. org. za（南非宪法法院官方网站），访问时间：2007年4月5日。

thority et al.)[5] 的判决中，由布兰代斯法官以补充意见的形式对美国诸多判决先例中运用的回避宪法判断的法加以综合整理，因此美国回避判断的方法又称为"布兰代斯规则"（Brandeis rule）或"阿什旺规则"（Ashwanderrule rule）。[6]该规则一共包括如下 7 个规则：

（1）法院不会对友好的非争议性的立法合宪性问题作出宪法判断，因为宪法争议必须是最终诉诸法院的重大的真实争议，绝对不可能通过"友好的诉讼"将立法过程转至法院。[7]

（2）除非必要，否则法院并不会超出本案范围之外而介入宪法问题。除非对于本案的判决绝对必要（absolutely necessary），否则法院一般不会触及宪法问题。[8]

（3）法院形成宪法规则的范围以适用于当下个案为限。

（4）即使宪法问题在诉讼记录上已被恰当地提起，但如果案件可以通过宪法之外的途径解决，则回避宪法判断，适用非宪法途径。如果从州最高法院上诉至本院的案件可以单独通过适用州法解决，案件将被驳回。[9]

（5）如果不能证明损害系受到该法实施而导致的，则法院不对该法作出宪法判断。[10]

（6）如果是个人已经获取法律利益仍请求宪法判断，则法院将不做宪法判断。

（7）对国会制定的法律的效力有争议时，即使该法律的合宪性已经有重大疑问，法院也必须首先确定是否可以适用回避宪法问题的法律解释。

其实上述（1）（5）（6）规则虽然属于广义的回避宪法判断方法，然而如果

---

〔5〕　Ashwander et al. v. Tennessee Valley Authority et al. , 297 U. S. 288 (1936) .

〔6〕　学说上也称之为回避规则（avoidance canon）或宪法争议原则（doctrine of constitutional doubt）see Dan T. Coenen, *A Constitution of Collaboration：Protecting Fundamental Values With Second-look Rules of Inter-branch Dialogue*, 42 Wm and Mary L. Rev. 1575 (2001) .

〔7〕　据和田英夫考证，在德国宪法法院的判决（Bverf GE 2, 143, 168）同样采用该规则。

〔8〕　德国类似判例参见 Bverf GE11, 2。

〔9〕　德国宪法法院同样会决定宪法争议是否为本案所必需，参见 Bverf GE2, 181, 190。

〔10〕　其中最为明显的是对不具个人财产权利案件的驳回，且公务员执行公务的利益受损不属于本范围。

从宪法判断的流程的角度看，上述规则是在启动要件框架下的回避宪法判断的方法[11]。（2）（3）规则所确立的宪法判断的必要性原则，是回避宪法判断方法的一个前提。而直接涉及回避宪法判断方法的规则是上述（4）（7）规则，为此本书研究范围以此为中心。

根据上述（4）（7）规则，回避宪法判断的方法可以分为两种：通过适用其他法律途径回避宪法判断的方法和通过法律解释回避宪法判断的方法。如果结合回避宪法判断方法和回避违宪判断的方法的不同，则上述规则（7），即通过限定解释回避宪法判断的方法可继续分为回避宪法判断的法律解释方法和回避违宪判断的法律解释方法[12]。

由于日本的宪法审查以美国制度模式为蓝本，因此上述所谓的布兰代斯规则被日本学者所高度重视，而宪法审查实践中的宪法判断回避方法与上述规则有着较高程度的类似性。不仅日本的回避方法同上述回避规则有着较强的类似性，而且抽象审查模式的德国宪法法院的判决实践同样采取与此类似的规则。根据和田英夫教授的研究，在德国也有与布兰代斯规则类似的回避宪法判断的方法，[13]且德国联邦宪法法院回避宪法判断的方法同美国的布兰代斯规则有着一一对应的关系。[14]

二、必要性原则：宪法判断的"奥康剃刀"

如前所述，宪法审查机关所作出的宪法判断必然会对现有的法律秩序产生影响，如果宪法审查机关可以随意地作出宪法判断，则无异于享有了支配宪法秩序

---

[11] 相关的研究可参见郑磊：《违宪审查的启动要件》，北京，法律出版社，2009。

[12] 参见［日］芦部信喜：《宪法诉讼的理论》，143～145页，东京，有斐阁，1973。

[13] ［日］和田英夫：《大陆型违宪审查制度（增补版）》，283～289页，东京，有斐阁，1994。

[14] 德国虽然存在上述规则，然而如果宪法法院不遵守这些回避规则，对不必要的案件作出了宪法判断，对此德国并没有明确的法律规定。Erhard Denninger, *Judicial Review Revisited：The German Experience*，59 Tul. L. Rev. 1013（1985）.

的最高权限，如此则可能使宪法审查机关变成凌驾于宪法之上的国家机关而导致所谓的"宪法审查机关的专断"。作为宪法之下的机关，宪法审查机关的宪法判断必须控制在一定范围之内，不可作出不必要的宪法判断，即宪法判断的必要性原则。这一宪法判断的必要性原则又被称为法律领域的"奥康剃刀"，[15] 即：如无必要，切勿增加宪法判断。[16] 而我国的司法判决实践尚未对宪法判断的必要性原则有所认识，在普通法律案件中司法机关引出了一些不必要的宪法问题，如对"刘明诉铁道部第二十工程局二处第八工程公司、罗友敏工伤赔偿案"这样一起普通的民事赔偿案件，在劳动法已经对此作出规范的前提下，法院仍援引宪法来论证公民的劳动权不受侵犯。而在另外一起类似的案件中，云南省永胜县人民法院援引《宪法》第 42 条第 4 款规定的"国家对就业前的公民进行必要的劳动就业训练"来论证作为法人的民事主体的义务，显然是适用法律不当。《宪法》第 42 条第 4 款所设定的义务是国家义务，而该案涉及的是用人单位的法定义务，特别是这样的错误用法与宪法判断的必要性原则显然相悖。

刘明诉铁道部第二十工程局二处第八工程公司、罗友敏工伤赔偿案

1998 年 8 月 27 日，被告第八工程公司的眉山 106 线项目部与本公司职工、被告罗友敏签订工程承包合同，约定由罗友敏承包眉山 106 线西来堰大桥行车道板的架设安装。该合同还约定，施工中发生伤、亡、残事故，由罗友敏负责。施工过程中刘明因公负伤。眉山市人民法院判决认为：《宪法》第 42 条第 2 款规定："国家通过各种途径，创造劳动就业条件，加强劳动保护，改善劳动条件，并在发展生产的基础上，提高劳动报酬和福利待遇。"《劳动法》第 3 条规定，劳动者有获得劳动安全卫生保护的权利。第 4 条规定："用人单位应当依法建立和完善规章制度，保障劳动者享有劳动权利和

---

〔15〕　John P. Roche, *Judicial Self-restrain*, The American Political Science Review, Vol. 49, No. 3. (Sep. , 1955), pp. 762-772.

〔16〕　所谓"奥康剃刀"来自于新唯名论的创始人威廉·奥康的主张："切勿浪费较多东西去做用较少的东西同样可以做好的事情"。这句话后来被人们转述为"如无必要，切勿增加实质"。参见赵敦华：《西方哲学简史》，156～157 页，北京，北京大学出版社，2001。

履行劳动义务。"被告罗友敏是工程的承包人，双方形成了劳动合同关系。罗友敏作为工程承包人和雇主，依法对民工的劳动保护承担责任。罗友敏应采取相应的安全措施，并临场加以监督和指导，而罗友敏仅在作业前口头予以强调，疏于督导，以致刘明发生安全事故。虽然刘明在施工中也有违反安全操作规则的过失，但其并非铁道建设专业人员，且违章情节较轻，故不能免除罗友敏应负的民事责任。

龙建康诉中洲建筑工程公司、姜建国、永胜县交通局损害赔偿纠纷案

中洲公司以其名义，向被告交通局承包了过境线工程，双方签订了书面合同。11月25日，中洲公司又与被告姜建国签订施工合同，将此工程交姜建国具体负责施工管理。随后，姜建国便组织人员对该工程进行施工，并将所需工程材料运往工地。在施工过程中，姜建国雇了原告龙建康为该工程制作和安装钢筋。在施工过程中，龙建康被倒下的钢筋架砸伤，造成腰椎压缩性骨折并截瘫。龙建康为此提起诉讼。

云南省永胜县人民法院认为：

《宪法》第42条第4款规定："国家对就业前的公民进行必要的劳动就业训练。"

《劳动法》第2条规定："在中华人民共和国境内的企业、个体经济组织（以下统称用人单位）和与之形成劳动关系的劳动者，适用本法。"第3条第1款规定："劳动者享有平等就业和选择职业的权利、取得劳动报酬的权利、休息休假的权利、获得劳动安全卫生保护的权利、接受职业技能培训的权利、享受社会保险和福利的权利、提请劳动争议处理的权利以及法律规定的其他劳动权利。"第4条规定："用人单位应当依法建立和完善规章制度，保障劳动者享有劳动权利和履行劳动义务。"

《民法通则》第106条第2款规定："公民、法人由于过错侵害国家的、集体的财产，侵害他人财产、人身的，应当承担民事责任。"第130条规定："二人以上共同侵权造成他人损害的，应当承担连带责任。"

被告中洲公司是经国家批准有资格承包建设工程的企业，在用人时应当承担宪法和劳动法规定的提供劳动保护、对劳动者进行劳动就业训练等义务。中洲公司通过签订《建设工程承包合同》，向被告交通局承包了过境线工程。作为该工程的直接承包者和劳动法规定的用人单位，中洲公司在将该工程转交给被告姜建国具体负责施工后，没有履行宪法和劳动法规定的上述义务，也未对姜建国的工作情况进行监督管理，因而引起工伤事故的发生。对此，中洲公司应承担民事赔偿责任。

本案法院在罗列一堆冗长的法条后，法院将宪法义务强加给一个民事主体。《宪法》第 42 条第 4 款规定的本是国家承担的义务，而劳动法的相关条款才是公司用人单位的法定义务，二者分属不同法律层面的问题。因此，本案完全没有必要涉及宪法问题，普通法律已经提供了充足的法律依据，法院本无须画蛇添足。

（一）严格必要性原则

美、日模式下，由于在宪法审查中谨守案件性和争议性原则（case and controversy requirement），所以宪法判断必须围绕具体案件进行，不得逾越个案范围作出宪法判断。在这种附随制的宪法审查模式下，宪法判断谨守必要性原则，如非解决争议所必须，宪法审查机关并不会作出宪法判断。

美国联邦最高法院一般遵循严格必要性原则（strict necessity doctrine），该原则的核心是除非绝对有必要，最高法院对于与本案无关的宪法问题不予判断。[17] 在"密歇根案件"（Michigan v. long）中，斯蒂芬（Stevens）法官的不同意见书指出："我们的职权不是在于向法律界阐释我们对宪法的观点，而只是在于解决争议。如果我们的意见不能影响特定案件的结果，我们就不应当作出判

---

〔17〕 Missouri v. Holland，252 U. S. 416（1920）.

断。"[18]针对美国最高法院的做法，比科尔曾称赞道："只有发生严重的、确定的现实纠纷，方可作出宪法判断。这不仅在理论上是正确的，也是法院数世纪以来的经验总结。"[19] 一般而言美国最高法院在进行宪法审查时，必须遵守下述原则[20]：（1）除非必要，法院不主动裁判宪法问题，除非已经没有其他解决纠纷的途径，否则无须作出宪法判断。[21]（2）除非必要法院不会超越个案适用范围而裁判宪法问题，即法院不得在个案之外提供咨询意见（Advisory opinion）[22]。对此法兰克福法官指出，将宪法问题作抽象化、形式化处理，这种趋势只会导致毫无意义和脱离现实的结论，所以这种不必要的宪法判断应当避免。[23]

同美国一样，日本的宪法审查也依附于一般的诉讼过程中，[24] 宪法诉讼必须在一般诉讼中一并提起。因此宪法判断的方法谨守司法界限，即围绕纠纷解决而进行。法院对于不属于当事人争议范围内的一般宪法问题，不得作出宪法判断。

（二）相对必要性原则

与美、日模式下的绝对必要性原则不同，抽象审查模式下并不以严格案件争议为前提，为此宪法判断有着较大的裁量空间。然而其宪法判断同样也遵守必要性原则，只不过较之于美、日的严格必要性，抽象审查模式下的必要性原则可以说是一种"相对的"必要性原则。德国宪法法院法官鲁普（Rupp）指出，德国

---

[18]　Michigan v. long 463 U. S. 1032 (1983).

[19]　Alexander M. Bickel, *The Least Dangerous Branch*: *The Supreme Court at the Bar of Politics*, Yale University Press (2d Ed. 1986), p. 115.

[20]　Liverpool, N. Y. & Philadelphia Steamship Co. v. Commissioners of Emigration, 113 U. S. 33, 39 (1885); Poe v. Ullamn, 367 U. S. 497, 503 (1961).

[21]　Jean v. Nelson, 472 U. S. 846, 854 (1985).

[22]　这种做法源于1793年大法官 Jay 拒绝回答总统华盛顿有关条约问题的咨询意见时指出：根据三权分立和制衡原则，作为终审法院的法官并不适宜在超出案件范围之外作出任何咨询意见。

[23]　F. Frankfurter, *Advisory Opinions*, in Encyclopedia of the Social Sciences, pp. 475, 478 (1930).

[24]　《日本民事诉讼法》第312条第1款和第321条第1款规定，如果判决解释宪法错误或其他违反宪法情形可以向最高法院上诉。类似的规定可见于《日本刑事诉讼法》第405条第1款第1项的规定，对于高等法院的判决可以以违反宪法或宪法解释错误为由上诉至最高法院。

宪法审查有时会让外国学者误以为德国的司法审查体系是脱离案件进行的纯粹抽象审查，其实联邦宪法法院所发挥的是真正的司法功能。通过将宪法规范适用于真正的争议中，宪法法院从来不考虑任何虚拟和假设的案件。故此德国联邦宪法法院一直谨守宪法判断的必要性原则，除非有具体争议否则宪法法院从不作出宪法判断。[25]

　　然而鲁普法官所谓的必要性是有限的必要性，比如德国联邦宪法法院所采纳的警告性判决无疑属于这种超出个案的对其他法规范作出宪法判断，其实与美国的咨询意见类似[26]。因此显然和美、日的严格必要性原则不同。而且《德国联邦宪法法院法》第 78 条第 2 款规定："（除系争法条以外的）同一法律的其他规定，如因相同原因与宪法或其他联邦法律抵触时，联邦宪法法院也可宣告其违宪无效。"这种将宪法法院判断的范围扩张至其他与本案无直接关联的法律规范的做法，是基于诉讼经济原则的考虑，即避免以后对此再次提起宪法审查，从而减轻宪法法院的负担。然而即使有宪法法院法的明文规定，这种不必要的宪法判断在德国宪法法院的判决实践中也非常少见。[27]

　　法国的宪法判断是否遵循必要性原则？一般认为，法国宪法委员会政治色彩浓厚，不具有司法机关性质，然而即使是政治部门所主导的政治性的审查也会在其审查主体不变的情况下演变为司法性的宪法审查，[28] 因此法国宪法委员会的宪法判断亦有趋向于"司法化"的发展趋势。在法国模式下，宪法审查机关的宪法判断虽然也以解决宪法问题为导向，其宪法判断却无须遵循必要性原则，这种趋势从宪法委员会的判例中可见一斑。在 1960 年的第 8 号判决中，宪法委员会仅仅判决争议范围内的《预算法》第 17 条和第 18 条违宪，而并未涉及法律其他

---

　　[25]　Hans G. Rupp, *Judicial Review in the Federal Republic of German*, The American Journal of Comparative Law, vol. 9 (Winter, 1996), pp. 29-47.

　　[26]　Erhard Denninger, *Judicial Review Revisited：The German Experience*, 59 *TUL. L. REV.* 1013, 1015 (1985)；或可参阅本书"宪法判决方法"部分。

　　[27]　W. Karl Geck：《西德联邦宪法法院无效宣告以及其他方法的宣告》，朱武献译，收录于朱武献：《公法专题研究》（一），153 页，台北辅仁大学法学丛书，1986。

　　[28]　Mauro Cappelletti, *Judicial Review in the Contemporary World*, The Bobbs-Merrill Company, Inc. (1971), pp. 12-13.

部分的判断。但是在判决理由部分却同时指出："对于除上述法条外的其他部分，并不违宪。"[29] 在 1971 年的第 44 号判决，宪法委员会除了判决属于争议范围的法条违宪外，同时还在判决主文部分直接对其他部分作出合宪判断。即无论申请者是否对其主张违宪，宪法委员会对不属于争议范围的法规范同样也可作出宪法判断。这种超出必要范围的宪法判断，较之于《德国宪法法院法》的规定更加积极和不受限制。然而也并非所有的案件，宪法委员会都会超出必要限度主动作出宪法判断，通常在下述类型的案件，宪法委员会主动积极地作出宪法判断：（1）限制基本权利案件；（2）立法权限纠纷；（3）超出预算法范围的立法。[30] 比较而言，在美、日普通司法机关模式下，对于（1）类型案件，各种社会团体会积极的设计"模拟案件"，引发宪法审查程序，宪法审查机关不会对此类案件回避作出宪法判断，因此就保障基本权利的效果而言，不同模式下差异不大。而就（2）（3）类型案件而言，德国模式的抽象宪法审查程序对此类案件也可积极介入并作出宪法判断。

（三）宪法判断的必要性：自限？还是界限？

美、日模式下的严格必要性原则固然可以实现宪法审查保障权利的功能，却不利于合宪法律秩序的维护。而仅仅着眼于私权保障，显然不符合宪法审查制度保障宪法的初衷，因此美国型宪法审查也呈现出不再局限于严格必要性原则（strict necessity）的发展趋势。除了在启动要件阶段逐步放宽诉讼资格（standing）以外，在作出宪法判断时候也不再死守"严格必要"，而是灵活采取与欧陆近似的判断方法，颇有与欧陆的判断方法趋同之势。[31] 而脱离个案进行宪法判断的抽象型宪法审查也有逐步走向司法化的趋势，这种转变在法国尤为显著。[32]

---

〔29〕 判例具体内容可参见陈淳文：《法国宪法委员会违宪审查决定的拘束力》，载《"司法院大法官"2002 年度学术研讨会记录》，台湾"司法院"2003 年版。

〔30〕 参见陈淳文，前引文。

〔31〕 Mauro Cappelletti, *Judicial Review in the Contemporary World*, The Bobbs-Merrill Company, Inc. (1971), pp. 12-13.

〔32〕 ［日］和田英夫：《大陆型违宪审查制》，39 页，东京，有斐阁，1975。

　　根据司法自制[33]的原理，究竟是否回避宪法判断取决于宪法审查机关所持的立场，如果持消极主义的自制立场，则除非绝对必要法院不会作出宪法判断，且如果可以通过法律途径解决法院不会适用宪法解决该纠纷。[34]　如果持积极主义立场，则可能作出不必要的宪法判断。然而这种消极或积极的理论仅仅适合于对宪法审查机关宪法判断的描述，却无法为宪法判断提供规范性的指引。换言之，在这种必要性原则下，何时构成必要？是否必要的判断基准为何？如果从宪法审查的功能定位角度来看，大致可分为基于权利保障的必要性和基于规范合宪控制的必要性。例如，桑斯坦教授认为当侵犯那种政治性权利（言论自由、选举权等）的时候宪法审查机关需要积极作出宪法判断，而涉及实体价值判断时候需回避宪法判断。[35]　与此不同，马歇尔主张以合宪法律秩序控制的必要性来确定是否必要作出判断。在"科亨斯诉弗吉尼亚案件"（Cohens v. Virginia）中，马歇尔法官指出："很清楚如果法院不应当作出判断，它就不这么做。同样的，如果法院应当作出判决，它就得做。法院不能回避宪法判断，因为是否合宪的界线是由它来划定的。尤其是当宪法争议严重的时候，法院更不能置之不理。上述案件一旦案件摆在面前，我们就无权拒绝它，否则就是背叛宪法。我们所能做的就是作出最后的宪法判决，谨慎地履行自己的责任。"[36]

　　其实上述不同的必要性是基于宪法审查机关不同的功能定位，为此是否有必要作出宪法判断根本上取决于宪法审查机关在不同宪法秩序下的权限和功能的不同。宪法审查机关采取回避宪法判断的方法并非回避宪法问题，其在根本上也无

---

　　[33]　"司法自制"的概念意味着这样的界限是审查机关自我设定的一种选择权限，而非一种"当为"，因此无法提供方法论上的指引。当然作为一种描述宪法判断现状的概念仍不失具有意义。

　　[34]　John P. Roche, *Judicial Self-restrain*, The American Political Science Review, Vol. 49, No. 3. (Sep., 1955), pp. 762-772.

　　[35]　作为新共和主义者，桑斯坦主张商谈民主，违宪审查机关所作宪法判断不过是宏大商谈程序的一部分，因此基于商谈所需审议民主所需，尽量促进审议民主，以此为标准来决定是判断还是不判断。参见［美］凯斯·桑斯坦：《偏颇的宪法》，274～301页，宋华琳、毕竟悦译，北京，北京大学出版社，2005。

　　[36]　Cited from Jerome A. Barron & C. Athomas Dienes & Martin H. Redish, *Constitutional Law: Principles and Policy*, Rees Elsevier Inc. (1996), p. 1431.

法回避宪法问题。[37] 换言之，回避对宪法争议作出判断本身和回避宪法问题并不同。前者是宪法审查机关是否可以对特定争议进行法律上的判断，而是否回避以及何时应当回避却仍是一个需要回到宪法本身来解决的"宪法问题"，即前者涉及一个是否作为裁判规范的宪法而后者则是个涉及作为制度的宪法问题。[38]

三、适用法律判断回避宪法（违宪）判断的方法

相对于一般法规范而言，宪法规范具有最高法效力，当其他规范与宪法规范发生冲突时，宪法规范具有效力上的优先性。然而这种效力上的优先性并不等于规范适用上的优先性，即法律纠纷并非优先适用宪法解决，如果能够适用一般法律判断，则可以回避作出宪法判断[39]。需要说明的是，通过回避宪法判断也可能达到回避违宪判断的效果。比如，适用违法判断回避宪法判断，实际上也可回避违宪判断，特别是在间接违宪的场合，回避作出宪法判断和回避违宪判断比较难以区分。

（一）法律判断？还是宪法判断？

关于宪法判断与法律判断的关系，学说上大致有三种类型。当可以通过法律判断回避宪法判断时究竟优先采纳法律判断还是宪法判断，学说上有两种完全对立的不同见解。持法律判断优先说者认为只有在不作出宪法判断就无法解决纠纷的前提下，才可作出宪法判断[40]。然而问题在于如果将体系解释方法运用到极致，任何宪法问题都可以通过适用一般法律途径解决（即使是法律本身违宪，也可适用法律冲突的解决方法，而回避宪法判断）。为此，学说上也不乏学者持宪法判断优先说。该说认为如果一味回避宪法判断，无疑会继续放任违宪法律规范

　〔37〕　Frederick Schauer，Ashwander Revisited，Sup. Ct. Rev. 71 (1995)．

　〔38〕　关于作为裁判规范的宪法和作为政治制度的宪法的不同，参见翟国强：《司法者的宪法？人民的宪法？》，载《中外法学》，2007 (3)。

　〔39〕　当然该方法不适用于法律本身违宪时的判断方法，回避法律违宪的方法仍需适用合宪法律解释方法。

　〔40〕　参见［日］中村睦男：《宪法 30 讲》，248 页，东京，青林书院，1999。

的存在，破坏法体系的统一性。[41]

　　在上述两种极端学说的基础上，芦部信喜教授提出了宪法判断的衡量说。[42] 该教授指出，即使根据法律判断可以回避作出宪法判断而解决纠纷，也要根据案件本身的重要程度、违宪程度、影响范围以及所涉及权利的重要性，综合衡量法律判断和宪法判断所导致的结果后决定是否作出宪法判断。[43] 如果从宪法审查两种价值目标的整合角度看，芦部信喜教授的学说不失为一种持论公允平稳的有力学说。

（二）法律判断和宪法判断的竞合：直接违宪和间接违宪

　　大致而言，法规范体系是由不同位阶的法律规范组成的金字塔式的阶层构造。宪法处于这个规范体系的顶端，其他下位规范依次呈阶梯状：法律—行政法规—规章等。下位规范的效力源于上位规范，因此一旦下位规范和上位规范抵触，则自然失去法的效力。对此我国《立法法》第 78 条至第 80 条，以及第 82 条规定的法律的位阶效力可谓明证。如果下位规范和上位规范冲突则适用规范冲突的解决途径。比如德国的抽象审查中的统一法律解释，我国则是适用《立法法》规定的法律冲突解决机制[44]。凯尔森将这种下位法律规范违反上位法律规范的现象称为间接违宪[45]。因为如果从规范体系的构造看，任何违法行为都会

---

〔41〕　参见［日］高桥和之：《回避宪法判断的准则》，载［日］芦部信喜编：《讲座宪法诉讼》，东京，有斐阁，1987。

〔42〕　参见［日］芦部信喜：《根据法律判断回避宪法判断的方法》，载《宪法判例百选》第 2 版，第 343 页。

〔43〕　芦部信喜教授指出，日本虽然采取附随制的违宪审查，然而除了实现保障基本权利的功能之外，宪法判断也许考虑保障合宪的法律秩序的价值目标，参见芦部信喜：《根据法律判断回避宪法判断的方法》，载《宪法判例百选》第 2 版，第 343 页。

〔44〕　参见林来梵：《从宪法规范到规范宪法——规范宪法学的一种前言》，350～350 页，北京，法律出版社，2001。

〔45〕　凯尔森的这一区分已经被多数宪法学说所接受，参见苏永钦：《违宪审查》，17～18 页，台北，学林文化视野有限公司，1999；胡锦光：《中国宪法问题研究》，179～180 页，北京，新华出版社，1998。胡锦光教授认为，所谓直接违宪，是指国家机关职权、活动程序在宪法中有明确规定而未通过具体法律等规范性文件具体化的国家机关工作人员行使职权而与宪法内容、原则以及精神直接抵触。对于这类违宪行为，宪法或者特定法律都明确设立了审查机构、审查程序以及处理措施。所谓间接违宪，也可说是违法行为。因为宪法是法律等规范性文件的制定依据，法律等规范性文件是宪法内容及其原则的具体化，违反了法律自然就违反了宪法，对于违法行为各国均由普通司法机关进行审理和裁判。

间接的侵害宪法所保障的权利或违反宪法对国家权力的配置。而且如果承认宪法权利对于整个法律体系的"辐射效力",则任何一般法律层次的利益衡量一旦欠缺对作为原则的宪法基本权利的兼顾,在宽泛意义上都会构成与宪法相悖。如此,任何违法行为都可能会引起宪法上的争议,此时如果单就法律适用技术而言,在宪法判断和法律判断之间宪法审查机关可作出较为自由的选择。另外,宪法一般都会规定法律的位阶效力和下位规范不得违反上位规范。比如,我国宪法第100条规定下位法不得与上位法抵触,所以如果下位规范与上位规范冲突,地方法规与法律抵触,则至少可以构成违反宪法第100条的规定。

　　然而如果一味将宪法判断扩大至所有违法案件,则这种"泛宪法化"[46]的思维方式可能会导致宪法对法律体系的"过度规范"。其实普通法律体系本身也是基本权利重要的"制度保障",一定程度上发挥着保障基本权利的功能。比如,宪法判断取代一般法律判断而介入民法领域的幅度过大,必然会忽视私法本身的价值和法律体系。因为,民法与宪法调整领域不同,一个是横向法律关系,另一个是纵向法律关系;所以如果以对抗公权力的姿态来对抗私法的当事人,不仅会搅乱法律体系的阶层构造同时也可能背离立宪主义的价值取向。[47]我国的法律界欠缺回避宪法判断的意识和技术,因此尤其需要对那种以宪法名义解决普通法律问题的倾向引以为戒。例如最高人民法院关于雇工合同"工伤概不负责"是否有效的批复中指出:这种行为既不符合宪法和有关法律的规定,也严重违反了社会主义公德,应属于无效的民事行为。再如,在广为关注的齐玉苓案中,最高人民法院的有关司法解释原本没有必要援引宪法的规定,因为《教育法》第81条已经有相应的规定。在这种情况下,最高法院仍将该案件的法律判断上升为宪法问题,而没有适用法律判断来回避宪法判断的方法。

---

〔46〕"泛宪法化"此一概念参见林来梵、朱玉霞:《错位与暗合——试论我国当下有关宪法与民法关系的四种思维倾向》,《浙江社会科学》,2007(1)。

〔47〕诚如民法学者王泽鉴先生所指出:"使基本权利的效力及于私人间的法律关系,虽可在宪法基本权利上从事私法秩序的改造,但应兼顾私法的自主性,不能使基本权利的扩张作用转化成危险的辐射力,融化了传统私法固有稳妥的体系及私法自治原则,而使私法成为具体化的'宪法'。"王泽鉴:《法律思维与民法实例》,194页,北京,中国政法大学出版社,2001。

最高人民法院关于雇工合同"工伤概不负责"是否有效的批复

天津市高级人民法院：

你院〔1987〕60 号请示报告收悉。据报告称，你市塘沽区张学珍、徐广秋开办新村青年服务站，于 1985 年 6 月招雇张国胜（男，21 岁）为临时工，招工登记表中注明"工伤概不负责"。次年 11 月 17 日，该站在天津碱厂拆除旧厂房时，因房梁折落，造成张国胜左踝关节挫伤，引起局部组织感染坏死，导致因脓毒性败血症而死亡。张国胜生前为治伤用去医疗费 14 151.15 元。为此，张国胜的父母张连起、焦容兰向雇主张学珍等索赔，张等则以"工伤概不负责"为由拒绝承担民事责任。张连起、焦容兰遂向法院起诉。

经研究认为，对劳动者实行劳动保护，在我国宪法中已有明文规定，这是劳动者所享有的权利。张学珍、徐广秋身为雇主，对雇员理应依法给予劳动保护，但他们却在招工登记表中注明"工伤概不负责"。这种行为既不符合宪法和有关法律的规定，也严重违反了社会主义公德，应属于无效的民事行为。至于该行为被确认无效后的法律后果和赔偿等问题，请你院根据民法通则等法律的有关规定，并结合本案具体情况妥善处理。

齐玉苓案件

1990 年，齐玉苓被山东省济宁市商业学校录取，但其"录取通知书"被陈晓琪领走。后陈晓琪以齐玉苓的名义到济宁市商业学校报到就读。1993 年毕业后，陈晓琪继续以齐玉苓的名义被分配到中国银行滕州市支行工作。1999 年齐玉苓以陈晓琪及有关学校和单位侵害其姓名权和受教育权为由诉至法院，要求被告停止侵害，并赔偿经济损失和精神损失。最高人民法院于 2001 年 8 月 13 日公布的法释〔2001〕25 号《关于以侵犯姓名权的手段侵犯宪法保护的公民受教育的基本权利是否应承担民事责任的批复》指出："陈晓琪等以侵犯姓名权的手段，侵犯了齐玉苓依据宪法规定所享有的受教育的基本权利，并造成了具体的损害后果，应承担相应的民事责任。"2008 年 12 月 18 日，最高院发布公告废止《关于以侵犯姓名权的手段侵犯宪法保护的公民受教育的基本权利是否应承担民事责任的批复》法释〔2001〕25 号。宪法上基本权利对应的是国家的作为或不作为义务，而非普通公民之间的责任义务关系。而在本案中，法院将侵犯基本权利的责任强加于一个普通的民事主体身上，颇有"欺软怕硬"之嫌。更重要的是，在教育法已有规定的前提下本案仍然援引宪法规定作出的判断则纯属多余。

另一方面，如果过多地以法律判断回避宪法判断，则不仅仅会导致宪法规范被架空的危险，也与权利的有效充分保障相悖，而侵犯宪法权利结构中那种"获得救济的权利"。其结果即是将宪法审查演化为"违法审查"，无法保障宪法所确认的那种较高位阶的价值秩序。尤塔·林巴赫（Jutta Limbach）教授指出："回避宪法判断既不是在法与政治之间创造灰色地带，也不是在法律与政治之间划分界限，宪法审查的主要功能是制约权力和保障人权，司法自制的策略并不能满足此项任务。法院的任务毋宁是要坚决地介入而不是自我限制，即使可能会导致适当地干涉其他宪法机关的权力的后果。"[48] 上述区分在划分行政行为的合法性审查和合宪性审查时，具有重要意义，特别在那些行政法院和宪法审查机关分属于不同机关的制度模式下，更是如此。行政行为对宪法权利的限制超过必要限度时，固然可以说是违宪侵犯宪法权利的，然而如果可以通过适用违法判断加以救济则首先适用违法判断回避违宪判断。[49]

因此对于那些明显属于间接违宪的案件，固然只须作出法律判断，而无须涉

---

〔48〕 Jutta Limbach, On the Role of the Federal Constitutional Court of Germany, 53 Smul. Rev. 429 (2000).

〔49〕 在此意义上，所谓宪法权利和普通法律权利之间的区分可转化为通过宪法审查保障的权利和通过法律保障的权利的不同。在根本上，二者其实无法明确作出判断，比如行政机关侵犯公民财产权如果行政诉讼整个过程法院适用法律审查时对法律做合宪解释则最终判断结果为侵犯法律权利。而如果行政诉讼过程未考虑宪法规范的辐射效力，则案件可能（也仅仅是可能）上升为宪法案件，最后作出违宪判断，此时判断结果为侵犯宪法权利。上述财产权的保护法益和针对主体（即国家）完全相同，如果仅仅因为依据是否作出宪法判断来认定是否属于宪法权利，则可能仍然无法令人信服。或者说宪法权利的侵犯导致间接违宪和直接违宪两种，间接违宪由合法性审查解决从而回避宪法判断，而直接违宪做出违宪判断。而所谓普通法律权利和宪法权利的关系，归根结底是二规范之间的关系。法律违宪侵犯宪法权利的案件毫无争议，而有争议的是抽象行政行为对权利的限制。

及宪法问题。即，如果下位规范只是违反除宪法之外的其他上位规范，则仅仅构成间接违宪而适用法律判断；如果没有涵摄下位规范的上位规范方才构成直接违宪，则作出宪法判断。然而问题是直接违宪和间接违宪之间并无法划出较为明确的界限。宪法规范和法律规范之间虽然存在位阶上的不同，然而在规范内容上却呈交叉重叠状态，甚至有可能完全重合。比如，我国宪法关于人民代表大会以及各级政府组织法的有关规定，同《人民代表大会组织法》《政府组织法》的规定之间即可见这种重叠关系。如果从单纯规范逻辑的角度，既可以判断规范和法律冲突，也可判断其违宪，从而构成宪法判断和法律判断的竞合关系。

宪法审查机关面对这种竞合关系，一般会尽量避免作出宪法判断，而以法律判断的形式解决争议，即适用法律判断回避宪法判断，美国的最后救济规则可谓典型。该原则与德国的穷尽一切法律救济原则颇为类似，德国宪法诉愿程序要求的穷尽所有法律救济途径后方可提起宪法诉愿。然而德国的穷尽法律救济规则主要是一种程序上的规定，而美国的所谓最后救济规则则是一种实体上回避宪法判断的规则。

（三）最后救济规则

适用法律判断回避宪法判断的方法虽然最早是由布兰代斯法官所系统提出，然而这一回避方法并非阿什旺判决所首次采纳。其实早在"席勒诉铁路公司案件"（Siler v. Louisville & Nashville Railroad Co.）中法院已经运用了这一回避方法。[50] 在席勒案中，铁路公司依据联邦宪法的贸易条款和州宪法的授权条款挑战州铁路委员会颁布的对州际货物征收最高税额的命令。最高法院支持了联邦下级法院维持该命令的判决，但同时指出下级法院应当引用州法而无须涉及联邦宪法。如果有足够的独立的州法能够作为判决的基础，而且此判决与依据联邦法作出的判决是一样的，那么联邦法院就不必对州法院上诉案件中的联邦法律问题作出判断，即使州法院的判断是错误的。

---

〔50〕 Siler v. Louisville & Nashville Railroad Co.，213 U. S. 175（1909）.

随后的"铁路委员会诉普曼公司案件"（Railroad Commission of Texas v. Pullman Co.）中，法院进一步明确了该规则。[51] 法院在判决中写道："如果依据州法田纳西铁路委员会超出了其权力范围，只要适用州法就可以判断其无效，而无须涉及联邦宪法的平等保护条款。"随后法院把案件移送州法院依田纳西州的有关法律进行审判。对此法兰克福法官也持相同的观点："该案显然是关于平等保护的争议，但它却触动了社会政策的敏感领域，对于该领域是联邦法院不应当介入的，除非不存在其他法律途径。显然，对这种争议的宪法判断可以通过适用州的法律来回避。"此后最高法院一再指出："只要州法院的判断清楚表明它可以适用州法作出判决，我们当然不会对此作出判断。"[52] 而在著名的阿什旺案件[53]中，布兰代斯规则的第 4 规则：即使宪法问题在诉讼记录上已被恰当地提起，但如果案件可以通过宪法之外的途径解决，则回避宪法判断，适用非宪法途径。即所谓的最后救济规则（last resort rule），具体又可包含如下 4 个规则：（1）如果下级法院没有充分考虑运用一般法律解决方法，则不作出宪法判断；（2）其他法律可适用于待决案件，则不适用宪法；（3）当下级法院未能充分考虑宪法之外的规范基础，最高法院也可直接适用一般法律判断以回避宪法判断；（4）联邦法院可以遵循席勒案所确立的方法以回避对不清晰的州法争议作出宪法判断。[54]

铁路委员会诉普曼公司案件

田纳西州铁路委员会发布了一个命令，要求由白人列车员管理卧铺而不允许黑人列车员负责卧铺车厢的管理。一些铁路公司和命令所涉及的黑人列车员主张此命令违宪，认为它并未得到州法的授权，而且违反了联邦宪法上的平等原则、正当程序和州际贸易条款。虽然卧铺列车员的此项主张明显涉

[51] Railroad Commission of Texas v. Pullman Co., 312 U. S. 496 (1941).

[52] Michigan v. Long, 463 U. S. 1032 (1984).

[53] Ashwander et al. v. Tennessee Valley Authority et al. 297 U. S. 288 (1936).

[54] Lisa A. Kloppenberg, *Avoiding Constitutional Questions*, 35 B. C. L. Rev 1003 (1994).

及实质宪法的争点，但最高法院却回避了宪法判断。

然而这种适用法律判断回避宪法判断的"最后救济规则"是否能够为宪法权利提供及时有效的救济值得怀疑，因此许多学者认为最高法院应当限制适用该种方法回避宪法判断。[55] 而且，刻意回避宪法判断是否造成法律体系的不统一，甚至将规范冲突留待未决状态导致法律适用上的后患。特别是在美国这样的有着多元化法律体系的联邦制国家内，通过宪法审查实现法制统合的价值更不容忽视。

（四）"赫克公式"

依据法治的一般原则，任何国家机关乃至任何公权力介入的"准国家行为"都应当受到宪法的拘束，因此在穷尽普通法院的司法救济途径时，自然应当允许提起针对判决的宪法审查以充分有效的救济宪法权利，然而另一个问题在于如果所有的终审判决都可以提出宪法审查，则宪法审查即已变成一种超级上诉审。为解决"有效救济权利"和"避免成为一般法院的超级上诉审"之间的悖论，德国宪法法院提出了判断是否构成宪法争议的"赫克公式"。赫克公式是指赫克法官执笔的联邦宪法法院的判决中所确立的。

在 1964 年的一项宪法诉愿的判决中，宪法法院法官赫克执笔的判决提出了区分法律判断和宪法判断的判断公式，学说上称之为"赫克公式"。判决内容如下：[56]

不正确的法院裁判可能同时侵犯了当事人的宪法权利，如果当事人以此为由向宪法法院进行无限制地上诉，则可能与宪法法院的功能相违背。一般法律程序是否合法、事实的查明以及认定、普通法律的解释和适用都属于一般法院审判的任务，只有当"特别宪法"受到法院判决侵犯时，宪法法院方才作出宪法判断。

---

〔55〕 Lisa A. Kloppenberg, *Avoiding Constitutional Questions*, 35 B. C. L. Rev. 1003 (1994).

〔56〕 "赫克准则"的产生发展可参见刘淑范："宪法审判权与一般审判权间的分工问题：论德国联邦宪法法院保障基本权利功能的界限"，载刘孔中、李建良主编：《宪法解释的理论与实践》，"中央研究院"中山人文社会科学研究所专书（44），1998。

该判决进一步指出："宪法法院对于是否作出宪法判断的界限，却并未明确划定界限，因此法官必须拥有一定的裁量余地。只有对于宪法基本权利的保障范围明显的适用错误，且该错误对案件结果将有重要影响时，方可作出宪法判断。"

"只有违反特别宪法才作出宪法判断"的赫克公式，其问题在于究竟何谓"特别宪法"？其判断基准究竟为何？由于对这样问题的回答仍无法提供令人满意的答案。所以在对赫克准则的批判基础上，斯塔克（Ch. Starck）教授提出了判断是否作出宪法判断三个标准[57]：（1）原审案件对事实的认定有否恣意；（2）若将法律适用的结论拟制为法规范，其是否构成违宪；（3）法官造法是否逾越界限。然而上述区分是否可以彻底区分二者仍然是个问题。例如，事实认定恣意显然不是宪法上的瑕疵，法官如何能够作出宪法判断？

由于上述区分标准适用法律错误和违宪之间的区分困难，且宪法法院所运用的判断规则并非被广泛接受，造成宪法法院案件数量过多。为减轻宪法法院负担，德国学者亦有许多学者尝试从程序上寻求解决途径，主张借鉴美国的移审令制度，来筛选案件以确定是否作为宪法案件。[58] 然而问题在于即使是设定筛选程序，依然无法回避实体上如何判断宪法争议和一般法律争议的问题，从德国联邦宪法法院和美国宪法审查的实践看，这种区分其实很困难。

（五）适用法律判断回避宪法判断的界限

如果将那些间接违宪的案件逐个作出宪法判断，则任何宪法审查机关都将不堪重负，因此美国最高法院的移审令制度确立了宪法案件的筛选机制以此来控制宪法案件。且宪法虽然具有最高效力，但是并非所有法律问题都应当放入宪法审查中解决，宪法审查在规范控制上的功能只是一种监督和看护功能。将一般法律纠纷都诉诸宪法一方面不现实，另一方面也不必要。适用法律判断回避宪法判断的方法的关

---

〔57〕　Ch. Starck, *Verfassungsgerichtsbarkeit und Fachgerichte*，JZ 1996，S 1033. 转自陈爱娥："大法官宪法解释权的界限——由功能法的角度出发"，载《月旦法学杂志》（42）。

〔58〕　德国联邦司法部于1996年召集专家组成对联邦宪法法院负担改革的委员会在1998年所提出的报告，多数专家即持此观点，对此介绍可参见吴志光：《比较违宪审查制度》，15～16页，台北，神州出版社，2003。

键在于是否构成间接违宪，然而由于法律规范和宪法规范直接的交叠关系和相互渗透的可能性，使得这种界限十分不确定。换言之，即使是不同位阶的法律规范其内容也可能存在着交叉关系。如许多宪法条款在普通法律中几乎以相同面貌呈现。例如，罪刑法定原则在宪法中也有体现，因此对于欠缺明确性的《刑法》规范可以违反罪刑法定原则为由作规范冲突处理，将其不予适用，或者也可以违反宪法为由判断违宪。再如，我国宪法上的受教育权的规定和教育法的有关规定之间同样存在这种关系。因此适用法律判断的回避方法也就具有了较大的操作余地。

极端而言，如果将法律合宪解释方法运用到极致，则除立法机关制定的法律以外，几乎所有的下位规范都可以适用违法判断而回避宪法判断。其途径大致如下：首先通过合宪解释将宪法规范的含义依附在特定法律规范上，而后适用违法判断。如果是作为权宜之计则该方法不失达到规范控制的良好效果，而在有明确的宪法审查制度的前提下，上述方法可能会导致宪法规范被架空的危险。因此，该方法的运用需要遵循一定的限度，不可滥用。其次，回避判断方法的运用需要考虑权利的有效救济问题，如果适用法律判断较之于宪法判断无法为当事人权利提供有效救济，则宪法判断应当优先适用。再次，当适用法律判断无法有效的保障合宪法律秩序时，也不得回避宪法判断。恰如科洛朋博格（Kloppenberg）教授所指出："决定是否回避判断的过程就是衡量结果是否足以保护个人权利或其他宪法价值的过程。"[59]

在普通司法机关职司宪法审查的模式下，法律审和宪法审皆有法院进行，并不存在不同机关之间的分工问题[60]，因此司法机关运用这种方法无须考虑是否

---

[59]　Lisa A. Kloppenberg, *Avoiding Serious Constitutional Doubts：The Supreme Court's Construction of Statutes Raising Free Speech Concerns*, 30 U. C. Davis L. Rev. 1（1996）.

[60]　当然即使是采取普通司法机关审查模式，但在联邦制下联邦司法系统和各个州司法系统之间的分工，也是需要考虑的因素，如在美国这样的联邦制国家里，同时还存在州宪法和联邦宪法两种规范体系，为此所谓回避宪法判断的问题尤为复杂，比如，当法律同时与州宪法和联邦宪法抵触时刻，州法院一般采取如下两种方法：（1）州法院适用州宪法解决该纠纷，回避联邦宪法问题；（2）州法院对州宪法作符合联邦宪法的解释，将联邦宪法的价值扩散到州宪法，进行实质性的违宪审查。这两种方法其实可以被有合法性审查但没有宪法审查的国家借鉴，从而将合法性审查演变为实质性的宪法审查。关于美国的做法可参见 Note, The *Supreme Court Interpretation of Statutes to Avoid Constitutional Dicisions*, 53 Columbia L. Rev. 633（1953）.

侵犯宪法审查机关的权限。而在专门机关审查模式下则必须考虑合宪性控制的分工问题，[61]宪法审查机关应当尊重一般司法机关的法律判断权限，尽量避免适用法律判断。质言之，如果宪法审查机关同时也有进行合法性审查的权限，则该方法可以作为普遍采取的方法。反之，如果宪法审查与合法性审查分别由不同机关专属，则这种回避方法的正当性可能面临较大争议。对此，恩斯特·杨（Ernest Young）指出立法至上或司法界限不是回避判断的正当理由，法院恰恰应当将回避判断视为实施宪法的一种方法，即宪法审查机关并非是尊重立法机关而回避宪法判断，法院回避宪法判断本身就是实施宪法的一种方式。[62]即宪法规范的实施并非是宪法审查机关的专属权限，其他机关在其权限范围内也有实施宪法的权限。对于不属于宪法审查机关实施的职权领域，自然需要回避作出宪法判断。而对于其职权领域之内，则不得推脱责任而回避宪法判断。

四、通过限定解释回避宪法判断的方法

通过限定解释回避宪法判断有广、狭两种含义：广义的回避判断是指法院所采取的所有回避宪法判断的方法，包括回避宪法判断和回避违宪判断的方法。[63]而狭义的回避宪法判断是指，如果对法律的某种解释可以不涉及宪法问题，其他解释则不然，则选择前一种解释，即回避宪法判断的解释方法。[64]日本司法机关所作出的惠庭判决[65]即是这种方法运用的一个典型例子。

---

〔61〕 即使美、日模式下，也必须考虑如果将一般法律问题作为宪法问题对待，亦有将法律体系平面化的危险。

〔62〕 Ernest A. Young，Constitutional Avoidance，Resistance Norms，and the Preservation of Judicial Review，78 Tex. L. Rev. 1549，1602 – 09 (2000)．

〔63〕 详见下一章：回避违宪判断的法律解释。

〔64〕 参见芦部信喜：《宪法诉讼理论》，231 页，东京，有斐阁，1973；also see Lisa A. Kloppenberg，*Avoiding Serious Constitutional Doubts：The Supreme Court's Construction of Statutes Raising Free Speech Concerns*，30 U. C. Davis L. Rev. 1 (1996)；Note，The *Supreme Court Interpretation of Statutes to Avoid Constitutional Dicisions*，53 Columbia L. Rev. 633 (1953)．

〔65〕 日本札幌地方法院 1964 年 3 月 29 日判决，下刑集 9 卷 3 号 359 页。

惠庭判决

在北海道惠庭区的自卫队演习场附近牧场的农民，以自卫队演习的噪声影响其奶牛正常生产为由，请求自卫队予以补偿。不过提出补偿请求的农民要求未得到满足。于是，在正值自卫队演习之时本案被告切断了自卫队基地内演习所使用的电信线路。被告因此被以违反了自卫队法第 121 条的防卫用器物损坏罪而受到起诉。法院判决，第 121 条所说的"其他供防卫用之物品"，是指称"武器、弹药、飞机"这样的"例示物件"以及"可被认为具有可评定为同等系列之程度上的密切且高度类似性的物件"，而被告人所切断的电信线则并非如此，故判决被告人无罪。而就自卫队的合宪性而言，法院认为既然不作宪法判断即可以得出结论，因此对于被告所提起宪法问题，不仅没有必要，而且也不应当进行判断，从而回避了本案的宪法判断。该判决不作违宪与合宪的判断，在此意义上，是属于通过对法律做严格限定解释而回避了"对法律之合宪性的怀疑"的判决。

日本宪法审查所采取的这种回避方法，可以追溯至美国的回避规则，即上述布兰代斯规则的第 7 规则。[66] 其实早在布兰代斯法官的补充意见之前，这种方法已经被法院所采纳。对此最高法院指出：解释法律不仅需要采取支持法律合宪性的解释，而且做出避免违宪疑义的解释[67]。当法律可以作出两种合理解释，如采一种将产生违宪之嫌，但另一种解释可以消除这种嫌疑，则采可回避此嫌疑的解释。[68] 而在 1915 年美国诉金福美案件（United States v. Jin Fuey Moy），[69] 最高法院沿用了上述案件所确立的回避规则："法院解释法律不仅应当尽量避免产生违宪判断，同样也应当避免产生（需要作出宪法判断的）法律是否违宪的问

---

〔66〕　参见〔日〕芦部信喜：《宪法诉讼理论》，231 页，东京，有斐阁，1973。

〔67〕　Harriman v. Interstate Commission，211 U. S. 422（1908）.

〔68〕　United States v. Delaware and Hudson Co.，213 U. S 407（1908）.

〔69〕　United States v. Jin Fuey Moy，241 U. S. 401（1915）.

题。"在 1922 年得克萨斯诉东得克萨斯铁路公司案件（Texas v. Eastern Texas Railroad Co.）[70] 和普拉腾诉查德勒案件（Pratton v. Chandler）[71] 的判决中法院重申了此方法。1931 年的克罗维诉本生（Crowell v. Benson）案中法院再次声明："即使可以证明法律合宪性有疑义，但仍需确定是否可以做出回避宪法问题的解释。"[72] 对联邦法律作出与联邦宪法不抵触的解释，是联邦法院的义务。[73] 应当尽量选择不必要对宪法问题作出判断的法律解释，从而避免法律是否违宪的问题。[74]

与这种回避判断的解释方法相反，宪法审查机关也可采取广义解释而积极作出宪法判断的方法。比如，美国法院在许多判决中，对于那些需要作出宪法判断的法律，如果立法机关立法本身含义已然明确，则"该出手时就出手"，不采纳合宪解释方法，而是采纳"主动趋近宪法判断的法律解释"（construing statute broadly, then facing constitutionality）。[75] 与此做法相似，意大利宪法法院在类似案件中也采用这种主动趋近宪法判断的方法。[76]

五、小结

回避宪法判断的方法一般被认为是宪法审查机关的一种自制（self-restrain）手段，其正当性源于对民主立法机关的尊重和审查机关本身作为宪法之下的国家

---

〔70〕 Texas v. Eastern Texas Railroad Co., 258 U. S. 204 (1922).

〔71〕 Bratton v. Chandler, 260 U. S. 110 (1922).

〔72〕 Crowell v. Benson, 285 U. S. 62 (1931).

〔73〕 Dennis v. United States, 494 U. S. 501 (1950).

〔74〕 Hamm v. City of Pock Hill, 379 U. S. 316 (1964).

〔75〕 Regan v. Time, Inc., 468 U. S. 641, 652 - 655 (1984)；Sure-Tan, Inc. v. NLRB, 467 U. S. 883, 900 - 02 (1984)；Edward J. DeBartolo Corp. v. NLRB, 463 U. S. 147, 157 & n. 10 (1983)；City of Rome v. United States, 446 U. S. 156, 173 (1980).

〔76〕 William J. Nardini, *Passive Activism and the Limits of Judicial Self-Restraint：Lessons for America from the Italian Constitutional Court*, 30 Seton Hall L. Rev. 1 (1999)，中文可参见 ［意］罗伯特·隆波里：《意大利的违宪审查制度》，薛军译，http：//www. law-thinker. com/show. asp? id=1527，2006 - 03 - 24.

机关的功能界限。[77]　基于不同制度模式下宪法审查机关的民主正当性基础的不同，各不同国家的审查机关回避宪法判断的方法和范围也各不相同。然而如果从法哲学角度看，这种回避宪法判断的方法可以追溯至法与政治之间的复杂关系，而宪法判断所需回避的亦不外是政治世界中的实力和规范背后的多元价值。宪法判断如果积极介入政治利益的角逐过程，则不免会卷入其中，甚至受其支配；另一方面，如果不回避终极价值的判断，则可能导致价值的专断。

　　宪法判断是一种法的判断，需要依据法规范得出结论，自然无须考虑各种政治力量的对比。然而这终究只是一种理想状态，宪法审查机关无法超脱于政治秩序之外。为了自我保存，宪法审查机关往往需要回避这种政治实力的角逐，美国的政治问题理论和德国的统治行为理论可谓明证。哈兰法官曾指出："法院不应当认为某种被广泛接受的政治理论是正确的，而宣告另一种不合理的不公平的理论是错误的。就在不久之前，霍姆斯法官就告诫法院，第 14 条修正案的正当程序条款并没有规定社会达尔文主义。时代已经不同了，平等保护条款并不是要给美国强加一种不受限制的平等主义的意识形态。"[78]　而布兰代斯法官意识到宪法审查机关在面对现实利益的时候必须寻求自保，在 1922 年给弗兰克福特的一封信中，他告诫最高法院要保护自己免受民众不满情绪的伤害，因此如果案件能够由其他部门解决时就尽可能回避作出宪法判断。[79]　最高法院在新政时期所面临的"重组危机"，其实也是宪法判断介入权力纷争的典型例子。对于国家机关之间的权限纠纷过分介入，宪法审查机关可能会被推至政治实力旋涡中，此时其或者会随波逐流，或者勉强作出宪法判断，却无法实际实施而致其威信扫地。正因为如此，即使是正当性较强的法国宪法委员会对于组织法的判断大多采取回避违宪判断的策略而避免介入权力纷争。在为数众多的宪法判决中，对组织法作出违宪判断的只有区区 6 件。面对政治权力的格局，宪法审查机关可能也不得不对许

---

　　[77]　See Notes，*Avoidance of Constitutional Issues in Civil Rights Cases*，48 Columbia Law Review 427（1948）.

　　[78]　Harper v. virginie bd. of elections，383 U. S. 686（1965）（Harlan，J.，dissenting）.

　　[79]　Lisa A. Kloppenberg，*Avoiding Constitutional Questions*，35 B. C. L. Rev 1003（1994）.

多问题作出回避，向那些利益妥协的现状让步，这种回避可以说是一种"规范对事实的妥协"。[80]

期间	对象 数量	组织法		一般法律	
		判决总数	违宪判决	判决总数	违宪判决
1959—1974		20	4	9	7
1974—1981		18	2	47	14
1981—1986		8	0	66	34
1986—1987		3	0	16	9
合计		49	6	138	64

图表 2　法国宪法委员会对于不同类型的法律作出违宪判断的情形[81]

宪法判断是一种以规范为媒介的价值判断，对此比科尔教授主张宪法判断应当维护社会的长远价值（enduring value），而一个中立的法院较之于政治部门不易受到利益集团的影响，故此较为适宜做出价值判断[82]。然而面对多元的实体价值，宪法审查机关必然会遭遇选择的难题。在价值多元的社会，即使是宪法审查机关也不宜通过宪法判断将特定价值固化为终极价值，否则可能会导致宪法审查机关的价值专断。而为了保证宪法判断的可被接受性，需要对特定实体价值的判断做出回避。且宪法判断这种必要的价值判断不过是为解决本案而作出的，如果可以不做出更多价值判断而解决纠纷，则尽可能回避对终极价值的判断，对于终极价值的判断可能仍需要将其"留待未决状态"（leaving things undecided）。[83]

---

[80]　当然，如何采取一定的策略以期改变那些不合理的现状，实现宪法的规范功能是另一问题。

[81]　Louis Favoreu, *The Constitutional Council and Parliament in France*, *Constitutional Review and Legislation*: *An International Comparison*, Christine Landfried ed. Nomos Verlagsgesellschaft Baden-Baden (1988), p. 97.

[82]　Alexander M. Bickel, *The Least Dangerous Branch*: *The Supreme Court at the Bar of Politics*, Yale University Press (2d Ed. 1986), pp. 42-43.

[83]　Cass R. Sunstein, *Leaving Things Undecided*, 110 Harv. L. Rev. 6 (1996).

如果政治是指赤裸裸的实力运作过程或是以实力为后盾的意识形态之争，则宪法判断应当避免成为一种纯粹的政治判断。但是如果政治是所谓的"众人之治"，即特定社群的组织和存续，则任何法律判断包括宪法判断无一例外属于政治判断。如果政治的过程已然演化为一种协商政治或商谈政治，即理性的商谈替代了赤裸裸的实力对比，致力于形成价值共识取代了利益的暂时妥协，那么法官是否仍需独立于此政治之外呢？此时，是否应当积极地参与价值共识的形成呢？对此晚近产生的程序性商谈理论认为宪法判断应当致力于价值共识的形成，然而宪法判断对于价值共识的形成作用，仅仅在于清除某些程序性障碍，而不可直接对实体价值作出判断。[84] 当然由于这种理论对宪法保障的实体价值可能视而不见，因此也受到了批判。不加限制地运用回避宪法判断的方法，特别是狭义的回避宪法判断方法，则可能放任违宪状态的继续存在，有悖于宪法审查制度设置的直接目的。因此针对布兰代斯规则的过度适用问题，不乏学者提出质疑和批评[85]，而日本法院进行宪法判断时基于极端消极立场而过度的回避宪法判断的做法即遭到学者的广泛批判。批判者认为："如果法院借口法律技术的理由而回避宪法判断，或者虽然不回避，却以各种理论，对政府的违宪状态，不但不加以排拒，反而现实的予以维持，则宪法上所保障的权利与自由，将形同具文，有名无实。"[86] 因此对于那些需要作出宪法判断的案件，宪法审查机关自然应当积极主动的作出违宪判断或合宪判断，而不可"当断不断"，恰如芦部信喜教授所论："回避宪法判断的准则，是在美国的判例中逐渐形成的理论，不应轻易否定。但是若将其作为绝对性的规则而予以主张，则会产生与宪法审查制度之宪法保障功能不符的情况。因此，法院应对案件的重大性或违宪的程度，以及其影响的范围、在案件中所争诉的权利之性质等予以综合考虑，在判断为具有充分理由的情

---

〔84〕 Cass R. Sunstein, *Leaving Things Undecided*, 110 Harv. L. Rev. 6 (1996).

〔85〕 Note, *The Supreme Court Interpretation of Statutes To Avoid Constitutional Dicisions*, 53 Columbia L. Rev. 633 (1953).

〔86〕 〔日〕高柳信一:《对宪法裁判的疑问》,《朝日ヅセーメル》杂志, 1967 年 11 月。

况下，则应理解为不必遵循这一回避原则，而可作出宪法判断，方为妥当。"[87]
对于宪法问题，法律界当然不能回避，也不应回避，在考虑权利保护的必要性前
提下应当果断的作出宪法判断。问题是，宪法判断并不等同于违宪判断。即使是
必须作出宪法判断，仍然可以采取回避违宪判断的技术，以和谐的姿态来处理宪
法问题，避免造成国家机关之间功能分配格局的紧张。

我国《宪法》《立法法》明确了法律效力的位阶体系，下位法不得与上位法
相抵触，同位法之间的相互关系（包括特别法优于一般法，新法优于旧法等），
以及改变或者撤销法律、法规、自治条例和单行条例、规章的情形等。据此，全
国人大常委会在法工委下设立法规审查备案室专门处理行政法规、地方性法规和
部门规章等法律规范的违宪与违法问题。这项措施对于维护国家的法制统一和保
障公民的宪法权利固然具有积极意义。自成立以来，虽然不断有公民向全国人大
提请宪法审查的申请，但是有权机关并没有做出任何合宪或是违宪的决定。其
实，对于这些申请中与宪法不相抵触的国家行为完全可以做出合宪的决定，这样
一方面可以消除社会各界对于国家行为合宪性的疑虑，另一方面也有利于为国家
行为提供宪法上的正当性依据，树立法治政府的权威性和公信力。对于违宪的行
为应当在深入调研、科学论证的基础上，在无法回避违宪判断的情况下，应当果
断作出违宪判断，纠正违宪行为，维护宪法的最高法律权威。

---

〔87〕〔日〕芦部信喜著，高桥和之增订：《宪法》，333 页，林来梵、凌维慈、龙绚丽译，北京，北京
大学出版社，2006。

第三章 合宪限定解释：回避违宪判断的方法

　　宪法审查机关作出宪法判断并不一定就会得出违宪结论，如果采取回避违宪判断的方法，则可得出合宪的结论。如果从广义上看，前文所指的适用法律判断回避宪法判断的方法实际上也可达到回避违宪判断的效果，特别是以间接违宪方式回避宪法判断的方法可以说是一种适用违法判断回避违宪判断的方法。然而一旦适用违法判断解决纠纷，则无须再就是否构成违宪作出判断，因此就形式逻辑而言狭义的回避违宪判断的方法通常是指合宪限定解释的方法。在宪法判断中，判断者需要将"目光往返流转"于作为判断准则的宪法规范和作为审查对象的法律规范之间，当然也不免对法律规范做出同宪法规范相对照的解释。因此这种解释本身对于是否构成违宪自然意义重大，如果运用解释技术使得法规范避免被作出违宪判断，则一方面可以使得同为宪法之下国家机关的宪法审查机关和政治部门之间"化干戈为玉帛"，避免造成政治危机，另一方面也可以在法律体系内对基本权利进行切实有效地保障。反观我国的法律实践，这种方法却并未引起法律界的重视。比如在四川新津县人民法院（1995）新民初字第 118 号判决对村规民约作出违宪无效的认定实属不必要的违宪判断。

四川新津外嫁女案件

　　原告王玉伦（女）及其女儿李尔娴，均系新津县五津镇蔬菜村村民。1995 年初，蔬菜村转让其部分土地后，其他村民都分得了土地转让费，而王玉伦、李尔娴却分文未得，因为该村"村规民约"有一条规定："凡本地出嫁女子，除特殊情况外，必须迁走户口，拒绝迁走户口的，连同婚后所生子女，虽准予上户口，但不得享受一切待遇。"王玉伦、李尔娴不能分得土地转让费，为此，王玉伦、李尔娴以蔬菜村村民委员会为被告，向新津县人民法院提起诉讼。新津县人民法院（1995）新民初字第 118 号判决认为，村规民约在性质上属民事协议，而民事协议亦应符合宪法，涉讼条款要求妇女结婚后就必须迁走户口，系对妇女的歧视性对待，有悖于男女平等的宪法原则，因而无效，原告分得土地转让费的诉讼请求应予支持。

该案引起了学界广泛的讨论，特别是宪法规范在本案的适用引起了许多学者关注。多数学者认为，宪法规范不只是能够在宪法诉讼中适用，如有必要，宪法规范也可以在民事诉讼中直接适用，并认为，本案就是一宗宪法规范在私法关系中直接适用的典型案例。例如，有学者认为，本案是宪法原则在民事领域内的直接法律效力的体现。有学者认为，人民法院在该案中直接援用了宪法规范，并取得了效果良好的判例。还有学者认为，通过此案的审理，新津县人民法院创造了男女平等的宪法原则在"民事的领域"具有直接效力的判例，具有深远的意义。本案系一起民事案件，因为一方当事人是女性，法院就武断地认为本案的"民事协议"违反宪法上的平等原则因而无效。一般宪法学说认为，宪法规定的责任和义务主要是针对国家，违反宪法的主体一般限于国家公权力机关。世界各国的宪法实践也没有追究民事主体"违宪"的判例或决定。违宪的主体限于公权力机关或准公权力机关也是一项普遍接受的宪法原理。针对类似案件，尽管民事协议的内容在逻辑上与宪法平等原则不符合，也不宜对其作出违宪判断。本案系一起针对村规民约效力判断的案件，蔬菜村村民委员会不过是基层自治组织，而非强大的国家机关，因此本案并未引起公权力机关之间的紧张和对立。或许正因为如此，本案法官才不避讳采取这种"违宪判断"。

一、有关概念的厘定

所谓"合宪限定解释"单就此概念而言是源于日本宪法学的概念，根据芦部信喜教授的定义：合宪限定解释是"通过对依字面意思解释就有可能构成违宪的那种宽泛的法律条文含义加以限定，排除其构成违宪的可能性，从而对法令的效力加以救济的解释。"[1] 合宪限定解释其根本上是作为一种回避违宪判断的方法存在。对此，时国康夫法官在《合宪解释的方法》中的定义可谓明了："如果法令的解释可有广义和狭义两种可能，如果采取广义解释则违反宪法或者违宪疑义较大，则采取狭义解释从而回避对法令本身的违宪判断。"[2]

由于日本的宪法审查制度是以美国为模板[3]，有关"合宪限定解释"方法的理论可以追溯到美国宪法审查的实践。在美国的宪法审查制度下，司法机关解释宪法并最终作出宪法判断，最高法院对于宪法含义的解释具有法律上的确定性。对此，美国最高法院大法官休斯（Hughes）曾有名言："我们都要遵守宪法。但宪法是什么？法官说了算。"[4] 其实早在 1884 年，美国最高法院就已经运用这种合宪限定解释方法。法院对这种方法做了如下阐释："解释法律应当尽可能与宪法一致，尽量运用法院的法律解释权，以此避免法律违宪判断。如果州法有可能做出两种合理的解释，法院基于对州立法机关的尊重，应当推定州立法机关并未无视宪法，法院应当在不改变法条的合理含义的前提下，选择与宪法相一致的解释。"[5]

虽然这种方法在美国的发展较为成熟，但采纳这种方法并非为美国宪法审查模式所独有，比如德国的宪法审查实践也广泛采纳这种方法，而且在理论学说上也十分发达。但在德国并没有所谓"合宪限定解释"，与此对应的概念是"合宪解释"（Verfassungskonforme Gesetzesauslegung *verfassungskonforme Auslegung*）。[6] 德国的合宪解释的含义较之于芦部信喜的"合宪限定解释"要略微广泛，因此理论上可能较日本学说更为周延。根据阿部照哉教授的研究，德国宪法

---

〔1〕 ［日］芦部信喜：《宪法诉讼理论》，231 页，东京，有斐阁，1973。

〔2〕 ［日］时国康夫：《合宪解释的方法》，后收入氏：《宪法诉讼及其判断方法》，第一法规 1996 年版。需要指出的是虽然在"合宪解释"的论题之下，时国康夫主要讨论的仍是芦部所指的那种"合宪限定解释"。

〔3〕 ［日］野中俊彦：《宪法诉讼的原理与技术》，263～265 页，东京，有斐阁，1995。

〔4〕 Jeffrey M. Shaman, Constitutional Interpretation: Illusion and Reality, Greenwood Press（2001）. p. 1.

〔5〕 Grenada County Supervisors v. Brogden，112 U. S. 261（1884）.

〔6〕 Erhard Denninger, *Judicial Review Revisited*: *The German Experience*，59 Tul. L. Rev. 1013（1985）.

上的合宪解释原则含义如下："法律的规定必须解释为与宪法的原则相一致，如果某一特定的法律存在复数解释的可能性，则必须选择与宪法相符合的解释。"[7] 由此可见，德国的合宪解释其实不仅仅是一种回避宪法判断的方法，甚至也可作为一种一般法学方法上的解释规则而存在。但是如果以此检视"合宪限定解释"，即使作为一种回避违宪判断的方法，芦部信喜和时国康夫关于"合宪限定解释"的界定可能将那种通过扩大解释回避违宪判断的解释方法排除在考虑范围之外。因此作为一种回避违宪判断的"合宪限定解释"不仅仅包括那种限缩解释，同样包含通过扩大解释回避违宪判断的做法。即使作为合宪限定解释的原产地的美国也不例外。一般而言这种解释方法的定义如下："当特定法律有违宪嫌疑，如可以做出两种合理解释，一种解释为违宪，而另一种解释可以使法律合宪有效，则采纳后者。"[8] 与上述合宪限定解释方法相对，韩国宪法法院在1990年的国家保安法案件中指出："在解释作为宪法审判对象的法律含义时，如果法律内容过于广泛或在适用范围上过于广泛时有可能违反法治主义和罪刑法定主义原则，有导致违宪的可能性。某种法律概念呈多样性，在语义的范围内存在几种解释的可能性时，为维护以宪法为最高法规范的统一法律秩序，尽可能在作出与宪法相一致的解释，即选择合宪的解释，排除导致违宪结果的解释，以寻求合宪。这种合宪的限制解释在宪法审判制度发达的国家是被广泛采用的，某个法律中存在一定的合宪因素时以违宪要素相对多为由宣布全面违宪是一种会给社会带来重大冲击的选择。"[9]

国家保安法案件

　　申请人A因协助某违反国家团体携带图书以及发传单等罪名接受审判过程中提出《韩国国家保安法》第7条第1款以及第5款违反宪法的请求，

---

　　[7] 阿部照哉：《法律的合宪解释与其界限》，载《法学论丛》90卷123号，后收入其所：《基本人权的法理》，东京，有斐阁，1976。

　　[8] United States v. Delaware and Hudson Co., 213 U. S. 407 (1908).

　　[9] 韩大元、莫纪宏主编：《外国宪法判例》，182页，韩大元撰写部分，北京，中国人民大学出版社，2005。

审理法院提请宪法法院进行宪法审查。《韩国国家保安法》第 7 条第 1 款规定："对违反国家团体或其成员接受指令的活动加以赞扬、鼓励或同情等方式协助反国家团体者处以 7 年以上有期徒刑。"第 5 款规定："以第一款行为实施为目的制作、进口、复印、运输、携带、贩卖、传播或取得图书、文书等表现物者判处各款所规定的刑罚。"宪法法院于 1990 年 4 月 2 日作出判决相关条款只适用于所规定的行为危害国家的存在与安全、危害自由民主的基本秩序情形，在这种解释范围内该规定并不违反宪法。

根据我国的宪法实践，司法机关没有宪法审查的权限。因此自然没有合宪限定解释方法的操作实例，但是以限定解释的方法对相关法律进行合法化的案例在我国并不少见。如《最高人民法院关于审理盗窃案件具体应用法律若干问题的解释》关于《刑法》第 264 条规定的"盗窃金融机构"作出限定性解释："盗窃金融机构的经营资金、有价证券和客户的资金等，如储户的存款、债券、其他款物，企业的结算资金、股票，不包括盗窃金融机构的办公用品、交通工具等财物的行为。"假设在宪法审查制度成熟的国家，《刑法》的上述条款可能因过渡广泛而有违反宪法嫌疑。为此可能被提交审查机关作出违宪判断，审查机关一般会采取限定性解释对法律规范含义重新界定达到回避违宪判断和合宪化法律的双重目的。

（一）合宪推定与合宪限定解释

合宪限定解释常常与合宪推定原则相混淆，甚至被认为是同一法律原则。其实非也！合宪推定仅仅是一种推定法律合宪的原则，而合宪限定解释是宪法审查机关在作出宪法判断时所采取的一种回避违宪判断的方法。合宪性推定原则同样是基于对立法机关的尊重而将法律推定为合宪的立场，此原理较早出现在美国的宪法审查实践："一般假定所有立法行为都是符合宪法，除非明显违宪。这种信任对于保证对立法权的正当服从而言是必不可少的。如果这一点经常受到质疑，那就会削弱对法律的尊重，而这种尊重却是对于公共安全和幸福而言至关重要。法律的有效性不应当受到质疑，除非它是如此明显地和宪法相抵触，以致当法官指出的时候，社会中所有具有正常思维的人都能认识到这种抵触。"〔10〕 大多数情况下合宪推定是合宪限定解释的前提〔11〕，二者经常"如影相随"，但即使在违宪推定的场合，也存在合宪限定解释的适用余地。只是在合宪推定案件中，大多会采合宪限定解释，合宪推定本来只是一种"推定"，而合宪限定解释则是避免法律违宪的方法，即一种回避违宪判断的方法。合宪推定适用的案件，同样可能无法进行合宪限定解释而作出违宪判断；反之，不采用合宪推定的案件，甚至适用违宪推定的案件也可能作出合宪限定解释而回避宪法判断。但是，即使采取违宪推定（presumptively unconstitutional）的案件，也不排除合宪限定解释适用的空间。

与合宪推定相对，"违宪推定"在某些场合同样存在。比如，事前限制（prior restraint）的禁止，系指在言论发表或出版前，政府以各种手段禁止或限制其发表或出版之一种制度。事后惩罚（subsequent punishment），则是指言论之发表或出版不受任何事前限制，仅在言论发表或出版后，如有违反法律规定者，则依法予以处罚之一种制度。而在 1971 年的纽约时报案（New York Times Co. v. United States）〔12〕，本案涉及《纽约时报》与《华盛顿邮报》准备刊载美国国防部有关美国参与越战的研究报告。这些资料被归类为极机密，美国联邦政府认为这些资料涉及国家安全，如任由其揭露将会使越战持续、增加军人的伤亡率、盟国对美国的不信任以及增加外交谈判的困难。故而美国联邦政府要求法院颁布禁制令，禁止《纽约时报》及《华盛顿邮报》继续登载该研究报告的内容。由于美国联邦政府无法证明采用事前限制的必要性，故被宣告为违宪。美国联邦最高法院明白表示任何事前限制的制度均会被法院推定为违宪，除非政府能举证证明采取事前限制的必要性。在该案中，法官也表示政府必须能举证证明如果不对系争的言论予以事前限制，将会为国家或一般公民带来"直接、立即、及不可弥补的伤害"（direct，immediate，and irreparable damage），才能证明事前限制

---

〔10〕　詹姆斯·B.塞耶：《美国宪法理论的渊源与范围》，张千帆译，载《哈佛法律评论宪法学精粹》，17 页，北京，法律出版社，2005。

〔11〕　[日]芦部信喜：《宪法诉讼理论》，135 页，东京，有斐阁，1973。

〔12〕　New York Times Co. v. United States（Pentagon Papers Case），403 U. S. 713（1971）．

的必要性，事前限制才有可能合宪。

（二）合宪限定解释与合宪解释

一般而言，所谓"合宪解释"的外延要大于合宪限定解释，合宪解释可以包含合宪限定解释，甚至前文所述的回避宪法判断的法律解释也可以说是广义合宪解释的一种。合宪解释规则可以分为如下三类：（1）单纯的解释规则，即宪法相关规定应当在解释一般法律时直接发生一定影响；（2）冲突规则，在多数可能的解释中选择与宪法相符合的解释；（3）保全规则[13]，即当法律有违宪疑虑而有数种解释可能，选择不违背宪法的解释。[14] 根据上述区分，所谓合宪限定解释是属于第三意义上的合宪解释，但是在现实的宪法判断中，合宪限定解释往往和第2种解释混合一起。其一般表现形态为："在不违背宪法的前提下，X 法第 x 条应当作如下解释：……"；"X 法第 x 条与宪法第 y 条在下述条件下并不抵触：……"

合宪解释	回避违宪判断的限定解释	嵌入例外规范
	回避宪法判断的限定解释	嵌入例外规范
	一般法律解释方法	宪法规范作为原则

图表 3　合宪限定解释与相关概念的关系

（三）合宪限定解释与回避宪法判断的法律解释

通过限定解释回避宪法判断的方法和通过限定解释回避违宪判断的方法在技术上并无区分，即都是通过嵌入例外规则的方法回避判断。其不同之处仅仅在于所嵌入例外规则不同。前者是嵌入不属于宪法判断范围的规则，如果采取 a 解释，则无须作出宪法判断，所以采取 a 解释。其通常表述为："如果采取……的

---

[13]　亦称"挽救规则"（saving rule），see William N. Eskridge, Jr. and Philip P. Frickey, *Quasi-Constitutional Law: Clear Statement Rules as Constitutional Lawmaking*, 45 Vand. L. Rev. 599（1992）.

[14]　此系瑞士学者 Campische 和 Muller 的分类，参见苏永钦：《合宪法律解释原则》，载《合宪性控制的理论与实践》，月旦出版公司，1999。

解释，则并不涉及宪法上的争议从而无须作出宪法判断"。后者是嵌入违宪解释的例外规则，即如果采取 a 种解释，则合宪，所以不得采取 a 解释方法。表述为："如果采取 a 解释方法，则并不违宪。"然而，上述两种回避方法虽然都是一种限定解释，然而其法律效果却不同。回避宪法判断则不会导致任何宪法判断，此时法律规范是否合宪仍不确定，只是回避做出是否违宪的判断而已。而回避违宪判断则会导致合宪判断，即"附条件通过"。

二、合宪限定解释的具体方法

如果仅仅根据这种笼统的表述，我们仍无法把握合宪限定解释的全貌。其实，逻辑上完整的合宪限定解释尚可包含以下步骤：（1）嵌入一个例外规则[15]：X 法第 x 条并非意味着……（去除违宪嫌疑的解释）；（2）对该法第 x 条应当作出如下解释：……（3）故此，该法第 x 条与宪法 y 条并不违背。但实践上出现的其他类型如下：仅由（1）（3）组合而成，仅由（2）（3）组合而成。[16] 合宪限定解释目的并非是确定作为审查对象的法规范的意义，其重心在为作为审查对象的法律规范"嵌入"一个例外规则从而回避违宪判断[17]，至于确定法律本身

---

〔15〕　实践中也有嵌入例外原则的方法，比如，德国"谋杀罪无期徒刑合宪性"（Bverf GE4，187）判决即是将比例原则直接嵌入限制规范中的判例。当事人主张谋杀罪判处死刑处罚过重，宪法法院认为可以通过对谋杀罪构成要件做合宪解释的方式，回避违宪判断："（对 221 条谋杀罪构成要件）绝对一概处以无期徒刑这样严格的刑罚，只有在如下情形下才不违宪：当法律已经让法官能够将具体案件涵摄于抽象规范之下，而得出和宪法上比例原则相一致的刑罚时。如果能够考虑《刑法》总则的规定和对《刑法》第 221 条做出合宪解释，则可不产生宪法上的疑义。"根据上述构成要件的文义范围，应当做出更具限制性的解释，即是否"残暴"和"为掩饰另一犯罪行为"，应当解释如下：所谓残暴"需要由可责的信赖破坏"方才构成；"为掩饰另一犯罪行为"需要符合"谋杀行为已经事先计划"或寻求其他符合比例原则的解释方法。这种嵌入比例原则的方法固然可以回避违宪判断，然而这种嵌入本身使得法律规范仍然处于不确定状态，为此很难成为一种"解释"。

〔16〕　甚至可存在仅有（2）构成的解释，这种可以说是一种"隐蔽的合宪限定解释"。在那些宪法问题在司法程序中仍十分敏感的时期（比如我国当下），这种解释可作为合宪限定解释的功能代替。

〔17〕　违宪审查机关的合宪限定解释乃一种否定性解释，由于仅仅嵌入例外规范，因此并未对普通法院的解释法律的权限构成侵犯。

的具体意义还有赖于一般法解释的方法的运用，因此很难称之为一种完整的法律解释。因为完整的法律解释尚且包括对多种合理解释做出选择。在一般法律适用时，当存在多种合理解释的情形下，据以做出选择的标准不仅仅包括宪法上的标准，还有其他标准，比如平常含义标准、融贯性标准、与特定法律原则一致的标准[18]。而在宪法审查中，主要需考虑的是特定审查对象是否合宪，因此其争论焦点仍然集中在宪法层次的论证。具体而言，假设 a、b、c、d 解释方法可得 4 种含义。如果 a、b、c 均符合宪法，唯 d 解释含义违反宪法。如何认定？只是排除 d 方案？还是选择最符合宪法的解释？此时取决于判断者究竟采取何种立场：合宪限定解释本身的积极立场和消极立场。如果强调宪法审查的规范控制功能，仅仅为了回避而回避，则仅仅排除 d 解释方案；如果试图通过解释积极进行合宪控制实现宪法价值，则尽量做出最符合宪法的详尽解释。

与嵌入例外规则类似，这种方法同样也可以嵌入例外原则而回避违宪判断。由于原则是一种尽可能实现的指示规范，所谓"最佳化戒命"或"最适化命令"（optimization requirements）[19]，如果是在不同于抽象审查的具体审查模式下，这种嵌入一个例外原则的方法可能仍然无助于纠纷的彻底解决。然而如果是在单纯的抽象审查程序中，该方法则既可回避直接改变法规范的内涵，同时也可避免直接和立法机关对立。可谓一种回避宪法判断的"留待未决"方法，法律原则本身的不确定性正好可以为这种回避技术所用。[20]

其实上述作为单纯解释规则的合宪解释与一般法学方法上的合宪解释并无不同。一般法学方法上合宪法律解释是基于如下原理：宪法本身乃法律体系的构成

---

〔18〕 Lawrence M. Solan，*Private Language*，*Public Laws*：*The Central Role of Legislative Intent in Statutory Interpretation*，93 Geo. L. J. 427（2005）.

〔19〕 Robert Alexy，*A Theory of Constitutional Right*，translated by Julian Rivers. Oxford University Press（2002），p. 48.

〔20〕 上述不同的方案选择其实也可佐证合宪限定解释作为一种方法并非仅仅一种宪法判断消极主义的技术，同样可能是宪法判断积极主义的一种手段。比如桑斯坦教授就曾明确指出："回避违宪判断的解释方法可能需要一个在法律解释问题上更加积极的司法角色，因为这需要将许多法律加以适度的'弯曲改变'（bending）。"同时也需要我们超越那种简单的划分积极或消极的价值立场，转向寻求宪法判断者本身的功能定位，See Cass R. Sunstein，*Interpreting Statutes in The Regulatory State*，103 Harv. L. Rev. 405（1989）.

部分，而且作为一种价值秩序处于法律体系的顶端，因此在解释下位法律时候自然需要兼顾宪法规范的内容（解释学意义上的循环）。在一般法律适用的过程中，基于体系解释的一种特例，对法律规范的解释自然需要兼顾作为原则的宪法规范。但是上述法律判断是针对一般法律案件而做出，而宪法判断很少是针对个人或一般具体行为做出，多数情况是针对抽象的规范作出判断，因此就宪法判断而言，那种"目光的往返流转"更多的是在"宪法"和"法律"之间徘徊往复[21]，因此和一般法律判断仅仅在"法律"与"案件事实"之间有所不同。作为宪法判断对象的法律是作为一种有待诠释的"宪法事实"而存在，为此与那种一般法律适用中以形成法律判断大前提为目的的法律解释大不相同，这种意义上的法律解释自然属于"作为宪法判断前提的法解释"[22]。因此，作为一种结果（即回避宪法判断）导向的法解释，宪法判断意义上的合宪限定解释自然不同于那种作为体系解释的一种特殊形态的合宪解释。

三、几个有关的比较研究

（一）不同制度模式下的主体与对象

合宪限定解释首先是作为回避违宪判断的方法而存在的，因此宪法审查机构当然可作为合宪限定解释的主体。但除此之外，由于普通法院法官解释法律时也需要与上位法保持一致，且合宪限定解释方法并不必然要求法官享有宪法审查

---

〔21〕　当然也不排除二者之外的考量，比如在违宪审查基准体系已经较为完备的前提下，这种诠释循环更多的乃发生在审查对象和基准之间。参见苏永钦：《走入新世纪的宪政主义》，17页，台北，元照出版社，2002。

〔22〕　时国康夫指出，法规在文理上存在广义和狭义两种解释的可能，如果采取狭义解释就无须对法规本身作出宪法判断，那么如果不确定采取何种解释也就无法确定是否要对法规进行宪法判断。因此理论上法解释乃宪法判断的前提。时国康夫："合宪解释的方法（上）"，载《法学家》第 326 期，后收入氏：《宪法诉讼及其判断方法》，第一法规 1996 年版。

权，所以一般法官同样可为合宪限定解释主体。[23] 在美国型宪法审查制度下，普通法院作为宪法审查主体自然可以作为合宪限定解释；而在德国模式下，由专门宪法法院职司宪法判断，这种回避宪法判断的方法是否为普通法院所采纳？在德国模式下，当普通法院在审理一般案件时，发现法规确有违宪疑义，则可以申请宪法法院审查。但是审查是否构成"确有违宪疑义"，存在于普通法院的权限范围之内。此时法院自然可以做出解释回避这种"违宪疑义"，而当案件提请宪法法院时，宪法法院亦可再就法律做出合宪限定解释，消除违宪疑虑。但问题是二元模式下，普通法院和宪法法院都可以做出合宪限定解释，此时究竟由谁做出解释、二者解释时遵守何种界限仍是有待继续深入研究的课题。

不仅司法机关可作为合宪限定解释的主体，甚至行政机关也有合宪解释法律的义务[24]。行政机关作为宪法下的机关，自然也有实施宪法的义务，对于基本权利也有保障的义务，但在行政过程中对于法律的解释时也应当作出趋向于宪法的解释。但此时这种解释是否可以称得上一种回避违宪判断的方法，即产生疑问。如果从预防违宪行为的发生角度看，这种解释也可属于广义的回避违宪判断的方法而存在，但是并不属于那种宪法审查机关在导出宪法判断时所采纳的严格意义的宪法判断方法。

作为避免对审查对象作出违宪判断的方法，一般而言合宪限定解释的对象也就是宪法审查的对象，只要进入宪法审查程序的法律、法规或其他规范载体都可以作出合宪限定解释。但法律位阶之下的规范的合宪限定解释，是在无法通过违法判断回避宪法判断的前提下，方能作出。而一般体系解释意义上的合宪解释运用在下位规范时候，宪法规范需要往下穿透法律而间接的达到合宪解释。[25] 作为违宪判断对象较具争议的是条约的审查问题，故此条约的合宪限定解释问题也值得讨论。在日本条约作为宪法审查的对象学理上虽然研究丰富，但实践上条约

---

〔23〕 ［日］阿部照哉：《法律的合宪解释与其界限》，载《法学论丛》90 卷 123 号，后收入其所：《基本人权的法理》，东京，有斐阁，1976。

〔24〕 ［日］阿部照哉，前引文。

〔25〕 参见苏永钦：《合宪法律解释原则》，载《合宪性控制的理论与实践》，台北，月旦出版公司，1999。

并不可以作为审查对象。而在德国，联邦宪法法院曾确认了条约作为合宪限定解释对象[26]，在"两德统一条约"案件中法院指出："在多种解释可能性中，应当选择可以使得该条约符合基本法的解释。"[27] 以及其后的"两德基本关系条约案件"[28] 宪法法院在判决主文中写道："德意志联邦共和国与德意志民主共和国于1972 年 12 月 21 日就其基本关系所签订的条约和 1973 年 6 月 6 日批准该条约的法律，如果采取如下解释，则与基本法并不抵触。"但是问题在于条约是涉及不同法律体系之间的合意，不论何种解释规则的运用都会可能偏离或助长缔约方之间的分歧，而损害条约的效力，因此条约适用于合宪限定解释的场合恐怕应当有所节制。[29]

除了上述对典型的规范作出合宪限定解释外，判例这种特殊的"规范"也可作为合宪限定解释的对象，即所谓的"判例的合宪限定解释"。[30] 对于判例的合宪限定解释方法和一般法律的合宪限定解释方法的不相同之处在于判例的解释主要采用区分技术（distinguish technique），但是如果将判例的规范性看作是判例本身所蕴涵的个案规范命题，则上述对判例的解释方法和一般解释方法并无二致。

（二）各国的实践与发展

综观世界各国宪法审查的制度模式，大致可分为具体审查模式（如美国、日本）、抽象审查模式（如德国）。[31] 在上述不同的模式下，宪法审查制度的功能定位不同，合宪限定解释的判例也略有不同，但是就其方法本身而言并无太大区别。具体审查模式的典型代表首推美国的司法审查制度，其合宪限定解释的方法

---

〔26〕 Manfred H. Wiegandt, *Germany's International Integration: The Rulings of the German Federal Constitutional Court on the Maastricht Treaty And The Out-of-Area Deployment of German Troops* 10 *Am. U. J. Int'l L. & Pol'y* 889 (1995).

〔27〕 BverfGE 4, 157, 168.

〔28〕 BverfGE36, 137.

〔29〕 参见苏永钦，前引文。

〔30〕 此概念系苏永钦教授所首先提出，参见苏永钦，前引文。

〔31〕 有关的综述可参见胡锦光：《中国宪法问题研究》，196～198 页，北京，新华出版社，1998。

也最有代表性，有关"合宪限定解释"的方法可以追溯至美国早期的宪法审查实践。合宪限定解释方法在美国发展的较为成熟，但采纳这种方法并非具体审查模式所独有，比如德国的抽象宪法审查实践也广泛采纳这种方法[32]，而且在理论学说上也十分发达。与德国模式类似的欧洲国家以及亚洲的韩国等国家也都对这种方法加以借鉴，作为回避违宪判断的方法。

1. 美国

合宪限定解释作为一种回避宪法判断的方法已经被各国宪法审查机关所广泛采用，但是其源头可以追溯至美国的宪法审查实践。在 1936 年的阿什旺判例中，布兰代斯法官在补充意见中总结了最高法院以往的判决实践中避宪法判断所遵循的规则，美国宪法上称之为"布兰代斯规则"。[33] 布兰代斯规则共计 7 个规则，其中涉及合宪限定解释的规则是第 7 规则："在国会制定的法律的效力有争议时，即使该法律的合宪性已经有重大疑问，法院也必须首先确定是否可以适用回避宪法问题的法律解释。"[34] 对此，芦部信喜教授指出该规则其实包含了两种规则：除了此处所指"合宪限定解释"之外，也包含"回避宪法问题的解释规则"。[35]

继布兰代斯规则之后，当对立法机关的法案产生违宪疑问时，最高法院首先确定是否可以采取合宪限定解释回避这种嫌疑。[36] 法院一贯"推定立法机关对于宪法价值的兼顾而不会通过违反宪法的法律，通过这种方式法院向立法机关表达了这种态度"。布兰代斯所确立的解释规则在后来的博格法院中期，经常被法官运用来回避违宪判断。法院通过这种方法绕开直接将法律宣告违宪的违宪判断，从而有效缓和了与国会的冲突和紧张。比如在国家劳资关系委员会诉芝加哥

---

[32]　其实德国的合宪解释方法也是受到美国判例的影响极大。参见 [日] 永田秀树：《适用违宪的法理》，载《法学家》，1994 (1037)。

[33]　参见 [日] 芦部信喜：《宪法诉讼的理论》，231 页，东京，有斐阁，1973。

[34]　Ashwander et al. v. Tennessee valley authority et al.，297 U. S. 288 (1936)。

[35]　参见 [日] 芦部信喜：《宪法诉讼的理论》，143～145 页，东京，有斐阁，1973。

[36]　Leading cases see Eastern R. R. Presidents Conference v. Noerr Motor Freight, Inc.，365 U. S. 127，135–136 (1961)；NLRB v. Fruit & Vegetable Packers，377 U. S. 58，63 (1964)；Communications Workers of Am. v. Beck，108 S. Ct. 2641 (1988)。

主教（NLRB v. Catholic Bishop of Chicago）案件中[37]，法院首先分析指出第一修正案所蕴涵的价值，然后指出委员会是否行使权限将会引起严重的宪法疑义，因此第一修正案保障的权利有被侵犯的危险。如果对该项权限做广义解释则可能会侵害第一修正案保护的权利——宗教信仰自由，由此法院对法律规定的委员会的权限做出了限制解释。博格法院的其他判决也广泛采纳了合宪限定解释，在宗教自由、言论自由、正当程序和平等保护领域广泛采用[38]。时至今日，最高法院这种解释规则甚至被作为一种"后设规则"（meta-rule）[39] 或"准宪法规则"（Quasi-Constitutional Law）[40] 被各级法院系统遵守。这种最早产生于美国的合宪解释方法，后被世界各国所广泛采纳，甚至直接在宪法条款中明确规定。[41]

2. 日本

日本宪法审查的实践一直以来谨守违宪判断消极主义，因此将合宪限定解释奉为"利器法宝"，在判决中较多的借鉴美国的合宪限定解释方法，做出回避违宪判断的合宪判决。例如，早期的"交通事故的报告义务和沉默权"案件，最高法院对交通"事故内容"之报告义务的规定加以限定解释，断定"殊无违宪问题可言"。1969 年的都教组事件[42]是运用这种方法的一个典型例子。本案法院认为《地方公务员法》第 37 条、第 61 条第 4 款的规定，从字面上来看，如果解释为处罚所有公务员实施被禁止的一切争议行为，以及共谋、教唆和煽动实施争议的行为的话，是违反宪法对公务员基本权利保障的（存在多种解释可能）。禁止超

---

[37]　NLRB v. Catholic Bishop of Chicago. 440 U. S. 490（1979）.

[38]　William N. Eskridge, Jr. and Philip P. Frickey, *Quasi-Constitutional Law：Clear Statement Rules as Constitutional Lawmaking*, 45 Vand. L. Rev. 599（1992）.

[39]　William N. Eskridge, *Public Values In Statutory Interpretation*, 137 U. Pa. L. Rev. 1007（1989）.

[40]　William N. Eskridge, Jr. and Philip P. Frickey, *Quasi-Constitutional Law：Clear Statement Rules as Constitutional Lawmaking*, 45 Vand. L. Rev. 599（1992）.

[41]　比如，南非 1993 年过渡宪法第 35 条第 2 款和第 232 条第 3 款规定：法律不应当因为其字面上可作违宪解释而违宪，此时如果可以合理作出符合宪法的解释，则对法律必须做出限定解释（restricted interpretation）。参见 www. constitutionalcourt. org. za（南非宪法法院官方网站），访问时间 2007 年 4 月 5 日。

[42]　日本最高法院大法庭 1969 年 4 月 2 日判决（刑集 23 卷 5 号，第 305 页）。

过必要的限度的争议行为，无视了必要最小限度，只有超过了这个限度才能构成刑事处罚，所以这样规定大体上来说，不免存在违宪嫌疑（有违宪嫌疑）。法律上对某种行为可能作出的限制，应当作出与宪法可以调和的合理解释（合宪限定解释）。由此可见，仅仅拘泥于这些表面的规定并不能作出违宪判断。也就是说，仅仅就这些规定而言，考察他们本来的目的将其解释为与宪法所尊重和保护的劳动基本权的宗旨相协调的时候，不管这些规定的表现形式如何，就应当被禁止的争议行为的种类以及形态，特别是就应当作为处罚对象的煽动行为的形态和范围来说，自然应当承认有一个合法限度。因禁止争议行为所获得法益，与保障基本权所实现的法益相比较来说，关键是如何来恰当调整两者之间的关系，从争议行为的请求来看，违法性是比较弱的，不应当适用上述法律规定的"争议性行为"。法院认为本案被告行为不属于"煽动性行为"，从而对可作为处罚对象的行为，加上了"双重限缩"的限制，即将其限于违法性较强的争议行为与教唆行为，最后判决被告无罪。而类似案例还有泉佐野市民会馆案[43]、全递东京中邮案件[44]、福冈青少年保护条例案件[45]等。

都教组事件

1958 年 4 月，东京都教育委员会根据 1956 年制定的与地方教育行政和运营相关的法律，要对公立中小学的教员实行勤务评定。对此，属于东京都教育委员会的东京都内的公立中小学的教员以抗议此种做法为目的，根据接受针对都教育委员会的斗争委员会委员长的指令和请求，于同年 4 月 23 日进行了一起休假的斗争。在此时，作为被告的东京都执行委员会委员长和执行委员对教育委员会组成人员发布上述指令，呼吁他们参加斗争，由此，他们以实施了违反日本《地方公务员法》第 37 条以及第 61 条第 4 款所规定的

---

〔43〕 该判决指出："如果对市民会馆条例第 7 条第 1 项加以正文所述的合宪限定解释的话，则其不违反宪法第 21 条、地方自治法第 244 条。"日本最高裁判所平成七年 3 月 7 日第三小法庭判决。

〔44〕 日本最高法院昭和 41 年（1967）10 月 26 日大法庭判决（刑集 20 卷 8 号，第 901 页）。

〔45〕 日本最高裁大法庭昭和 60 年 10 月 23 日判决。

作为被禁止对争议行为的"煽动性行为"为由受到起诉。一审法院对日本《地方公务员法》的规定做了严格的解释，认为被告人实施的行为属于与争议行为"通常相伴随的行为"，而不是"煽动性行为"。对此，上诉审法院东京高等法院认为，作为争议行为产生的原动力，以处罚诱发、指导争议行为产生的行为者具有十分充足的根据为理由否定了一审法院所作的严格解释，宣布被告人有罪。对此，被告人以《地方公务员法》违反了《宪法》第28条、第31条、第18条为由提起上诉。最高法院经过审理撤销了二审判决，宣布被告无罪。

3. 欧陆

这种最早在美国宪法审查中所确立的合宪限定解释原则不仅对日本的理论与实务影响极大，而且在欧洲诸国也被广泛采纳。[46] 在欧陆宪法审查实践，较早采用这种方法的是瑞士联邦法院1908年的判决。本案作为审查对象的法律是有关"婚姻责任修正"的法律，法院指出对此有违宪疑义时，应当遵循最合乎宪法的方式解释之。[47] 此后，德国联邦宪法法院在早期的判决中亦采纳了这种方法[48]，且随着判例的发展提出了合宪解释（Verfassungskonforme Gesetzesauslegung）的概念。首先运用合宪限定解释回避违宪判断的案件是涉及1950年的德国《难民收留法》第1条规定：由苏俄占领区逃难到西德的人，需要向当地警察局申请居留证；如果能够证明逃离的理由是为避免生命及生活遭遇危难，则不得拒发居留证。诉愿人主张该规定违反基本法所保障的迁徙自由，但联邦宪法法院对此做出合宪判决，并指出：警察局即使按照难民法拒发居留证时，也应当符合基本法关于迁徙自由的规定。且在判决主文第4点明确指出："如果法律可能

---

〔46〕［日〕阿部照哉：《法律的合宪解释与其界限》，载《法学论丛》90卷123号，后收入：《基本人权的法理》，东京，有斐阁，1976。

〔47〕参见陈新民："立法者的审慎义务与释宪者的填补任务"，载刘孔中、陈新民编：《宪法解释的理论与实践》，台北，中山人文社会科学研究所，1998。

〔48〕其实德国的合宪解释方法也是受到美国判例的影响极大。参见［日］永田秀树：《适用违宪的法理》，载《法学家》，1994（1037）。

通过解释而符合宪法，且不失其意义时，即不违宪"。[49] 此后联邦宪法法院在众多案件中大量采纳这种解释方法回避违宪判断："如果对于法规范的解释存在多种可能，即有违宪的解释，同时也有合宪的解释，那么必须优先采取符合基本法的解释。"[50] 据联邦宪法法院的统计数字表明：1985 年 12 月 31 日之前，法院作出违宪判断的案件共计 203 件（联邦法 182 件，州法 21 件），但采纳合宪解释回避违宪判断共计 1 080 件（其中联邦法 845 件，州法 235 件）。[51]

　　意大利宪法法院作出的合宪限定解释被称为"解释性判决"（sentenze interpretative）。[52] 宪法法院作出此判决的依据是宪法法院自己所确立的法律解释原则。即无论何时，法律必须以合宪的方式解释。宪法法院有权对有争议的法律进行"合宪性"解释，但该解释仅仅约束所涉及案件的普通法官，其他法官可按自己的理解去解释。但一般而言，普通法院倾向于遵守宪法法院的解释，因为这样可避免出现法律不合宪的理解，即使在其他案件中，其他法官不同意宪法法院的解释而不适用该解释，他们也不能对宪法法院作出的解释置之不理。相反，他们要重新提出审查合宪性问题。宪法法院会作出维持判决，因为普通法院的判例由于未能遵守宪法法院的解释而违宪。

　　作为一种特殊的抽象审查模式，法国的宪法审查制度常常被视为宪法审查制度形态的另类，但是根据法国宪法委员会主席罗伯特（Robert Baaadinter）和秘书长布鲁诺（Bruno Genevois）以及委员格奥格斯（Georges Vedel）的报告，法国宪法委员会其实也广泛采用此一方法[53]。其实这种方法早被法国行政法院法官所惯用，宪法委员会于 1959 年的判决中首次采用此方法，随后即经常采用，

---

　　[49]　Bverf GE 2，267.

　　[50]　Bverf GE 32，373.

　　[51]　Donald P. Kommers，*The Constitutional Jurisprudence of the Federal Republic of Germany*，Duke University Press（1989），p. 541.

　　[52]　Daniel S. Dengler，the Italian Constitutional Court：Safeguard of the Constitution，19 Dick. J. Int'l L.（2001）.

　　[53]　参见欧洲宪法法院会议法国代表报告：《论宪法委员会之合宪审查权》，载《宪政时代》，第 80 卷第 3 期；类似的研究也可参见和田英夫：《大陆型违宪审查制度（增补版）》，408 页，东京，有斐阁，1994。

日益频繁。且时常明确附带表明"任何其他解释都将违反宪法"或"唯有采取这种解释，才符合宪法"。（如判第 181、207、215、217 号）

期间	判决总数	合宪限定解释判决的数目	所占判决总数比例（%）
1959—1974.10	9	1	11
1974.10—1981.5	47	7	14.5
1981.5—1986.3	66	13	19.5
1986.3—1987.3	16	5	56
1959—1987.3	138	30	21

图表 4　法国宪法委员会的合宪限定解释判决统计表[54]

四、关于合宪限定解释的争议

虽然此方法被列国宪法审查实践所广泛采纳，但对于合宪限定解释的正当性为何并未有一致看法，且亦不乏学者质疑其正当性依据。德国宪法学者博格斯（H. Bogs）认为合宪限定解释的正当性基础在于[55]：（1）位阶较低的规范，应以位阶较高的规范为取向而解释：这是规范解释的通则，法律合宪解释也是基于同样道理。（2）法律受有效的推定：法律是代表民意的立法机关制定，应当予以尊重，因此需推定与基本法相符合。（3）法律体系的整体性要求。（4）不允许违宪的找法。关于其正当性基础瑞士学者所持大致相同的看法如下：（1）贯彻"法律体系的一贯性"和"宪法优越性"，因此合宪限定解释基本上是偏向于"体系解释"的一种"垂直的法规贯彻"。（2）稳定法律秩序，以维持规范的存续为导

〔54〕　数据资料出自 Louis Favoreu, *The Constitutional Council and Parliament in France*, *Constitutional Review and Legislation: An International Comparison*, Christine Landfried ed. Nomos Verlagsgesellschaft Baden-Baden (1988), p. 101. 亦可参见 ［日］和田英夫：《大陆型违宪审查制度（增补版）》，408 页，东京，有斐阁，1994。

〔55〕　H. Bogs, *Die Verfassungskonforme Auslegung von Gesetzen*, Heiddberger, Diss. 1966, S. 17 - 24, 转自吴庚：《宪法的解释与适用》，590～591 页，台北，三民书局，2004。

向，防止造成法律规范的空缺。（3）推定立法者的"宪法忠诚"，因此无意制定违反宪法的法律。针对上述主张波特曼（Bettermann）却认为[56]，（1）所谓位阶较低规范应当以位阶较高的规范为取向而解释，纯粹是为维护合限定解释的假定。（2）合宪限定解释是一种错误示范，根本不是做规范解释，而是变调的规范监督。将违宪的法律解释为合宪，名为忠于宪法，其实是放弃宪法审查的责任，而且如果直接宣告违宪，可能更是忠于宪法的表现。（3）合宪性解释为了避免宣告违宪，常常需要转换文本的原意，其用意是尊重代表国民意志的国会，其实是扭曲立法者的原意。（4）所谓法律受合宪推定，如果以具体行政行为为例，也只受有效推定而非合法推定，行政相对人一旦提起行政诉讼，该行政行为即停止执行，所以，法律公布后充其量为有效推定，决不至于受合宪推定，这项理由并不成立。与上述质疑相似，美国的科勒（Kelley）教授也认为这种规则本身并不是对立法机关的尊重，反而更多是一种对立法权的"挤占"。[57]

在上述博格斯研究的基础之上，日本的阿部照哉教授指出合宪限定解释的正当性依据在于：遵循上位法解释的原则；合宪限定解释以合宪推定为基础；禁止违宪的法律发现原则以及基本法关于"宪法作为直接拘束法官的法"。[58] 阿部照哉教授同时指出：合宪限定解释如果运用得当，则一方面可避免对法律作出违宪判断而对法律体系产生破坏性效果，从而维护法律安定性，另一方面可以实施宪法从而保障基本权利[59]。由于基本权利的保障模式分为相对模式和绝对模式两种，而通过一般法律途径并非就不可进行充分保障，且通过不同位阶法律规范之间的"价值灌注"，同样可实现宪法价值，因此阿部照哉教授的观点可能较为妥当。比较美国最高法院对这种方法的正当性依据和阿部照哉教授的见地也是大致

---

〔56〕 Karl A. Bettermann, *Die verfassungskonforme Auslegung*, *Grenzen und Gefahren*, 1986, S. 191, 25. 转自吴庚：《宪法的解释与适用》，590～591 页，台北，三民书局，2004。

〔57〕 William K. Kelley, *Avoiding Constitutional Questions As A Three-Branch Problem*, 86 Cornell L. Rev. 831（2001）.

〔58〕 参见 ［日］阿部照哉：《法律的合宪解释与其界限》，载《法学论丛》90 卷 123 号，后收入其所：《基本人权的法理》，东京，有斐阁，1976。

〔59〕 ［日］阿部照哉，前引文。

相同，具体而言有以下 4 点[60]：（1）最高法院的宪法审查权；（2）法律推理的阶层构造；（3）对立法机关的尊重；[61]（4）司法的权限分配。[62]

依照其宪法审查机关合宪限定解释空间的不同，各国合宪限定解释正当性也不同，正当性较无争议的是法国。在法国制度模式下，宪法委员会积极分担着立法功能，因此其合宪限定解释正当性直接来自于宪法所设定的权限分配，因此宪法审查机关可进行较为积极的合宪限定解释。比如宪法委员会经常进行一种所谓的"取代性合宪解释"，即直接以新的法律规范代替违宪法律规范[63]。其次是德国宪法审查机关，根据德国的合宪解释原则，当立法者追求的主观立法目的已构成违宪时，为尽可能维持法律规范的效力，联邦宪法法院可以通过另一个立法目的来取代立法者的主观目的。当然这样一个目的转化（Zweckaustausch），只有当新的立法目的仍然在法律文意可能性的范围之内，而且在新的目的之下法律之整体仍然构成一个合理之规定时候才有可能。[64] 由于采纳普通司法机关进行宪法审查的制度模式，较之于法国和德国的合宪限定解释方法，美国和日本的合宪限定解释正当性容易受到质疑，因为作为一般司法机关的法院对于法律解释必须遵守"适用法律"的界限，如果试图改变法律则可能欠缺其正当性，而宪法审查机关所采纳的合宪限定解释方法也较为消极，不得逾越法律目的的界限。比较各国操作方法可知，不同制度下的正当性来自于宪法审查机关的功能分配，作为一

---

〔60〕　对最高法院所采纳理论的另一版本的归纳是 6 点：（1）司法和立法的微妙关系；（2）对立法行为的司法最终审查；（3）联邦法院的权限和威信的局限性；（4）宪法判断本身的举足轻重地位；（5）权力分立；（6）对于其他部门的尊重。See Rescue Army v. Municipal Court，331 U. S. 549，571（1947）．

〔61〕　即应当推定立法机关的立法目的在于行使其正当立法权；法院不应当轻易推测立法机关的立法目的，在于霸占或篡夺本不属于立法机关的权能，因此对于立法机关所定法律应当作出与高级法协调的解释。See Grenada County Supervisors v. Brogden，112 U. S. 261（1884）．

〔62〕　Rescue Army v. Municipal Court，331 U. S. 549，571（1947）；also see James A. Gardner，*The Ambiguity of Legal Dreams：A Communitarian Defense of Judicial Restraint*，71 N. C. L. Rev. 805，812（1993）．

〔63〕　Louis Favoreu，*The Constitutional Council and Parliament in France*，*Constitutional Review and Legislation：An International Comparison*，Christine Landfried ed. Nomos Verlagsgesellschaft Baden-Baden（1988），p. 101.

〔64〕　Blackmann，Staatsrecht II，Allgemeine Grundrechtslehren，1985，S. 289f. 转自盛子龙：《比例原则作为规范违宪审查之准则：西德联邦宪法法院判决及学说研究》，台湾大学法律学研究所 1986 年硕士论文，第 38 页。

种已经被各国宪法审查机关所广为接受的解释方法，学说上对其正当性的争论其实可以转化为合宪限定解释方法本身应当遵守何种界限的问题。

五、合宪限定解释方法的界限

如前所述，合宪限定解释有助于回避对法律法规作出违宪的认定，从而可以避免与其他国家机关之间的对立和紧张。然而作为一种法律解释的特殊技术，其运用也需要遵循一定的界限，如果对其运用过度，则可能导致另一种政治危机。合宪限定解释的本意是基于对法律法规制定主体的尊重，但是如果解释过度则能造成对文本含义的曲解，甚至改变，从而以规范解释的名义进行实质性的法律创制。为此，德国联邦宪法法院曾对该种解释的运用界限作出如下认定："合宪解释必须限定在规范的字面表述范围之内；不允许触及立法的基础性决定、法律规范的价值评价和内在目的。不允许赋予一个明确法律以相反的意义，不允许立法性目标在一个根本点上被误解或歪曲。"[65]

（一）文意界限：文意的射程范围

合宪限定解释不得变更法律的实质含义，否则有侵犯立法权的嫌疑，因此法律本身的文意是解释界限之所在。[66] 一般而言，法律解释自文本开始，基于对法文本（text）与法规范（norm）的区分，任何解释可以分为两类：法律文本的阐述性探究和规范性的探究。阐述性探究是仅仅翻译文本的含义，而规范性探究是指通过具体化的过程，明确化法文本所蕴涵的规范命题。由此解释可以说从文本表述的语句开始，故此在起点即已受制于文意。合宪限定解释一旦超出文意范围之外进行法律续造，则可以说是一种合宪性造法，这种做法也被一些国家宪法

---

〔65〕［德］克劳斯·施莱希、斯特凡·科里奥特：《德国联邦宪法法院：地位、程序与裁判》，456～457 页，刘飞译，北京，法律出版社，2007。

〔66〕 BverfGE 49，148（157）；69，1（55）；BverfGE 18，97（111）.

审查机关所采纳作为代位立法的一种方法。当然上述区分也不可以绝对化，因为二者也可以看作是连续思维的步骤，恰如拉伦次所指出，"法律解释与法官的法的续造并非本质截然不同之事，只应视其为同一思考过程的不同阶段。"[67]

类别\特征比较	合宪限定解释	合宪性造法
范围	文义可能含义范围	超出文义含义范围
效果	不产生新的法律规范	产生新的法律规范
立场	消极主义	积极主义
主体	一般宪法审查机关	强势审查机关（如意大利[68]、法国）

图表5　合宪限定解释和合宪性造法[69]的区别

当通过各种可能的解释方法得出最终规范命题（当解释到达终点时）以语言形式表述之时，仍需对照反观法律文本本身的可能含义。故此，法律条文的解释自文义开始，到文义终结。[70] 因此，文义解释只是划定了任何法律解释的外围界限，故此任何解释方法所得出的结论都不可逾越文义的可能意义。如果逾越这种界限则可能有造法（改法）之嫌，而方法问题既已演化为解释者本身的功能界限问题。对此，拉伦茨指出："如果合宪性解释要维持其解释的性格，他就不可以逾越法律字义及其意义脉络所划定的界限。"[71] 而德国联邦宪法法院的实践也曾一度谨守这种文义设定的界限。1958年6月11日"退休金"案件判决[72]中法

---

〔67〕［德］卡尔·拉伦茨：《法学方法论》，246页，陈爱娥译，北京，商务印书馆，2003。

〔68〕意大利宪法法院做出合宪解释时，可以直接改写法律内容，称之为调整性判决，参见意大利宪法法院文选［意］罗伯特·隆波里，薛军译："意大利的违宪审查制度"，http：//www.law-thinker.com/show.asp? id=1527，2006-03-24.

〔69〕季卫东教授称之为"合宪化解释"与"合宪化修改"，参见季卫东：《再论合宪性审查——权力关系网的拓扑与制度变迁的博弈》，载《开放时代》，2003（5）。

〔70〕William N. Eskridge, Jr., *Dynamic Statutory Interpretation* Harvard University Press (1994). p. 54.

〔71〕［德］卡尔·拉伦茨：《法学方法论》，第217页，陈爱娥译，北京，商务印书馆，2003。

〔72〕该案涉及1951年的工资法对于特定范围的退休公务员的工资的规定是否违反宪法保障的平等权，参见 BverfGE8，28，34.

院在判决主文中指出：（1）法官对于一个文字及意义都十分清晰的法律，不得借合宪解释方式做出相反意义的解释。（2）依该法已然清晰的内容与目的，对于特定范围的退休公务员明确不予支付退休金而有违宪法平等权嫌疑时，法院不得借合宪解释，将此类公务员纳入可以支付的范围之内。（3）如果立法者偏惠某些类型的公务员而导致违反平等权时，联邦宪法法院应当宣告这些规定违宪。该案所确定的界限被联邦宪法法院在其后的判决中广为引用，且获得学界广泛认同与肯定而成为经典判例。经由德国宪法学者阐述合宪限定解释的界限遂被框定如下：（1）语义明确时不得变更原意。（2）谨守法规"审查"的角色，不得以解释为名，行维护法律之实。符合宪法的法律解释不得过度偏袒立法者，否则有违司法中立性，且破坏宪法审查制度本身。（3）合宪解限定释不得超越"立法者原来的判断范围"而填补法律漏洞。[73]

　　美国亦然，在法律文本本身明确无疑义或者不存实质的宪法问题的场合，法院即回避采取这种合宪限定解释方法，比如 Beal v. Doe 案[74]，法院只是阐明了社会保障法第 19 条的含义："州无需对贫穷者堕胎提供资助，只是重申了法律本身的明白的含义，而将可能的违宪疑义最小化。"但是美国最高法院时而基于积极地参与政策形成的取向，时常超越这种界限，对此斯卡丽亚和托马斯法官批判道："法院时而过度扭曲法律文义使其避免于违宪嫌疑，此时是改写法律而非改正其误。"[75] 奥康那法官也指出："合宪限定解释规则并非许可法院可以改写立法机关制定的法律。"[76] 美国法院其后的判决中，对于那些需要判断违宪的法律，如果立法机关立法本身含义十分明确，则"该出手时就出手"，不采纳合宪限定解释方法，而是直接判断违宪。

　　但此处所谓"文本的可能的含义"时究竟是应以法律制定时的含义，抑或是解释者当下的意义呢？一般认为，若是涉及法律术语而且立法者显然是以制定时

---

〔73〕　Erhard Denninger, *Judicial Review Revisited: The German Experience*, 59 Tul. L. Rev. 1013 (1985).

〔74〕　Beal v. Doe, 432 U. S. 438 (1977).

〔75〕　X-Citement Video, 115 S. Ct. at 473 (Scalia, J., dissenting).

〔76〕　United States v. Albertini, 472 U. S. 680 (1985).

的意义来运用，就应以立法当时的意义作为出发点；如果立法者并未明确赋予该用语特定的意义，在不违立法目的的前提下，应以当下可能的意义作为解释的界限。[77] 因为，作为当下适用的法律规范，必须照顾到当事人的可预期性和法规范本身的适应性。

（二）宪法审查机关功能分配的界限

依一般的国家权力分工原则，国家机关之间应彼此互相尊重，因此宪法审查机关仅在不违背立法目的的大前提下，才有采纳这种方法的可能，否则如果过分解释则可能会产生"代位立法"的效果，从而与合宪限定解释尊重立法机关的初衷相违背，为此合宪限定解释不得变更法律的主要目的和内容。合宪限定解释都必须遵循一般解释的规则和标准（包括尊重立法原义）。因此，如果对法律做出合宪限定有违立法原义，法院就不能对法律进行合宪限定解释。然而，如果可以对法律做出多种解释，其中一种解释包括了违宪适用情形，那么法院能否排除这种解释，而认为合宪适用部分仍然有效呢？这就涉及法律的可分性，也就是探究如果立法者面对当下情形，他是否会让法律的合宪适用部分继续有效。由于这与一般的法律解释不同，法院无须受限于法律的字面意义。因此，法院常常依据法律是可分的，就做出合宪限定解释。如此一来，法院就不再受到法律的字面意义和立法原意的约束。这违背了一般的法律解释规则和标准，法院不过是借用法律可分规则来做出合宪限定解释（所谓的"解释"）以回避违宪判断罢了。[78]

基于功能分配的不同，宪法审查机关需要避免以合宪限定解释的面具来伪装立法的政策形成而导致的代位立法。如果越界过度，则可能违背了透过合宪限定解释回避违宪判断所表达的对立法机关尊重的初衷。对此德国学者克劳斯·施莱希、斯特凡·科里奥特指出："如果基于宪法上的理由，立法者享有选择或者完全放弃规范或者制定另一规范的自由的话，其不应当作出合宪解释，除非能够确

---

〔77〕 ［德］卡尔·拉伦茨：《法学方法论》，228 页，陈爱娥译，北京，商务印书馆，2003。

〔78〕 Note，The Supreme Court Interpretation of Statutes to Avoid Constitutional Dicisions，53 Columbia L. Rev. 633（1953）.

切地认定，立法者自己也会在知晓宪法情况下，选择并且期望选择合宪解释中的那（几）种可能性。"[79]质言之，宪法审查机关不可勉强做出合宪限定解释，如超出合宪限定解释方法本身的界限则应当直接作出违宪判断。此界限已经被各国广泛接受，德国联邦宪法法院的判决指出："合宪解释不得赋予——定义及意义上明确的——法律相反的意义、彻底重新规定其规范内容，乃至偏离立法者的主要目的。"[80]美国最高法院也认为对于联邦立法机关的法律，"当采取一种解释将会导致某种严重的宪法问题，法院将对法律进行解释尽量避免宪法问题，但明显与立法机关的目的相违者除外。"[81]"对于同一法律可能做成两种解释，必须采取符合立法目的的解释，不得采违背立法目的的解释。虽然对法律应当作出回避宪法疑义的解释，但是如果采取这种解释方法将显然有悖于立法目的，则不应当采纳这种解释方法。"[82]问题是，此际如何探究得出立法目的？一般认为，如果立法目的明定于立法文本，则必须根据文本得出。美国最高法院的判例指出："如果议会的立法目的明定于法律中，则不得无视其存在。"[83]如果条文并没有明显的立法目的，则必须根据立法材料等方法探求立法目的。

需要特别交代的是，那些法律制定主体与宪法审查机关有着明显功能分界的情境下，更需谨慎做出特定界限。比如美国的联邦法院对于各州的立法机关制定的法规，即没有这种解释方法的适用余地。[84]由于采取联邦制下联邦和州的权力分配不同，对于州立法机关的法律的合宪限定解释必须由州法院进行，[85]这里涉及的其实又是联邦与州的纵向分权和横向分权的交叉问题。解释州的法律是州法院的权力，州法院对于州法的解释可能约束联邦法院。州法院没有解释时

---

〔79〕　[德] 克劳斯·施莱希、斯特凡·科里奥特：《德国联邦宪法法院：地位、程序与裁判》，460页，刘飞译，北京，法律出版社，2007。

〔80〕　BverfGE8，S34；BverfGE54，S299.

〔81〕　See Edward J. DeBartolo Corp. v. Florida Gulf Coast Bldg. & Constr. Trades Council，108 S. Ct. 1392，1397（1988）；International Ass'n of Machinists v. Street，367 U. S. 740，749－750（1961）.

〔82〕　Shapiro v. U. S.，335，U. S. 1. 35（1948）.

〔83〕　Hadson Distriibutors inc. v. Up John Co.，377，U. S. 386.（1964）.

〔84〕　[日] 时国康夫：《合宪解释的方法》，后收入氏：《宪法诉讼及其判断方法》，第一法规1996年版。

〔85〕　Parson v. Bedford，28 U. S. 433（1830）.

候，最高法院只能任其处于不确定状态。[86] 其实这样问题并非美国独有，同样德国联邦宪法法院与州宪法法院也存在这个问题。另外，在普通法院和专门的宪法法院各司其职（比如德国模式）的制度模式下，其分工大致可确定如下：宪法法院适用宪法作出判断，而由普通法院解释一般法律。而在宪法诉愿这样的具体审查中，审查机关所进行的合宪限定解释亦可称为一种法律解释适用于普通法案件（当然这种法律解释并非如一般法律解释那样探求其明确含义而适用于当下个案），如果合宪限定解释过度则可能会代替一般司法机关的审判功能。所以德国宪法法院尽可能避免成为一个超级上诉法院（super-court of appeals），一再强调其作为宪法守护者的特殊法院地位，为此在实践中出现了所谓"赫克公式"等界限规则[87]。

（三）解释学循环意义上的界限

合宪限定解释是趋向于宪法的解释，是根据宪法对法律作出解释，但此处所据宪法为何即成为问题。其实合宪限定解释即使可以回避对宪法的明确界定，也无法回避对宪法的"理解"。因为涉及在二者之间的解释循环，所以如果偏离重心所在，则可能会导致那种所谓的"符合法律的宪法解释"。在苏永钦教授看来，这种在实践中无法避免的解释也有一定意义。[88] 但这一"符合法律的宪法解释"受到了吴庚教授的批判，他认为，"法律跟随宪法（Gesetz Nach Verfassung）才是常态，宪法跟随法律（Verfassung nach Gestz）毕竟是例外情形，尤其是宪法有关基本权利的规定，这时的宪法乃实体权利的规范，正是用来评价相关法律是否已经建立合理的保障范围，是否已经使国家恪尽其保障义务，不可认为法律规

〔86〕　Note，The Supreme Court Interpretation of Statutes to Avoid Constitutional Dicisions，53 Columbia L. Rev. 633 (1953) .

〔87〕　Wolfgang Zeidler，*The Federal Constitutional Court of The Federal Republic of Germany*，62 Notre Dame L. Rev. 504 (1987) .

〔88〕　参见苏永钦：《合宪法律解释原则》，载《合宪性控制的理论与实践》，台北，月旦出版公司，1999。

定的内容，当然就是宪法的本意。"[89]　如果仅仅基于宪法审查控制规范的视角，吴庚教授的批判不无道理。但是如果将宪法随社会变迁的适应性考虑进来，这种符合法律的宪法解释可能亦有一定意义。通过宪法规范和与社会事实更接近的法律规范之间的解释循环，可以将宪法的变动置于法律体系之内进行，因此一方面可以回应社会的变动，另一方面又兼顾宪法规范的事实关联性造就动态的宪法秩序。

合宪的法律解释与合法的宪法解释由于同样涉及在宪法与法律之间的解释循环，因此在二者之间很难划定严格界限。比如，我国即有学说试图在模糊二者之间的区分，进而导出我国法院的宪法审查权。[90]　但由于这种理论过于强调合宪限定解释和符合法律的宪法解释的相同点而忽视其明显差异，所以在当下我国这种学说作为一种建立实效性宪法审查制度的策略可能有欠妥当。而在宪法审查制度下，特别需要警惕的反而是那种以"合宪法律解释"之名，而行合法宪法解释之实的回避违宪判断方法。因为这种方法潜含的危险在于：如果任由宪法审查机关对宪法规范进行"揉捏塑造"则可能会导致的"司法专制"或"宪法审查机关的专制"。

（四）一个特殊的界限——合宪限定解释不适用的领域

针对作为回避宪法判断方法的合宪限定解释，高桥和之教授指出：对于限制表现自由等优位自由权的法律如果合宪限定解释的判决仍然无法消除畏缩效应（chilling effect）[91]，则不得做出合宪限定解释，因为这种法律的存在本身构成对表达活动的一种威胁，其实乃对于可能造成"畏缩效应"的法律不得通过合宪限

---

〔89〕 吴庚：《宪法的解释与适用》，597～598 页，台北，三民书局，2004。

〔90〕 参见强世功：《谁来解释宪法？——从宪法文本看我国的二元违宪审查体制》，载《中外法学》，2003（5）。

〔91〕 chilling effect，可有多种译法，此处"畏缩效应"乃采高桥和之教授的译法，另外时国康夫法官将其译为"禁压效应"，参见［日］时国康夫：《宪法诉讼及其判断方法》，231 页，东京，第一法规出版社，1996，中古实教授将其翻译为"萎缩效应"，参见［日］中古实：《宪法诉讼的基本问题》，90 页，东京，法曹同人，1989，而我国台湾学者也有将其翻译为"寒蝉效应"或"激冷效应"，也有译为"阻吓效果"。参见陈起行：《由 Reno v. ACLU 一案论法院与网络的规范》，载《欧美研究》，第 33 卷第 3 期。

定解释去除其不确定性和过度宽泛性，使得其符合宪法。[92] 高桥和之教授基于保护言论自由的目的而限制合宪限定解释方法，固然有一定的道理，但其预设的前提是宪法审查机关对法的解释并不足以去除畏缩效应。而如果有成熟判例制度为前提（比如有着普通法传统的美国），通过合宪限定解释得出的法律规范将被下级法院所遵守，从而对法律产生实质的变更，如此这种通过合宪限定解释去除畏缩效果的方法是否应当受到限制则有待斟酌。其实，所谓"畏缩效应"理论虽然产生于美国宪法判例，但是美国最高法院在第一修正案领域却并不回避采取这种合宪限定解释方法，比如：Eastern R. R. Presidents Conference v. Noerr Motor Freight，Inc. 案件对谢尔曼（Sherman）法案做出不处罚政治性集会的合宪限定解释；[93] 再如，Edward J. De Bartolo Corp. v. Florida Gulf Coast Bldg. & Constr. Trades Council 案对全国劳工关系法加以限定解释避免和第一修正案冲突。[94] 而实际上，自 20 世纪 50 年代以来美国最高法院在第一修正案领域一直广泛采用合宪限定解释而回避违宪判断。[95]

高桥和之教授的研究虽然也是主要参考美国的判例和实践，但一个不可忽视的前提乃在于，其论的问题意识是以日本最高法院一贯秉承的司法消极主义哲学以及不成熟的判例制度的现状而生[96]。换言之，高桥和之的主张所潜含的问题意识在于：将精神、言论自由本身在日本宪法中的重要性作为论据和砝码，以此来改变日本法院积极回避违宪判断的现状。高桥和之的理论中蕴含的针对日本宪法审查问题的谋略或许是值得称道的，但如果将其作为可适用于任何国度的真知灼见则可能会隐含某种比较法上的"陷阱"。因此，对于合宪限定解释方法在言

---

〔92〕 ［日］高桥和之：《宪法判断方法》，35 页，东京，有斐阁，1995。

〔93〕 Eastern R. R. Presidents Conference v. Noerr Motor Freight, Inc. , 365 U. S. 127, 135－36 (1961).

〔94〕 Edward J. DeBartolo Corp. v. Florida Gulf Coast Bldg. & Constr. Trades Council，108 S. Ct. 1392，1397 (1988).

〔95〕 Lisa A. Kloppenberg, *Avoiding Serious Constitutional Doubts：The Supreme Court's Construction of Statutes Raising Free Speech Concerns*，30 U. C. Davis L. Rev. 1 (1996).

〔96〕 这种现状描述参见 ［日］佐藤幸治：《宪法普通法》，载《宪法诉讼与司法权》，东京，日本评论社，1984。

论自由领域的应用，必须视具体特定国家宪法权利保护的现状而定。进言之，没有价值中立的、普遍的方法，任何方法的背后必然包含着针对特定问题的谋略。[97]

六、小结

通过嵌入例外规则或原则，运用合宪限定解释方法可以回避对法律法规作出违宪判断，从而避免造成政治秩序的紧张和法律体系的不安定。受正当性基础所限，在不同的宪法审查模式下这种法律解释方法也需要遵守一定的界限。中国的人民代表大会制度和司法制度同样可以提供合宪限定解释方法操作的制度空间，特别是在欠缺宪法审查实践经验的情况下，运用合宪限定解释的方法将宪法的价值秩序渗透至整个法律体系，则可弥补现有制度的缺陷，实现合宪性控制的目的。对于回避违宪判断的做法，德国学者曾指出："宪法审查的主要功能是制约权力和保障人权，消极回避违宪判断的策略并不能满足此项任务。法院的任务毋宁是要坚决的介入而不是自我限制，即使可能会导致适当的干涉其他宪法机关的权限的政治后果。"[98] 然而不可否认的是，作为一种回避违宪判断的方法，合宪限定解释方法在那些已有成熟的宪法审查制度作为依托的国家广为采纳。就我国当下而言，那种严格意义上的合宪限定解释方法可能并没有适用的制度前提。如果就一般法律适用过程中的合宪限定解释方法而言，在我国并不欠缺这种方法操作的制度空间。然而这样一种回避违宪判断的限定解释方法并未引起法律界的重视。最高人民法院关于受教育权的司法解释[99]和发生在洛阳的李慧娟事件说明我国的司法机关欠缺回避违宪争议的意识和方法，因此在我国人民代表大会制度

---

[97] 参见林来梵：《宪法学的方法与谋略》，载《剩余的断想》，北京，中国法制出版社，2007。

[98] Jutta Limbach, On the Role of the Federal Constitutional Court of Germany, 53 Smul. Rev. 429 (2000).

[99] 2008 年 12 月 18 日，最高院发布公告废止《关于以侵犯姓名权的手段侵犯宪法保护的公民受教育的基本权利是否应承担民事责任的批复》法释〔2001〕25 号。

背景下合宪限定解释方法对司法机关具有举足轻重的意义。恰如季卫东教授所论："在中国，在没有引进司法审查制之前，通过解释来消化由于规定的粗疏而导致的违宪现象、弥补法律文本上的漏洞、限制内容上的歧义，不仅有利于躲闪违宪判断的锋芒、免除法规中存在违宪问题的嫌疑，而且还能加快制度变迁的速率，在宪法解释、法律解释以及法规解释之间形成反馈和调整的机制并以此作为渐进式政治改革的重要动力装置。"[100]

　　在中国特色的社会主义宪法体制下，承担宪法审查功能的主要是作为权力机关的全国人大及其常委会，根据宪法全国人民代表大会有"监督宪法的实施"的职权，全国人大常委会有"解释宪法，监督宪法的实施"的职权。从宪法本身的规定来看，全国人民代表大会以及其常务委员会并不仅仅是立法机关，根据宪法和立法法的规定权力机关也承担着对法律法规进行合宪性审查的职权。不仅如此，全国人民代表大会还有对一般法律进行解释的职权。这种法律法规审查权和法律解释权的结合正好可以为合宪限定解释提供制度上的依托，通过法律解释来弥补法律文本的宪法缺陷，既可以回避违宪带来的正当性不足，同时也保证权力机关决定的连贯性和一致性。如果将这种方法运用在对国务院和地方人大制定法规的书面审查意见中，则可在消除法律法规违宪性的同时，避免直接将法律法规作出违宪认定造成与其他国家机关的紧张和对立。毋庸讳言，滥用这种解释方法也可能会"架空"宪法规范，使得宪法规范徒有虚名。但在没有实效性保障宪法审查制度的情况下，这种解释方法同样也可实现部分合宪性控制的功能，这个过程同时也构成了法体系的自我反思、自我创新的重要环节。

---

[100]　季卫东：《再论合宪性审查——权力关系网的拓扑与制度变迁的博弈》，载《开放时代》，2003（5）。

第四章 结合宪法事实的判断方法

对特定案件中的事实做出法律判断是法学方法的重要课题之一。与此相对，在宪法领域这种事实被称为宪法事实（Constitutional Facts）。所谓宪法事实，乃指在宪法判断过程中所必须考虑的事实[1]。在不同的宪法学语境中，此概念可具有多种含义。宪法事实这一概念时而指"直接依据宪法规范作出判断所需裁剪的事实"，时而指"根据特定标准是否合宪的事实"，时而指"具体个案中的司法事实"。[2] 宪法判断的核心是特定的抽象或具体行为是否构成违宪，而在宪法判断过程中那种与宪法规范发生诠释循环的"事实"可包括那种作为"事实"存在的法律规范，此时规范本身即可作为一种"宪法事实"。如果推而广之，宪法事实乃指一切支持或否定特定国家行为合宪性的所有因素，换言之，特定判断对象合宪或违宪的"事实"。其复杂形态可包含：法律法规、具体国家行为以及其运作过程，特定事实存在状态等。

对于宪法事实判断乃是作出合宪或违宪前提，例如，在圣地亚哥（Metromedia，Inc. v. San Diago）案件[3]中圣地亚哥城为减少交通事故发生率而禁止广告牌的立法是否合宪的问题，需要对二者作出判断：（1）价值判断问题是：减少交通事故是否属于重要的州政府利益而重于对言论自由的限制。（2）事实判断问题是：禁止广告牌是否可以减少交通事故发生率。该案乃以事实判断为焦点的宪法案件，因为第一个问题显然争议不大，减少交通事故而保护人的生命和身体的利益显然重于对广告牌的（与言论自由内容无关的）限制，那么是否会减少交通事故的预测性事实即成为争议焦点。换言之，判断特定的限制是否会减少交通事故而降低伤亡人数的事实判断即成为必要。再如，如果种族隔离将会导致被隔离者的自卑感，则有违宪法上的平等原则（比如布朗案件），在这种情形下，"种族

---

〔1〕 ［日］时国康夫：《宪法事实》，载《法曹时报》第 15 卷 5 号。

〔2〕 Robert E. Keeton, *Legislative Facts and Similar Things*：*Deciding Disputed Premise Facts*，73 Minn. L. Rev. 1（1988）.

〔3〕 Metromedia，Inc. v. San Diago，453 U. S. 490（1981）.

隔离是否会导致自卑感"就是一种宪法事实。在大街上分发宗教作品是否会对孩子们产生负面影响,[4]发布淫秽物品是否会导致犯罪,[5]限制卡车运输是否会减少交通事故。[6]无论采取何种宪法审查模式,在宪法判断中此类事实数不胜数,因此对宪法事实的判断构成了宪法判断的重要组成部分。

宪法事实的问题往往无法通过解释法律或检索判例而得以确定,但宪法判断却又不得不面对这些事实,且在大量的案件的争议中许多分歧的焦点往往在于对这种宪法事实的确定。[7]对宪法判断的批判往往会集中在宪法事实问题,而主张特定的宪法事实是"毫无根据"(unfounded),或"只是幻想"(fantastic)。恰恰由于实践中宪法判断的不同主张者对于宪法事实的分歧极大,因此需要发展出确定宪法事实的方法,即成为宪法判断方法的重要课题之一。

一、概念的厘定:社会事实、法律事实与宪法事实

其实究竟"事实"为何很难确知,这不仅仅是因为事实无法再现,同时也是因为事实的认知者本身不可避免的"前见"。为此,在终极意义上并不存在所谓的"客观事实"。一般法学思考中的"事实"可分为三种:(1)纯然的、与价值相对应的事实;(2)诠释学循环意义上的事实;(3)制度性事实。就法学而言,传统主流的法学(如法教义学)不以(1)的事实为研究对象,但这不等于完全忽视(2)与(3)意义上的事实。现代法学或法教义学尤其如此,其在事实与价值(规范)之间的目光的流转往返中自然会重视第(1)意义的事实,并时常会

---

[4]　Prince v. Massachusetts, 321 U. S. 158 (1973).

[5]　Paris Adult Theatre v. Slaton, 413 U. S. 49 (1973).

[6]　Kassel v. Consolidated Freightways Corp., 450U. S. 662 (1981);BverfGE 40, 196.

[7]　Jeffrey M. Shaman, *Constitutional Interpretation*: *Illusion and Reality*, Greenwood Press (2001), pp. 122 - 123.

检验（3）。[8]

与自然科学不同，（1）意义上的事实乃是一种与人类社会有关的事实。法律的作用乃在于规范这种事实，但是日常社会生活的事实却并非按照法律规范的预设而发生。这种事实乃是一种脱离规范的预设而存在的原始事实（raw facts），因而往往无法和规范一一对应。对此劳埃德（Dennis Lloyd）曾指出："日常生活中的各种事实，在范围、内容与定义方面，精确的程度，纵令有些意外，通常都远未达到能让法律以规则而系统的方法处理的地步。"[9] 因此，欲通过法律判断实现特定价值，则需要对社会事实进行重构而形成法律事实。

法律事实其实并非一般生活事实，[10] 而是经过法律思维加工过的"法律的事实"。恰如谷口安平教授所指出："这种事实就不再是本来形态的事实，而是作为一种失去了许多细节并经过点染润色的思维产物存在于法的世界里。"[11]根据谷口安平教授的区分，所谓"事实"其实包含了（1）法规范内涵的"事实构成"或"构成要件"，如正当防卫、意外事件、事前限制、检阅等；（2）能够直接确定是否符合事实构成的主要事实；（3）可导出主要事实的"间接事实"。间接事实作为证明主要事实是否存在的事实，其存在方式往往比主要事实更为广泛。[12]据此事实的判断其实可以分为事实发现和事实重构两个过程，前一个过程乃是证据证明的过程，主要在于尽可能地发现事实。而经证据证明的事实与法律规范的事实构成之间是否存在内在关联，则需就具体个案作出判断，这种判断最终仍难免于价值判断的成分。

任何法律判断中，事实重构乃是重要组成部分。根据严格形式主义的方法

---

〔8〕 林来梵、翟国强：《宪法学思考中的事实与价值——有关宪法学的一个哲学话题》，载《四川大学学报（哲学社会科学版）》，2007（3）。

〔9〕 ［英］劳埃德：《法律的理念》，281 页，张茂柏译，台北，联经出版社，1984。

〔10〕 经验科学的事实和法律的事实不同其实可追溯至法学和经验科学的不同方法论。对于法学而言其目标是得出法律判断；而科学却是以客观真实为目标。科学的方法和法学方法之间的不同在于：前者乃是追求绝对客观性，而后者乃是追求价值判断的正当化。参见林来梵、翟国强：《有关社会科学方法论的反思来自法学立场的发言》，载《浙江社会科学》，2006（5）。

〔11〕 ［日］谷口安平：《程序的正义与诉讼》，119～122 页，王亚新、刘荣军译，北京，法律出版社，1996。

〔12〕 当然谷口安平教授亦承认上述区分具有相对性。参见 ［日］谷口安平，前引书，119～122 页。

论，规范适用的范围（构成要件）已经存在于法律规范中，为此任何法律判断只是对规范的演绎即可得出，进而认为案件事实无须解释，只是认识的问题。法律判断只需要将规范加以解释适用于当下案件即可。这种理论显然忽视了一般生活事实和法律事实之间的差异，恰恰是这种规范和事实之间的差距使得事实重构成为法律判断的重要步骤。而完整的法律判断乃是需要在规范和案件事实之间的解释循环。对此过程拉伦茨的总结如下："未经加工的案件事实逐渐转化为最终的（作为陈述的）案件事实，而（未经加工的）规范条文也转化为足够具体而适宜判断案件事实的规范形式。"[13] 即一般法学方法所谓的"在大前提和生活事实之间的眼光往返流转"。

如以一般法学方法观之，宪法判断亦不外是在宪法案件与宪法规范之间的"往返流转"。但由于这种往返流转乃是发生在作为审查对象的法规范及案件事实和宪法规范之间，因而"宪法事实"的特殊性就在于案件中需要重构的"宪法事实"，不仅仅包含特定的具体事实，而且包含（在抽象审查时，甚至主要是）与法律规范相关的普遍性事实。而在具体审查的场合，作为一种穷尽法律救济途径后提起的诉讼，宪法判断所面临的事实问题，极少属于生活事实，毋宁更多的是已"经过点染润色"的法律事实。

二、宪法事实的类型

宪法事实较之于普通法律的事实更具复杂性，从不同角度可分为（1）司法事实和立法事实；（2）认知性事实和预测性事实；（3）"宪法规则事实"和"宪法审查事实"。当然宪法事实固然可以一般法律事实的类型分为行为和事件两种，但是这种可以与一般法学方法所共享的分类并非宪法判断理论所需特别考虑，本书在此不加以申论。

---

〔13〕　［德］卡尔·拉伦茨，《法学方法论》，陈爱娥译：162 页，北京，商务印书馆，2003。

（一）司法事实和立法事实

司法事实和立法事实的区分最早乃是戴维斯（Kenneth Culp Davis）教授所提出，[14] 教授指出所谓司法事实乃是指直接与案件当事人相关的事实：何人、何时、何地、何事以及为何（何种动机、目的）；而立法事实与个案关系不大，乃是指有关法律、政策的判断的事实。[15] 司法事实主要存在于具体审查中，而立法事实主要见于在抽象审查中。戴维斯的上述理论虽然是由行政法领域的问题而阐发，但是这种区分同样可以适用于宪法事实的区分。当然上述只是大致而言，实际上宪法案件往往同时涉及二者。在日本，上述理论被芦部信喜教授和时国康夫法官所阐发后有被实践逐步采纳而有成为通说之势。[16] 当然由于戴维斯的区分乃是针对美国模式下的一个区分，故此司法事实乃是作为一种较为多见的宪法事实形态，但是如果在德国抽象审查模式下司法事实并非可以作为一种较为多见的宪法事实。

宪法事实虽然可分为立法事实和司法事实，但并非所有的立法事实或司法事实都是宪法事实。换言之，无论是立法事实或是司法事实，当这种事实可作为宪法判断的前提事实或得出前提事实的素材，那么这种事实即可以说是一种"宪法事实"。反之，当特定的立法事实或司法事实和宪法判断无关的时候，则不构成宪法事实，而只是需考虑的其他背景事实。

当然上述这种区分也不可绝对化，如果这种司法事实涉及立法本身合宪性的判断，司法中的个案事实则可同时作为一种立法事实。[17] 比如，具体案件中对

---

〔14〕　关于这个区分的中文介绍亦可参见王名扬：《美国行政法》，482 页，北京，中国法制出版社，1995；晚近的研究成果可参见凌维慈：《宪法诉讼中的立法事实审查：以美国法为例》，载《浙江社会科学》，2006（6）。

〔15〕　K. Davis, *An Approach to Problems of Evidence in the Administrative Process*, 55 Harv. L. Rev. 364, 404 (1942).

〔16〕　参见［日］芦部信喜：《宪法诉讼的理论》，152 页，东京，有斐阁，1973；［日］时国康夫：《宪法事实》，载《法曹时报》第 15 卷 5 号。

〔17〕　Kenneth L. Karst, *Legislative Facts in Constitutional Litigation*, The Supreme Court Review 75 (1960).

于特定当事人权利的限制无法实现某种公共利益，这种事实即可作为立法事实的一部分。因此，所谓司法性宪法事实和立法性宪法事实的区分只是一种大致的区分，实践中可能无法截然二分。

（二）认知性事实和预测性事实

如果根据事实本身的性质，宪法事实又可分为认知性事实和预测性事实。前者乃是一种过去已经发生了的事实，为此需要判断其是否客观存在；而后者乃是一种尚未发生的有待于对其因果关系作出预测的事实。上述区分又可进一步细化为如下四种类型：[18]（1）历史性事实；（2）解释的或评价的事实；（3）对于未来作出预测的预测性事实；（4）对预测作出评价的预测性评价事实。司法事实大多属于（1），即何时、何地、发生何事等；（2）乃是一种经过重构了的案件事实，比如"真实恶意"；（3）作为预测的资料事实经常可作为立法判断的基础，比如该项立法措施是否可以达致特定的目的、立法是否将导致某种特定效果；（4）不同于（3）之处在于单纯的预测性事实和对这些事实的再评价。

（三）"宪法规则事实"和"宪法审查事实"

戴维德（David L. Faigman）教授在承认戴维斯教授的分类的基础上提出了另一种宪法事实的类型。根据他的区分，普遍性的宪法事实又可分为"宪法规则事实"和"宪法审查事实"，前者乃是据以得出宪法规范命题的事实，比如对"商业"含义的理解必须依据某些社会事实，后者是指在宪法审查中对于特定的立法事实进行发现和重构。[19] 其所谓的"宪法规则事实"乃是指对宪法解释产生影响的那些关联事实（比如特定的社会环境事实），而"宪法审查事实"则是指宪法审查中广泛存在的立法事实。其实这种所谓的"宪法规则事实"乃是指宪

---

〔18〕　Robert E. Keeton, *Legislative Facts and Similar Things*：*Deciding Disputed Premise Facts*, 73 Minn. L. Rev. 1（1988）.

〔19〕　David L. Faigman, *Normative Constitutional Fact-Finding*：*Exploring The Empirical Component of Constitutional Interpretation*, 139 U. Pa. L. Rev. 541（1991）.

法规范本身的社会背景事实，而非宪法判断意义上的事实。从法学方法视角看，并非是据以得出宪法判断的事实，因此不在本书所讨论的范围之内。

三、作为宪法事实的司法事实

在以特定案件为前提的具体审查中，宪法事实主要是表现为司法事实的形态，在美国模式下可谓典型。而在德国模式下，这种司法事实认定方法乃是与适用民事诉讼上诉审的一般方法并无二异，所以这一问题不过是上诉审的事实认定的一种特殊形态。为此在德国模式下，宪法法院和普通法院的分工，使得作为宪法事实的司法事实的认知方法在一般民事诉讼框架中得以解决。且在美国模式下，所谓"宪法事实"经常是仅仅包含司法事实[20]。因此，对于作为宪法事实的司法事实（Constitutional-adjudicative Facts），本书仅仅以美国为例加以说明。

（一）司法事实的认定标准

在分散型的宪法审查模式下，宪法案件乃是在一般诉讼程序中进行，上级法院对于下级法院的事实认定一般采取明显错误标准和实质性标准。所谓明显错误标准乃是指对于下级法院的事实认定，除非明显错误，否则予以承认；实质性标准是指下级法院支持判断的事实符合一般理性的事实认定。[21] 在美国，上诉法院一般重视所谓的"法律问题"，反而对于事实问题关注不多。原因是法律事实并非数据，也不是事先给定的，更不是有待发现的。上诉法院审理案件不需要发现事实，它只是面对无争议的事实，因为下级法院已经做了这项工作。[22] 虽然对事实问题审查程度较轻，但上诉法院对于法律问题则是适用"重新审理"（De

---

〔20〕　Henry P. Monaghan, *Constitutional Fact Review*, 85 Colum. L. Rev. 229（1985）.

〔21〕　Adam Hoffman, *Corralling Constitutional Fact*, *De Novo Fact Review In The Federal Appellate Courts*, 50 Duke L. J. 1427（2001）.

〔22〕　See J. Frank, *Courts On Trial*（1950）. p. 23. cited from Emmet T. Flood, *Fact Construction and Judgment in Constitutional Adjudication*, 100 Yale L. J. 1795（1991）.

Novo)[23] 原则[24]，这种标准却同样适用于对宪法事实的审查，成为对上诉审的"明显错误"原则的一个例外。

自 19 世纪中期开始，美国法院对于事实发现问题一直仅限于"对事实认定是否有实质证据"的判断。对于宪法事实进行重新审查的原则（Ben Avon doctrine）最初乃是在本阿冯（Ben Avon）案件[25]所确立的，该案乃是关涉财产权的案件。公用事业委员会对于水力公司规定了新的收费标准，公司以这个政府行为未经正当法律程序而侵犯了公司的财产权为由提起宪法诉讼。最高法院在本案中认定涉及宪法事实的审查不应当受到一般诉讼规则的限制，而应当全面重新审查、独立做出事实判断，此案确立了对宪法事实审查的标准。此后法院开始对于决定权利是否受到侵犯的宪法事实加以全面审查。[26] 但是最高法院自 1936 年后，很少在财产权案件中采用该原则，而是视不同案件中宪法权利种类的不同，而分别采取不同程度的审查。对宪法事实的审查程度和基本权利的不同类型亦大致对应：即在经济自由领域的宪法事实审查适用一般原则，而对于精神自由和人身自由领域的审查适用全面重新原则。[27] 比如，在纽约时报案件中法院指出：我们必须独立检测所有案件记录，以判断是否对言论自由构成侵犯[28]。这种做法也受到学界赞同，如柴德里斯（Childress）教授就认为对于侵犯言论自由的案件可以适用更加全面和深度较大的事实审查。[29]

但是随着时代发展这一做法也受到了质疑。在 1984 年的博斯（Bose）案件中，伦奎斯特、奥康那法官撰写的判决书指出："宪法事实的审查是有限度的，比如对于淫秽表达和攻击性言论的认定问题并非是纯粹的事实问题，反而更多的

---

〔23〕 或翻译为"初审"，参见张千帆：《司法审查的标准与方法》，载《法学家》，2006（6）。

〔24〕 根据美国联邦民事诉讼法（Federal Rule of Civil Procedure）第 52 条（a）规定，上诉案件的审理，对于事实部分适用明显错误原则。

〔25〕 Ohio Valley Water Co. v. Ben Avon Borough, 253 U. S. 287（1920）.

〔26〕 Ng Fung Ho v. White, 259 U. S. 276（1922）.

〔27〕 Steven Alan Childress, *Constitutional Fact and Process：A First Amendment Model of Censorial Discretion*, 70 Tul. L. Rev. 1229, 1241（1996）.

〔28〕 New York Times v. Sullivan, 376 U. S. 254（1964）.

〔29〕 Steven Alan Childress, *Constitutional Fact and Process：A First Amendment Model of Censorial Discretion*, 70 Tul. L. Rev. 1229, 1241（1996）.

是根据具有一般理性的人观念而定。而所谓的'一般理性的人'等合理标准其实乃是特定社会的理念反映，为此下级法院特别是陪审团对于此问题更有发言权。"[30]

（二）司法事实的重构

其实上述对于司法性宪法事实审查的争议可归结为法律问题和事实问题的区分问题。详言之，是否采取重新审查原则乃是取决于宪法事实问题究竟是一种法律问题还是事实问题，比如"疏忽"是一个事实问题还是法律问题。对此，塞耶（James Thayer）认为其乃属事实问题，因为并不涉及在判例所确定的规则之间选择的问题；[31] 但霍姆斯（Oliver Wendell Holmes）认为其属于法律问题，因为其乃是建立一个特定的行为标准。[32] 由于事实认定在美国乃是陪审团的管辖领域，对于原审案件所"发现"的事实一般应当予以维持，但是对于事实的认知或重构则不必维持。换言之，处于法学方法上"诠释循环"的开始阶段的原始的事实，无须深度审查，对于经由诠释循环而剪切后的事实则可审查。但是二者极难区分，为此德国主流法学方法论上才有"目光往返流转"的理论。[33]

司法事实的争议大多数场合并非是对于那种事实发现的争议，而是关于事实重构的争议。例如，库克诉乔治亚州（Coker v. Georgia）案所争论焦点是对强奸犯罪适用死刑的法律是否合宪问题。围绕本案的不同观点几乎都是关于宪法事实如何重构的争论。采取这种严重并无法挽救的死刑，是否是超出罪刑的严重程度（美国宪法修正案第 8 条）。多数意见认为如此严厉的刑罚通常对于所犯罪行属于过重。多数意见认为："我们不否认强奸乃属一种严重的犯罪这样的事实。……对于妇女身心都造成极大伤害，且对于公共安全也会造成威胁。毫无疑问这种罪

---

〔30〕 Bose Corp. v. Consumers Union of United States，Inc. 466 U. S. 485（1984）.

〔31〕 James B. Thayer，*Law and Fact in Jury Trials*，4 Harv. L. Rev. 147，154（1890）.

〔32〕 Oliver Wendell Holmes，*The Common Law*，cited from Emmet T. Flood，*Fact Construction and Judgment in Constitutional Adjudication*，100 Yale L. J. 1795（1991）.

〔33〕 这样的过程不同的学者有不同表述方式，比如"诠释循环""往返流转""相互穿透"，参见〔德〕拉伦茨，前引书，第 162 页。

刑应当受到严厉的惩罚。但是与谋杀相比而言，其对于个人和公共安全的威胁程度较小。对于谋杀罪的受害者，其直接失去生命，而强奸罪的受害者虽然对精神造成极大伤害，但并未失去无可挽回的生命。"[34] 怀特大法官在描述个案事实时候，采取如下表述："上诉人将卡弗先生绑在浴室内，……从厨房拿出一把刀并胁迫卡弗夫人。将卡弗夫人强奸后带其开车逃离现场。……上诉人被捕时，卡弗夫人并未受到伤害。"[35] 但是首席大法官博格的不同意见叙述如下："坦率地说，受害人其实很难说是'未受伤害'，多数意见所认为受害人未受伤害或将强奸这种暴行认定为有别于'过度残忍'的'适度的残忍'，这种见地没有充分考虑犯罪对受害人以及其爱人所造成的严重伤害。"[36]

　　本案对于原始案件事实其实是毫无争议，但是所不同的是对于事实的重构过程所不可避免的价值判断问题，即对于上述事实的评价问题。法院经由美国宪法修正案第 8 条得出的解释命题：伤害严重的行为，方可处以重罚。为此是否属于"伤害严重"即成为宪法判断的关键。这一过程其实不免需做出价值判断，或者说是一种"评价性的归入"。由此可见，对于宪法性司法事实的重构方法，和一般法律方法对事实的重构大致相同，不同之处在于"诠释循环"过程所对照的规范并非一般法律规范，乃是具有多元化的宪法解释命题或审查基准。

四、作为宪法事实的立法事实

　　宪法判断乃是一种价值判断，为了保障宪法审查机关的宪法判断的结论可被广泛接受，需要特定的判断方法。如果仅仅根据法律法规的文面进行抽象的书面审查，则可能使得宪法判断流于主观的恣意而欠缺说服力。因而往往需要对支持立法的那些一般性事实（Constitutional-Legislative Facts）进行认定和评价。立

---

[34]　Coker v. Georgia，433 U. S. 584（1977）.

[35]　Coker v. Georgia，433 U. S. 584（1977）.

[36]　Coker v. Georgia，433 U. S. 584（1977）.

法机关在制定法律之前必须进行大量的社会调查工作，收集资料、掌握特定的事实状态和因果关系，而后据此制定法律。如果立法机关根据片面的事实或扭曲的事实制定法律，则其合宪性很难保障，为此需要对立法事实进行审查。对此芦部信喜教授指出："在没有验证立法事实的情况下，仅仅将宪法与法律的条文进行概念性比较，从而决定违宪与合宪的宪法判断方法，则有可能做出与实态不相符合的形式化、观念化、说服力较弱的判决。"[37] 当然，并非所有宪法判断都依赖立法事实的判断，有些案件仅仅需要在宪法规范和法律规范之间进行文面比较的方法即可得出宪法判断，比如对于明显违宪的法律则无须依赖宪法性立法事实的发现和重构。[38] 另外有些，不涉及规范违宪问题的具体审查，则仅仅需要对裁判事实进行判断而得出宪法判断。

就一般法学方法而言，判断自"案件中的事实"，即"裁判事实"开始。所以对于一般原始事实的裁剪乃是法律判断的重要组成部分，宪法判断也不例外。同任何其他案件的判断一样，裁判事实乃是一个宪法判断的必要条件（sine qua non）。[39] 这样的裁判事实即"谁对谁做了什么"，比如对于特定的"行为"认定其是否属于"政府行为"。但在具体审查模式下，这种裁判事实只是一个开始，宪法案件中这种事实的一种特殊形态乃是所谓的"立法事实"。而立法事实之所以成为"宪法事实"，原因在于这种事实乃是在宪法案件中所呈现的事实。立法事实一般是指与个案关系不大的有关法律、政策的判断的社会、经济或科学事实。[40]根据美国联邦第八上诉法院的定义："立法事实乃是指不因案件的不同而有所差异的、普遍确定的真理、事实或发现。"[41]

---

[37]　［日］芦部信喜著，高桥和之增订：《宪法》，335 页，林来梵、凌维慈、龙绚丽译，北京，北京大学出版社，2006。

[38]　在美国这些案件多属于有关权力分立的案件、联邦主义（中央地方权限）的判决。See Shawn Kolitch, *Constitutional Fact Finding and The Appropriate Use of Empirical Data in Constitutional Law*, 10 Lewis & Clark L. Rev. 673（2006）.

[39]　Kenneth F. Ripple, *Constitutional Litigation*, The Michie Company Law Publishers（1984），pp. 44-45.

[40]　K. Davis, *An Approach to Problems of Evidence in the Administrative Process*, 55 Harv. L. Rev. 364，404（1942）.

[41]　United States v. Gould，536，F. 2d 216（8th Cir. 1976）.

分散型宪法审查模式下，对于立法目的审查也是判断是否合宪的重要参数，但是在集中型审查模式的德国，由于宪法法院对立法目的一般推定合宪而不审查，为此立法事实的争论大多属于宪法判断的核心。但是无论采取何种模式，由于宪法判断的对象也可能包括以抽象形态存在的法律法规，因此作出宪法判断不仅仅需要考虑具体单个的个案事实，而且需要考虑普遍性的立法事实。

（一）内容

一般而言，作为一种政府行为的立法乃是一种为解决特定的问题或实现政策性的目标而采取的措施。立法者首先需确定立法时的事实状态，即确定所欲规范的事实，而后通过立法实现某种目的。这种过程大致也可分为探究现实状态→提出对策→实现目标。为此立法过程必须面对如下问题：

第一，立法者必须确定某些人类行为或与人类生活有关的物理、生物的事实。质言之，确定法律所欲规范的社会事实究竟为何？即，确定性事实问题。

第二，确定何种立法目的？主要是价值判断问题。[42]

第三，预测性事实问题：针对这些事实应当如何采取最有效的措施。即，对于规范之效果做出初步评估和预测。

如果结合宪法审查程序中对立法过程的价值判断，立法事实主要包括支持合宪的事实和支持违宪的事实。以此为分析框架，卡斯特（Kenneth L. Karst）教授认为宪法判断所需关注的立法事实含对政府目的促进的效果和对基本权利构成的限制两个方面。[43] 前者如，立法是否会达到预期效果？以及何种程度上达成？后者如，立法是否会构成基本权利限制？以及何种程度上的限制？而江桥崇

---

〔42〕 即使一些表面看是事实问题，其实乃是价值判断问题，比如提出某地摩托车导致交通事故发生率为90％，为此证明限制摩托车乃是为了迫切的公共利益。然而单纯举出上述事实并不足以证立目的，尚需引入一个规范论证，即立法应当保护公共安全。

〔43〕 Kenneth L. Karst, *Legislative Facts in Constitutional Litigation*，The Supreme Court Review (1960)，pp. 75-112.

教授在此基础上将立法事实内容归纳为三点：[44]

（1）支持立法正面功效的事实。如，立法目的的重要性、手段促成目的的可能性等。

（2）立法造成负面影响的事实。如，对权利限制的程度、有否其他限制程度更小方式等。

（3）平衡上述二者的事实。如，所限制的权利的重要性和保护法益的重要性之间的比较、限制手段是最低限度的还是合理手段等。

此外，江桥教授还指出，上述三类立法事实其实还可再细分为与立法目的相关的立法事实和与手段相关联的立法事实。如果单就"立法事实"内容本身的逻辑完整性而言，江桥教授的立法事实论并非已经穷尽了立法事实的所有内容，其显然未将那些与宪法判断无关的立法事实包含进来。为此该立法事实内容毋宁更多是一种为宪法判断所"量身定做"的立法事实论（特别是对于宪法判断中的利益衡量提供了一个图标式的指引）。然而上述对于立法事实内容的界定显然已经超出了"事实"的范畴，而将价值判断问题同样作为一种立法事实的判断问题，[45] 为此上述理论可能有将事实的发现和事实的重构不加区分地熔为一炉之势。

（二）判断方法

1. 立法事实认知方法

较早在宪法诉讼中运用立法事实来影响宪法判断的典范乃是布兰代斯在马勒诉俄勒冈州（Muller v. Oregon）一案[46]中提交的"布兰代斯意见书"。其中大量列举了社会科学的证据来证明"妇女需要特别保护"这样的事实。随后这种意见书在美国成为证明立法事实的重要方式。而在德国这种立法事实则主要由立法机

---

〔44〕［日］江桥崇：《立法事实论》，载芦部信喜编：《讲座宪法诉讼（第二卷）》，80～81 页，东京，有斐阁，1987。

〔45〕 江桥崇教授本人也坦言上述判断已不仅仅是事实判断的问题同时还包含对这些事实的评价问题，即价值判断问题。江桥崇，前引文。

〔46〕 Muller v. Oregon 208 U. S. 412，419（1908），关于布兰代斯意见书的介绍可参见凌维慈：《宪法诉讼中的立法事实审查：以美国法为例》，载《浙江社会科学》，2006（6）。

关举证证明，当然也不排除由当事人提供的证据材料。虽然必要时宪法法院法官可以依据职权主义直接调查必要的事实，然而德国宪法法院很少主动调查经验科学的数据资料，一般依靠当事人提供的事实资料。[47]为此和美国最高法院的实践颇为类似。

关于种族隔离违宪的布朗案件可以说是有关立法事实分析的典型判例，该案推翻了1896年普莱西诉弗格森（Plessy v. Ferguson）[48]案件对于教育设施安排的"隔离但平等"制度并不违反平等保护的合宪判断。在布朗案件的"脚注11"中，最高法院特意引述了肯尼思克拉克（Kenneth Clark）的《歧视对个性的影响》研究报告和《种族隔离的心理影响》等心理学和社会学的研究成果，来证明隔离构成一种歧视。[49]除此之外，法院运用了下级法院所证明的宪法事实和诉讼当事人提供的社会科学数据和资料，作出如下认定：

"种族隔离对于有色人种的孩子造成了严重的负面影响。当这种隔离拥有法律上的依据时伤害尤甚，因为隔离政策通常被认为是基于黑人是低贱的群体而做出。这样的观念严重影响了学龄儿童的观念，且这种隔离有阻碍黑人孩子的心智发展，并剥夺了他们从一个非隔离教育体系中受益的权利。"[50]

该案件对于立法事实认知方法同时采纳两种方式：司法认知和当事人举证。由于美国式的诉讼程序以当事人主义为主，司法认知方法的运用需谨守联邦证据规则。而德国联邦宪法法院的职权主义特征使宪法审查机关不仅可进行司法认知，而且还可直接调查证据，为此对立法事实的认知具有更大余地。问题是在不同的案件中，当立法事实有争议的时候，究竟由谁承担举证责任，这事关宪法判

---

〔47〕　Christine Landfried, *Constitutional Review and Legislation：An International Comparison*，Nomos Verlagsgesellschaft Baden-Baden (1988)，p. 230.

〔48〕　Plessy v. Ferguson，163 U. S. 537（1896）.

〔49〕　然而对这种事实认知方式，德沃金教授批判道："（在布朗案件中）我们不需要任何经验事实来证明隔离会侮辱黑人群体，这是众所周知的常识，恰如我们都知道感冒会导致有鼻音一样。我们不需要证明那个事实。隔离是一种侮辱，这是一种解释性的事实（interpretive fact）。"Dworkin，*Social Sciences and Constitutional Rights—The Consequences of Uncertainty*，6 J. L. & EDUC. 3，5（1977），cited from David L. Faigman，*Normative Constitutional Fact-Finding：Exploring The Empirical Component of Constitutional Interpretation*，139 U. Pa. L. Rev. 541（1991）.

〔50〕　Brown v. Board of Education of Topeka，347 U. S. 483（1954）.

断的结果。一般而言，在根据基本权利限制领域不同而不同的审查基准下，对于系争立法分别采纳合宪推定或违宪推定。如果采纳前者则推定立法事实存在，举证责任在主张违宪的一方，如果无法举出反证，就做出合宪判断。反之，如果采纳违宪推定则由立法者负担举证责任，则无法证明支持立法的事实存在的时候，将承担违宪判断的结果。除了上述两种情形以外，尚有既非违宪推定也非合宪推定的中间领域，此时对立法事实的证明虽然仍由立法者承担，但是证明程度较之于违宪推定情形要轻，比如德国仅仅需要证明立法事实可以"合理支持"。

2. 立法事实与审查基准

立法事实的重构将直接影响宪法判断的结果，比如将特定的立法措施解释为一种与目的合理相关或无关。比如，"采纳限制措施后交通事故发生率下降50％"这样的事实乃是原始的事实，主要是因果关系的推论而不涉及价值判断，然而上述事实是否符合"目的手段合理关联"，则是对事实的评价并和审查基准的构成要件之间的涵摄过程，为此乃是一种评价性的归入。如上所述，立法事实不同于个案性的司法事实，乃是一种对未来开放的事实，为此必须对立法措施进行评估和预测。理想的立法状态乃是采取明智的手段达致预期的效果，但是这毕竟只是一种理想，现实中立法机关也可能会犯错，而无法实现立法目的。

由于社会事实复杂多变，并非如自然科学的事实那般精确和客观，加之立法机关能力的限制，立法者做出的事实判断不免会发生错误。这种对事实的错误判断，如果没有超出一定限度，则应当属于立法者的裁量领域。只有立法者对于事实的判断超出一定限度时，即逾越了宪法为立法权划定的外围界限，才需作出违宪判断。

立法事实立法预测不免包含了一定程度的或然性判断，或者说是预测只是一种可能，因此无法做到绝对准确的判断。[51] 而在不同领域，宪法对于立法者预测的要求也不同。在较重要的基本权利领域或对基本权利限制较强的规范领域，对于立法机关的预测正确性要求更高，而在经济性和社会性立法领域，宪法审查

---

〔51〕 BverfGE 50，290，332.

机关需要尊重立法者的对于立法事实的判断。而上述这种不同程度的要求乃是通过审查基准的宽严程度来体现。在美国模式的合理性审查基准下，采取合宪推定原则，即推定支持立法的事实存在。而在中度审查基准下，只要可以合理的提出特定的支持立法的事实，法律就可以不被判断违宪。但是在严格审查基准下，对立法采取违宪推定，即推定立法事实不存在，如果立法机关无法证明立法事实存在，则作出违宪判断，比如对于限制第一修正案所保障的权利的立法事实应当重新审查，无须采纳立法机关提供的事实范围所限[52]。而德国模式下，在宽松的明显性审查中，立法机关的预测只要不是明显错误，则可免于违宪判断；可支持性审查下，立法机关的评价和预测可合理支持即可；强烈内容审查基准下，立法机关的预测需"正确"，宪法审查机关的预测有取代立法机关的预测之势[53]。德国的严格审查基准和缓和的审查基准其大致适用基本权利的领域范围和美国、日本基本相当。[54]

（三）　立法事实审查的界限

在对立法进行审查时，宪法审查机关适用上述强度不同的审查基准时关键在于对立法事实的评价并将其归入不同备用基准的构成要件之内。但是如果审查机关对于立法事实的审查过于严格仔细，则可能完全取代立法机关的地位而成为一个"超级立法机关"。而且，宪法审查机关在审查能力上也未必具有和立法机关相当的能力。为此，宪法审查机关对立法事实的审查也应当恪守一定的界限。

1. 权限分工意义上的界限

由于立法事实涉及与本案无关的经济社会事实，而宪法审查对于立法事实的审查超越了司法的范围之外。且由于卷入政治部门的政策形成领域，为此颇具争

---

〔52〕　William E. Lee, *Manipulating Legislative Facts：The Supreme Court and the First Amendment*, 72 Tul. L. Rev. 1261 (1998).

〔53〕　Donald P. Kommers, *The Constitutional Jurisprudence of the Federal Republic of Germany*, Duke University Press (1989), p. 541.

〔54〕　有关的综述与比较可参见何永红：《基本权利限制的合宪性审查研究：以审查基准及其类型化为焦点》，浙江大学 2007 年博士论文。

议性，这种争议也使得宪法审查对该领域的自我限制（self-restrain）成为必要。在美国式普通法院职司宪法审查的制度模式下，当立法机关做出事实判断时候，宪法审查机关往往会尊重立法机关的事实判断。

有学者甚至认为司法不应当干预立法机关的权限，而对立法事实审查持批判态度，比如布莱克门（Blackmun）法官就认为："这种方法难以杜绝那种基于（法官）个人的偏见对社会标准的歪曲，我们应当尽量避免以个人的偏见来代替立法机关的明智来做出司法判决，但是这种越界的诱惑力极大，甚至难以抵抗。"[55] 虽然司法机关过度地采用立法事实的审查方法来作出宪法判断具有一定的争议性，但是主流学说主张司法应当对这种立法事实的判断进行适当的审查。[56] 然而在抽象审查模式下，宪法审查机关其实不免会分担部分立法的功能（至少是否定性的立法），因此对于立法事实的审查具有较强的正当性基础。其实无论何种模式下，关于立法事实审查的争论关键并不在于是否应当采取这种方法，而毋宁在于这种方法本身应当遵守何种界限的问题，而这种界限根本上乃是取决于宪法审查机关和立法机关之间的权限划分或功能分配。[57] 而对于这一关键问题的界定，端视各国不同的宪法规范对于国家机关的组织所做的安排，但如果从动态宪法（Dynamic Constitution）的视角看各种政治实力的影响亦不可忽视。

2. 审查能力方面的界限

由于立法事实涉及一般性的普遍性事实，而司法的专长在于处理具体的裁判性事实，[58] 因此在美国这样的普通法院模式下，对于立法事实的审查即面临着能力限制的问题。对此，布莱克门法官在莱昂（United States v. Leon）[59] 案中指出："在收集关于立法事实的信息方面，我们和所有一般法院一样具有制度上的

〔55〕 Furman v. Georgia, 408 U. S. 238 (1972).

〔56〕 Antony B. Kolenc, *Easing Abortion's Pain：Can Fetal Pain Legislation Survive the New Judicial Scrutiny of Legislative Fact-Finding?*, 10 Tex. Rev. Law & Pol. 171 (2005).

〔57〕 Christopher Wolfe, *The Rise of Modern Judicial Review：From Constitutional Interpretation to Judge-made Law*, Basic Books, Inc., Publisher (1986), pp. 336-342.

〔58〕 Kenneth L. Karst, *Legislative Facts in Constitutional Litigation*, The Supreme Court Review (1960), pp. 75-112.

〔59〕 United States v. Leon, 468 U. S. 897 (1984).

能力不足。"而库莱恩克（Kolenc）教授也认为立法机关更加擅长立法事实的调查发现，原因在于（1）立法机关有着充足的调查经费和广泛的宪法授权；（2）立法机关有各种专业委员会和不同领域的专家；（3）立法机关对于事实调查时间上较不受限制；（4）通过对不同利益群体在代议机关的公开争论可以获得更加全面广泛的信息。[60]为此司法机关进行宪法审查应当尊重立法机关的事实认定，不可以自己判断取代立法机关的判断。

　　然而上述反对立法事实审查的理由在于立法者在事实认知方面比较而言更有优势，这种结论乃是基于立法者会积极发挥其优势收集信息的假定之上。但是如果立法者对于事实的认知乃是虚构、片面、过时的信息，宪法审查机关对这种事实仍然不审查自然就无法获得正当性。而且，立法机关的成员本身也会对事实存有"前见"，这种"前见"可能会直接导致其投票时的选择。[61]再有，立法机关会受到利益团体的影响，而这些利益团体往往会基于集团利益对特定的事实或信息进行"加工"，得出片面的信息，甚至往往会遮蔽隐瞒客观事实真相[62]。况且，立法机关对于发现事实的手段，司法机关也并非完全欠缺，比如，配备法官顾问和交叉询问程序，且司法对于事实发现的优点即可免受政治干预而持中立的态度。[63]因此，问题不在于是否应当审查，而关键在于遵守何种界限。

　　审查能力限制在美国模式下即体现为立法和司法究竟谁更胜任对于事实发现。如果不局限于美国模式，则上述问题可普遍化为：对于立法事实的发现，立法机关和宪法审查机关何者更具优势。在此方面由于各国制度模式不同，宪法审查机关和立法机关的能力比较也各不相同，比如在那些由"准立法机关"进行审

---

〔60〕　Antony B. Kolenc, *Easing Abortion's Pain：Can Fetal Pain Legislation Survive the New Judicial Scrutiny of Legislative Fact-Finding?* 10 Tex. Rev. Law & Pol. 171（2005）.

　　〔61〕　根据威廉·莫罗（William Morrow）教授的研究，实际上很少由立法者会基于中立地位对面临事实进行判断和选取，为此更需要法官在作出判断之际对特定"立法事实"持中立态度，而非仅仅支持这种事实。William Morrow, *Congressional Committees*, cited from *Jeffrey M. Shaman, Constitutional Interpretation：Illusion and Reality*, Greenwood Press（2001）, p. 141.

　　〔62〕　See Jeffrey M. Shaman, *Constitutional Interpretation：Illusion and Reality*, Greenwood Press（2001）, pp. 122-123.

　　〔63〕　Jeffrey M. Shaman, *Constitutional Interpretation：Illusion and Reality*, Greenwood Press（2001）, pp. 122-123.

查的模式下，这种能力自然并不欠缺。如果在并不欠缺权限前提下，审查能力不足会使得宪法审查机关在作出宪法判断之时"心有余而力不足"。为此在制度设计上，有必要考虑权限和能力两种因素，如果赋予宪法审查机关强势的审查权限则必须考虑其机构设置和人员配备等"硬件设施"。

五、宪法事实的操控技术

如前所述，审查基准的适用与宪法事实密切相关。比如，在美国有些州对于在高速公路上行驶的卡车的载重和长度进行立法限制，这样的立法通常为了促进特定的州在交通安全方面的公共利益。[64] 但是却给州际自由贸易造成了负担，这是一个联邦公共利益。为了判断该法律是否违宪，必须对其目的做出价值判断：州为了保障交通安全的公共利益是否重于促进联邦贸易的公共利益？同时又必须做出事实判断：这些法律是否实际上会促进交通安全？或在何种程度上会影响州际贸易？然而实践中审查机关可以通过操控宪法事实的方法来加重或减轻审查基准强度。比如，通过创造出牵强的政府利益甚至是想象的政府利益来正当化立法目的或通过虚构事实（目的手段之间的关联）来支持立法。

（一）审查基准的强度

根据宪法审查基准的强度，宪法审查的基准大致可以分为合理性基准、严格基准和中度审查基准，分别对应于德国的比例原则下的明显性审查、可支持性审查和强烈内容审查。虽然在具体的操作上二类基准的论证模式略有不同，两种模式下的审查基准对于宪法事实的审查却有趋同化之势。在美国，最高法院认识到合理性基准无法保障那些种族和出身的分类对人权的侵犯，实践中这种合理性基准对于那些"优位自由权"领域（言论自由）和基础性权利领域（隐私权）不适

---

〔64〕　Kassel v. Consolidated Freightways Corp.，450 U. S. 662（1981）.

用。在这些领域适用严格审查基准，政府行为不适用合宪推定。但由于严格审查基准在实践上极其"致命"，而合理性基准又"没有牙齿"，因此博格法院发展出了第三种形态：中度审查基准。这种基准被广泛适用于象征性表达领域、商业言论领域、与内容无关的言论自由限制领域等。

在上述强度不同审查基准下，对于宪法事实的审查程度也大不相同。在合理性审查基准的适用领域（如经济立法）只要立法的分类是基于合理的基础，则可以通过审查；而对于限制基础性权利的分类，则被认为是可疑分类，除非可以证明该分类乃是基于重要的政府利益。但是在 20 世纪 70 年代，美国最高法院面对因为性别和国籍的分类的立法，在双重基准之基础上发展出了中度审查基准。中度审查基准使得司法可以频繁诉诸宪法事实来再次检验立法机关的判断。比如，当立法做出基于性别的分类时候"立法目的本身是否反映了一种陈旧的性别观念"。[65] 而随着审查基准的进一步复杂化，又发展出了与德国审查基准类似的滑动标尺的分析框架。[66] 在该分析框架下，法院采取一种更加灵活的方式审查宪法事实。

（二）审查基准强度的滑动

由于宪法事实认定在宪法判断过程的决定性作用，实践中宪法审查机关往往通过宪法事实的操纵技术来改变审查基准，甚至通过虚构一些事实作为判断依据来改变基准强度。一般而言，宪法判断对于立法事实的操控，较之于司法事实更加容易。其原因可以归结为立法事实大多乃是一种需要评估的预测性事实，为此具有高度不确定性，而司法事实却是回溯性事实，只需要发现即可。

1. 严格审查基准转化为宽松基准

在严格审查基准下，政府行为必须与一个迫切且重大的政府公共利益具有必要的关联。依据此基准，基于不确定的宪法事实所制定的立法将被判断违宪。于

---

〔65〕　Mississippi Univ. for Women v. Hogan，458 U. S. 718，725（1982）.

〔66〕　Jeffrey M. Shaman，*Constitutional Interpretation：Illusion and Reality*，Greenwood Press（2001），p. 126.

是对宪法事实的评价成为审查的关键，为此可以通过操控技术将严格基准变为实际上的合理性基准。即通过对不支持立法合宪性的事实进行筛选尽可能将其排除于宪法事实之外，将严格审查基准转化为实际上的宽松审查基准。同样的操作方法也可使得合理性基准演化为"实际上的不审查"（minimal scrutiny in theory and virtually none in fact）。实践中，对于要忽略的事实，审查机关会采用"没有理由相信……"〔67〕"我们不相信……"〔68〕等表述，或使用"不清楚""不确定""未经证明"等类似的概念表述。上述判断方法可以说是一种否定论（negativism）的立场，基于该立场判断时尽量对宪法事实不加以确定。〔69〕

2. 合理性基准向严格基准的转化：合理性基准如何"咬人"

合理性基准由于对法律没有杀伤力，在一段时间被认为是"实质上的不审查"，随后却发展成为的"会咬人的合理性审查"基准（rational scrutiny with bite）。在合理性基准下，对宪法事实的审查强度最小，根据不确定的或者是虚构的事实来支持立法合宪。合理性基准下，法院实际上对宪法事实审查步骤采取如下步骤：如果支持 a 分类的事实状态可以合理地被证明，那么必须推定制定法律时，这种事实状态存在。〔70〕如果欲将合理性基准强度加大，则需将支持手段和关联性的事实排除在宪法事实范围之外，将宪法事实重构为手段和目的无关的"事实"。在中度审查基准下，并不适用合宪推定原则，政府行为必须与一个重要的政府公共利益具有"实质性关联"。〔71〕此时，究竟何种关联属于"实质关联"，就有较大解释空间，而对宪法事实的重构则可较容易改变宪法判断的结果。

（三）宪法事实操控的限度

对宪法事实的最小审查最后将严格审查变成实际上的合理性审查，或将合理

---

〔67〕　Zurcher v. Stanford Daily，436 U. S. 547，566（1978）.

〔68〕　Zurcher v. Stanford Daily，436 U. S. 547，566（1978）；Branzburg v. Hayes，408 U. S. 665（1972）.

〔69〕　Jeffrey M. Shaman，*Constitutional Interpretation*：*Illusion and Reality*，Greenwood Press（2001），pp. 124-125.

〔70〕　1aLindsley v. Carbonic Gas Co.，220 U. S. 61，78（1911）.

〔71〕　Royster Guano Co. v. Virginia，253 U. S. 412，415（1920）.

性基准变成实际上的不审查，反之操作也可成功。然而这种操控方法如果不加限制的滥用，却会导致欠缺说服力的判断，或者导致对宪法事实的认定直接与现实相悖，或者由 a 事实的不确定推导出其对立状态 b 事实的存在。前者比如，在米歇尔（Michal M. v. Sonoma County Superior Court）案件，[72] 针对关于强奸的主体认定不适于女性这种分类是否有违宪法上的平等保护原则，法院认定"如果将女性和男性同样认为是该罪的主体，则这样的法律将很难执行"。但是事实却是在美国许多州的这样的法律并没有执行的困难。后者比如，在海斯案件中法院从"无法证明道斯某天晚上在家，推导出他不在家。"显然属于逻辑错误，这样的"逻辑跳越"显然是对宪法事实的不可靠的推定。[73]

因此，宪法审查机关过度依赖于通过操控事实来改变审查基准强度的做法并不可取，较之虚构重要公共利益的做法，这种做法尤其不明智。对此，沙曼（Jeffrey M. Shaman）教授指出："人们往往有依照自己的价值取向去观察事实的倾向，法官也是人，因此无论他们多么明智也不免会如此。故此，现实中对宪法判断结果不利的事实则被高度怀疑甚至被忽略，而对其有利的事实则被轻易接受。显然，仅仅通过选取事实法院就可以操纵宪法判断的结果，从而达到其目的。通过操纵宪法事实，法官可能悄悄地进行'价值走私'将自己的价值判断取代了宪法确认的价值。"[74]

对于事实的认定一旦与现实不符合或相悖则判断的说服力将减至最低，严重影响判断的可接受性和说服力。如果从宪法判断的结构看，单纯的事实论证并无法导出合宪或是违宪的规范性结论，对此还必须引入一个规范论证，而这个规范论证往往并非解释命题而是作为大前提的审查基准。在这个事实和基准的相互诠释循环的过程中，对于事实判断和价值判断所分配的论证强度应大致平衡，为此如果过度依赖宪法事实的操控技术，可能会导致宪法判断的正当化不足问题。

---

〔72〕　Michal M. v. Sonoma County Superior Court，450 U. S. 464（1981）.

〔73〕　Jeffrey M. Shaman，*Constitutional Interpretation：Illusion and Reality*，Greenwood Press（2001），pp. 124-125.

〔74〕　Jeffrey M. Shaman，*Constitutional Interpretation：Illusion and Reality*，Greenwood Press（2001），p. 126.

六、小结

宪法审查需要对案件中特定事实进行认知和判断，这种事实可称为"宪法事实"，体现为司法事实（或裁判事实）和立法事实两种。前者存在于以特定案件为前提的具体审查程序中，是指那些与案件当事人直接相关的事实。而在抽象审查当中，宪法判断的过程不仅要将"目光往返流转"于宪法规范和法律规范之间，还要对法律规范背后的基础性事实作出判断，即立法事实的判断。通过操控宪法事实，宪法审查机关甚至可以改变审查基准的强度，进而改变宪法判断的结果，但这种对宪法事实的重构需要谨守一定的界限。

由于缺乏充足的知识装备或经验科学发展水平所限，宪法审查机关在许多案件中所认定的宪法事实可能也会出现错误，为此在认定宪法事实时需承认这种人类认识的可误性（fallibility）。[75] 比如对于洛克纳案件的宪法事实判断错误，美国最高法院坦言："该案乃是基于对自由市场可以满足最小限度的福利这样的虚假的事实推定，这样的事实被证明是不存在的，历史的发展也证明了这种错误。"[76] 今天高度发达的经验科学为客观事实的发现提供了强固有力的方法，经验社会科学的研究成果对于宪法事实的确定无疑具有重大意义。在宪法判断中的事实发现和重构自然不可无视这种现实，否则宪法判断的说服力将会明显降低。[77] 经验的事实不仅仅是宪法判断的依据，而且同时是宪法判断的限制因素，宪法判断的正当性也有赖于这种对事实的忠诚，特别是在那些欠缺宪法判断正当性或正当性有所争议的国家，更是如此。

前文已述，宪法事实的判断不是一种依据经验法则的判断，而是一种对照规

---

〔75〕 Jeffrey M. Shaman, *Constitutional Interpretation*：*Illusion and Reality*，Greenwood Press (2001)，pp. 122-123.

〔76〕 Planned Parenthood of Southeastern Pennsylvania v. Casey，505 U. S. 833（1992）.

〔77〕 David L. Faigman, *Normative Constitutional Fact-Finding*：*Exploring The Empirical Component of Constitutional Interpretation*，139 U. Pa. L. Rev. 541（1991）.

范的叙述，可称之为"规范性的事实发现"。[78] 就此而言，宪法事实不过是一种解释和叙述、一种判断者本身所预想的"事实"。宪法判断的过程需要判断者不断地检验预设的事实，无论法官忽略其法律判断者的角色或以普通人的经验取代这种判断，都将是不切实际的。[79] 而且在终极意义上，所谓"绝对的客观事实"并不存在，特别是社会科学意义上的事实不过是对质料的阐释和叙述。对此卡希尔（Ernst Cassirer）曾言：

其实，根本上是没有所谓"赤裸"的事实，除了把事实关联于一定的假定之上和让这些事实藉着这些概念之假定而得以被确定之外，根本便再没有其他途径可以让事实获得确定了。一切对事实的认可都只是在特定的判断结构中方为可能，而此一种判断结构本身又是建基于一些逻辑条件之上的。[80]

对事实的阐释和重构乃是取决于判断者的知识背景和社会经历，对于任何事实的陈述可能都会受到解释者"前见"的影响。比如，布莱克门法官在贝茨（Bates v. State Bar of Arizona）案件[81] 中就曾指出："法庭的现在的所有参加者，都无法摆脱亲身经历的、真实的生活事实的影响。"毫无疑问，认识到法官的过去经历会影响其当下判断是重要的，但是如法兰福克法官所指出，优秀的法官不应当仅仅考虑其过去经验，更重要的是考虑其作为法官的身份。[82] 即，法官眼中的事实乃是法思维的事实，为此需以法规范作为前见。

重视宪法事实认定的布兰代斯（Louis Brandeis）法官曾言："一个法律工作者如果不研究经济学和社会学，那么他就极容易成为一个社会公敌（public enemy）"，[83] 而其所创立的宪法事实判断技术的"布兰代斯意见书"也在美国司法

---

〔78〕　David L. Faigman, *Normative Constitutional Fact-Finding：Exploring The Empirical Component of Constitutional Interpretation*，139 U. Pa. L. Rev. 541（1991）.

〔79〕　Kenneth F. Ripple, *Constitutional Litigation*，The Michie Company Law Publishers（1984），p. 51.

〔80〕　［德］恩斯特·卡西尔：《人文科学的逻辑》，关之尹译，28 页，上海，上海译文出版社，2004。

〔81〕　Bates v. State Bar of Arizona，433 U. S. 350（1977）.

〔82〕　Kenneth F. Ripple, *Constitutional Litigation*，The Michie Company Law Publishers（1984），p. 54.

〔83〕　Louis Brandeis，The Living Law，10 Illinois Law Review 461（1916）.

实践中产生广泛影响。如果从"规范的事实关联性"[84] 的角度看，宪法判断中的事实认定固然需要吸收经验科学的成果，布兰代斯的上述论断的确值得重视。然而在人类的知识整体上呈不断扩张之势的今天，为了更深入地研究，不同的学科分工乃属必要。即使是主张跨学科的研究，也不得忽视不同学科领域存在的核心和外围领域。

---

[84]　关于"规范的事实关联性"理论是由耶里内克在解释宪法变迁时所提出的理论，参见李龙主编：《西方宪法思想史》，林来梵撰写部分，250 页，北京，高等教育出版社，2004。

第五章　宪法判断的依据：宪法审查基准

　　一般而言，宪法判断乃是一种依据宪法规范的判断。但是由于一般的宪法文本过于抽象和概括，往往无法直接据以得出宪法判断。从一般法学方法的角度看，通过宪法解释的方法可以具体化宪法规范，形成解释命题，使之向"宪法事实"靠拢，同时目光往返流转于事实规范之间，进而得出宪法判断。比如，比科尔就认为宪法案件的处理步骤由如下两部分构成：首先解释宪法，然后将解释命题适用于案件事实。[1] 而罗伯茨法官也曾将宪法判断简单化为：法院（宪法审查）的任务不过是找出相应宪法条文与法律条文进行对照，以此决定后者是否违反了前者。[2] 但是在各国的宪法审查实践中，宪法审查机关却并非单纯通过这种常规的解释文本和裁剪事实的相互照应的法学方法得出结论。而是通过判例积累发展出一种可以称之为"宪法审查基准"的新型的宪法规范。这种新型的宪法规范其实并非可等同于对宪法文本加以解释而得出的"解释命题"，但是这种宪法审查的基准究竟属于何种宪法规范，与其他宪法规范之间是何种关系，作为一种规范具有何种特殊性格？本书试图对此种类型的规范在宪法规范体系做出一个初步的定位。

一、审查基准概述

　　宪法审查的基准是指宪法审查机关在宪法判断实践中发展出来的一系列的准则和标准，是连接抽象的宪法与具体宪法案件之间的媒介。[3] 如美国宪法上的

---

〔1〕　Mitchell N. Berman，*Constitutional Decision Rules*，90 Va. L. Rev. 1（2004）.

〔2〕　Kermit Roosevelt Ⅲ，*Constitutional Calcification*：*How The Law Becomes What The Court Does*，91 Va. L. Rev. 1649（2005）.

〔3〕　[日] 芦部信喜：《宪法诉讼的现代展开》，10 页，东京，有斐阁，1981。

各种"standard"或"doctrinal test"可谓典型。[4] 这种具有极强可操作性的宪法审查基准并非是单纯源于对宪法规范的解释得来，而是通过众多案件的积累而形成。在判例制度较为成熟的美国，往往是以"普通法精神"作为"催化剂"，通过对宪法判断的内部正当化（包含解释宪法规范）和外部正当化，[5] 发展出不同的审查基准，尔后以这种基准作为宪法判断的准据而适用于宪法案件中。由于遵循先例作为一项普遍的法律原则已经被大多数立宪国家采纳，即使在大陆法传统影响下的德国，也非一般所认为的那样通过对宪法规范的解释而形成一个教义学的规范体系，从而适用于一般宪法案件。其通过宪法审查的判例亦形成了与美国类似的基准体系，且在判决中引用参照先例中的审查基准得出判断的情形十分普遍。[6]

　　由于宪法审查的基准包含着对审查对象（法规、命令等）动态的测试、检验过程，因而与一般法律上的原则和标准有着径庭之别。试举美国宪法上庞杂细密的审查基准体系观之，其针对不同的规范领域可分为若干宽严程度不同基准，而且每一基准内涵的不同构成要件之间有着适用的先后顺序，在具体审查过程中法院"对号入座"适用不同基准得出宪法判断。以平等权保护为例观之，[7] 美国宪法审查基准根据强度不同大致可分为严格审查基准、中度审查基准、合理性基准等类型，而且在不同领域这种基准的类型也大不相同，以平等权领域的审查基准为例，又可细分为四类，每一类对立法目的的正当性以及目的和手段关联性的要求也各不相同，如下图所示。

---

　　[4]　"doctrine""test"也可指违宪审查基准。但"doctrine"含义较广是指违宪审查机关通过适用宪法形成的宪法规范体系，即作为违宪审查依据的宪法。See Charles Fried, *Saying What the Law Is*, Harvard University Press (2004), pp. 1-15. 美国研究审查基准的弗朗教授以及我国台湾学者苏永钦教授也是采用"doctrine"指称基准。Mitchell N. Berman, *Constitutional Decision Rules*, 90 Va. L. Rev. 1 (2004)；苏永钦：《走入新世纪的宪政主义》，45 页，台北，元照出版公司，2002。而"test"往往是指某个特定的审查基准，如 lemon test（雷蒙基准），clear and present dangerous test（"明显且即刻危险"基准）。

　　[5]　外部正当化和内部正当化的区分可参见罗伯特·阿列克西：《法律论证理论》，274～287 页，舒国滢译，北京，中国法制出版社，2002。

　　[6]　Donald P. Kommers, *German Constitutionalism：A Prolegomenon*, 40 Emory L. J. 837 (1991).

　　[7]　由于美国违宪审查基准体系庞杂，在此以平等权领域的审查基准为例说明。

强度	最为严格的基准 (Most rigorous scrutiny)	严格基准 (Strict scrutiny)	中度基准 (Middle-tier approach)	合理性基准 (Rational standard)
目的 适当性	紧迫非常重要的利益 (Necessary compelling state interest)	非常重要的利益 (Compelling state interest)	重要的目标 (Important governmental objective)	合理的目的 (Legitimate governmental goal)
目的 与手段	必要的关联 (Necessary to promote a compelling state interest)	必要的关联 (Necessary to promote a compelling state interest)	实质性的关联 (Substantially related to important objective)	合理的关联 (Rational relation to a legitimate governmental goal)
适用案件	立即可疑的分类：基于种族、国籍等 (Immediately suspect classification: suspect classification based on race, national ancestry and ethnic orgin)	影响基础性权利的分类 (Classification affect a fundamental interests, such as right to vote; access to appellate review in criminal case; right to travel)	基于性别分类 (Classification based on sex)	基于健康状况、年龄的分类 (Classification based on age, wealth)

图表 6　平等权领域审查基准归纳[8]

[8]　See Scott H. Bice, *Standards of Judicial Review under the Equal Protection and Due Process Clauses*, S. Cal. L. Rev. 691 1977-1978.

　　故此，在美国宪法审查的实践中，法院反复适用的依据并非宪法的解释命题，而是法院通过判例所发展出来的审查基准。[9] 其实上述三重基准乃是从双重基准发展而来的，只是一个极其简化的分类，其仍可依据不同权利类型和规范领域而细化。比如，根据 Hopperton 教授对美国宪法审查基准体系的不同强度、不同领域进行的分门别类，将之分为 12 类，体系庞杂精密，可谓壮观；[10] 而 Kelso 教授亦曾将平等权之下的审查基准细分为 9 种类型。[11] 这些原生于美国的基准体系，被日本宪法学者（特别是芦部信喜教授）研究归纳，进而在日本开花结果，宪法审查实践中亦形成了高度体系化的审查基准体系。在审查模式完全不同于美日的德国，联邦宪法法院亦在比例原则的基础上发展出了与上述基准体系功能相当的基准体系。与美日相对照，结合比例原则德国宪法法院的审查基准也可根据强度不同分为三种。由于基于不同法律体系背景，上述不同基准体系虽难谓完全一致，但并非没有可比之处。比如，"明显且即刻的危险"基准以及 LRA 基准即可视为"比例原则"中的"必要性原则"的一种具体化形态。而且随着不同国家宪法审查制度之间的相互吸收借鉴，基准体系亦有趋同化之势。如，根据德国传统的比例原则并不审查立法目的，但德国宪法法院在"药店判决"[12] 中将国家限制职业自由所追求的公益目的区分为"一般公益""重要公益""极端重要的公益"三个不同程度之公益目的要求。并要求立法者对职业自由设定主观许可要件时，其目的必须是追求"重要公益"始能合宪；设定客观许可要件时，则必须是追求"极端重要公益"；而如果是对一般职业执行为之规制，则仅追求"一般公益"即可。如此与美国的审查基准中的"目的审查"（purpose scrutiny）多有雷同之处。

　　[9]　Richard H. Fallon, *The Supreme Court*, 1996 *Term*：Foreword：*Implementing The Constitution*, 111 Harv. L. Rev. 54 (1997).

　　[10]　Robert J. Hopperton, *Standard of Judicial Review in The Supreme Court Land Use Opinions*：*A Monograph*, Austin & Winfield Publishers (1998), pp. 93-110.

　　[11]　See R. Randall Kelso, *Standards of Review Under the Equal Protection Clause and Related Constitutional Doctrines Protecting Individual Rights*：*The "Base Plus Six" Model and Modern Supreme Court Practice*, 4 U. Pa. J. Const. L. 225, (2002).

　　[12]　*BverfGE*7, 377.

二、审查基准的技术性和规范性

宪法审查基准作为得出宪法判断的直接依据因而具有宪法规范的属性，同时由于其本身产生过程的问题导向性而具有极强的技术性特征，甚至被视为一种"可自动套用而得出宪法判断的公式"。[13] 这种以宪法案件的判断为导向的审查基准可以在案件事实和宪法文本之间建立连接，使解释命题不至于脱离案件事实而漫无目的飞行。恰如苏永钦教授所言：

"作为审查基准的宪法规范，一方面会随着审查案例的积累而越趋复杂；另一方面在每个个案法官的诠释循环过程，也因纳入了审查标的规范及系争案件事实的因素，最后找到的审查规范，也一定会比起始的审查法条更加接近审查标的以及系争案件。"[14]

但基准并非一种静态的规则或原则，而是动态的、甚至包含着审查技术的特殊规范。一个审查基准甚至可能包含数个规则或原则、标准，也可能包含着不同的检验（test）步骤。[15] 比如，合理性基准所包含着从"目的审查"到"合理关联审查"的审查步骤。而完整的平等权案件的审查基准至少包含着从"分类审查"到"目的审查"再到"关联性审查"，三个不同强度的基准，共计 13 个步骤之多。[16] 而且基准本身也可包含着衡量的方法，因此宪法审查基准体系同时也具有一种反形式主义属性（test's anti-formalist rhetoric）。[17] 例如，明显且即刻

---

〔13〕 ［日］藤井俊夫：《宪法判断中审查基准的功能》，载《法学家》第 1037 号．

〔14〕 苏永钦：《走入新世纪的宪政主义》，17 页，台北，元照出版有限公司，2002。

〔15〕 Mitchel DE S. O. L'E Lasser, *Judicial Deliberation*：*A Comparative Analysis of Judicial Transparency and Legitimacy*，Oxford Press（2004），p. 83.

〔16〕 Robert J. Hopperton, *Standard of Judicial Review in The Supreme Court Land Use Opinions*：*A Monograph*，Austin & Winfield Publishers（1998），p. 110.

〔17〕 Mitchel DE S. O. L'E Lasser, *Judicial Deliberation*：*A Comparative Analysis of Judicial Transparency and Legitimacy*，Oxford Press（2004），p. 84.

的基准包含着利益衡量的方法（但并不是利益衡量基准本身）。[18] 在此意义上，基准并非是那个具体个案中的规范命题，毋宁是产生个案规范命题的方法，而遵循宪法判决先例也不仅是适用其蕴涵的规范命题，而且还指其蕴涵的技术性的基准，即产生个案规范的方法。

技术性的基准作为检验是否违宪的方法是否即可视为一种审查机关在进行宪法审查之际所采取的价值中立的一般方法和技术呢？其实非也。宪法案件大多属于宪法权利救济案件（constitutional rights case），宪法审查机关的审查过程也主要是围绕基本权利推理论证为核心而展开的宪法判断。[19] 其论证过程可归纳为如下三个步骤：首先确定适用何种宪法权利规范，而后再进一步确定该基本权利是否受到国家行为的限制，最后再根据宪法审查的基准得合宪与否的结论。[20] 为此，宪法审查基准可谓乃是一种"对（国家行为）限制（基本权利）的再限制"的规范命题。其本身并非价值中立，而是蕴涵着对特定基本权利不同形式和程度的保障，比如"明显且即刻危险"基准所蕴含的对言论自由的强力保障可谓明证。而在基准体系中选择何种基准最终需要做出价值判断，质言之，给予何种基本权利何种程度的保护。在此意义上，基准甚至可以构成基本权利的规范体系的一部分。[21] 只是由于纯粹的规范命题无法自完整的基准构造中剥离，进而形成了这种具有"技术含量"的特殊规范，其内涵即有当为命题又有技术和方法属性。当然不同类型的基准可能偏重于技术性或规范性，比如严格的审查基准可视为一种"人权实体论"意义上的规范（即，人权实体上究竟受到何种程度的限制），其所具有的规范性较之宽松的基准要强，而合理性基准更多具有技术性而规范性较弱。

---

[18] 参见［日］芦部信喜：《现代人权论：违宪判断的基准》，170～173 页，东京，有斐阁，1974。

[19] See Michael J. Perry, *The Constitution, the Courts, and Human Rights*, Yale University Press (1982), pp. 163-165.

[20] 林来梵、翟国强：《论基本权利的竞合》，载《法学家》，2006（5）。

[21] 参见［日］藤井俊夫，前引文，教授主张基准作为人权实体论意义的基准论。

三、在裁判规范和行为规范之间

一般所谓裁判规范乃是指裁判过程中作为判断基准的规范，而行为规范是针对一般行为主体的规范。[22] 与此相对应，在宪法学上关于"宪法行为规范"（constitutional conduct rules）和"宪法裁判规范"（constitutional decision rules）、[23] 行为规范（Handlungsnorm）与审查规范（Kontrollnorm）[24] 的区分亦被广为采用。[25] 进言之，宪法行为规范乃是指约束所有宪法之下的国家机关的规范，而宪法裁判规范（或审查规范）则是作为宪法审查机关判断依据的规范。对于主动作出行为的国家机构，宪法规范是一种行为规范，即对于特定行为的指令和界限；而对于宪法审查机构而言同样的规范则可以是审查规范或裁判规范，即国家行为的合宪性都以此为标准作出判断。[26] 而这种宪法裁判规范对于基本权利的保护具有举足轻重的地位，比如美国对宪法上的言论自由的保护，直至 20 世纪 20 年代才有了相关的审查基准，在此之前并没有可操作的裁判规范，当然在宪法审查中也就无法据此判断法律是否违宪，从而保护公民的基本权利。[27]

（一）行为规范 vs 裁判规范

对于一般法律而言，行为规范在规范逻辑上同时也是裁判规范，若非如此则行为规范所预示的法律效果不能在裁判中被贯彻，从而失去法律的指引功能；反

---

〔22〕　Meir Dan-Cohen, *Decision Rules And Conduct Rules: On Acoustic Separation In Criminal Law*, 97 Harv. L. Rev. 625 （1984）.

〔23〕　Mitchell N. Berman, *Constitutional Decision Rules*, 90 Va. L. Rev. 1 （2004）.

〔24〕　参见 Christian Starck：《宪法解释》，李建良译，载《台大法学论丛》，第 26 卷第 4 期。

〔25〕　与此类似，日本的芦部信喜教授亦区分了作为裁判规范的宪法规范和作为政治准则的宪法规范，参见芦部信喜：《宪法诉讼的理论》，1 页，东京，有斐阁 1973 年。

〔26〕　［德］克劳斯·施莱希、斯特凡·科里奥特：《德国联邦宪法法院：地位、程序与裁判》，刘飞译，526 页，北京，法律出版社，2007。

〔27〕　Edward Rubin & Malcolm Feeley, *Creating Legal Doctrine*, 69 S. Cal. L. Rev （1996）.

之，由于裁判规范只是约束裁判者，而未必针对行为者，其不一定就是行为规范。[28] 但是对于宪法规范而言，行为规范却不一定都是裁判规范。究其原因乃在于，一般法律规范都可以通过司法机关实施，而由于宪法审查机关和其他国家机关的功能和权限分配不同，有些宪法规范乃是通过其他机关实施，从而并不可以作为宪法审查机关的裁判依据。[29] 反之，宪法裁判规范是否可以作为行为规范呢？其实就一般法律而言往往同时具有行为规范与裁判规范的双重属性。[30] 前文已述，宪法判断的规范依据可包含宪法解释命题和宪法审查基准，由于宪法解释命题系直接自宪法文本导出的规范，其当然具有约束一切国家机关的效力，为此具有行为规范的属性。而审查基准作为导出宪法判断的线索主要为审查者提供指引，因而其作为一种宪法裁判规范毋庸置疑。然而在此成为问题的是，宪法审查基准是否同时具有行为规范的约束力？

如果单单就裁判规范属性看，基准只是法院的裁判规范，对于法院之外的机关并无直接约束力。[31] 而在 Oregon v. Mitchell 案中布伦南法官也曾指出，立法机关无须受审查基准的约束。其实在个案中，具有直接约束力的并非裁判规范，而是据此得出的作为宪法判断结果的个案规范。因此在个案中，基准并不具有行为规范属性，反而是作为判断结果的个案规范命题具有直接约束力。但如果将基准理解为"对基本权利限制的限制规范"则其对于立法机关和行政机关行为具有约束力，从而可以看作是一种宪法行为规范。只不过这种行为规范乃是一种不完整的行为规范，因为必须与宪法基本权利规范结合方可构成完整的行为规范。即，前文所述的"保障—限制—限制的限制"这样完整的行为规范。

---

〔28〕　黄茂荣：《法学方法与现代民法》，111 页，北京，中国政法大学出版社，2001。

〔29〕　Richard H. Fallon, *The Supreme Court, 1996 Term: Foreword: Implementing the Constitution*, 111 Harv. L. Rev. 54 (1997).

〔30〕　Meir Dan-Cohen, *Decision Rules And Conduct Rules: On Acoustic Separation In Criminal Law*, 97 Harv. L. Rev. 625 (1984).

〔31〕　Kermit Roosevelt Ⅲ, *Constitutional Calcification: How The Law Becomes What the Court Does*, 91 Va. L. Rev. 1649 (2005).

（二）在裁判规范和行为规范之间的互动

如果宪法审查机关的功能定位是作为"代位的制宪者"，[32] 那么宪法的确就是"法官所说的"（what the judge say it is），宪法裁判规范也就等同于所有宪法机关必须遵守的宪法行为规范。但是将宪法审查机关作为宪法的唯一实施机关，可能会使宪法审查机关成为不受约束的最高权力机关或者会演变成另外一个代议机关，而无论何者，都将会背离宪法审查机关作为宪法机关的功能定位。因为宪法以所有国家机关为规范对象，宪法审查机关作为宪法之下的机关，同样受到宪法规范的约束而具有特定的功能期待，这种功能定位使得宪法审查机关对于宪法规范的实施具有一定界限。[33] 宪法规范不仅可作为一种规定政治活动界限的"界限规范"，同时也是一种有待具体实施的"指令性规范"，比如对基本权利的保护义务规范。为此，实施宪法（implementing the constitution）的任务往往并非专属于宪法审查机关，因而审查机关无须、也不可完全实施宪法规范，而是留给其他宪法机关充足实施的余地。通过审查机关实施的宪法规范愈充分，则宪法审查基准的行为规范属性愈强；反之宪法审查机关对宪法规范实施愈不充分，则基准的行为规范属性愈弱。质言之，越是严格的基准其行为属性愈强，反之则越弱。而作为行为规范的基准和宪法解释命题等其他宪法行为规范共同规范着国家的立法、行政乃至司法，这种以审查基准作为媒介的宪法判断可以说是一种特殊的对话模式，[34] 而这种过程本身又会反作用于以宪法为根本规范的法律体系。进而会影响审查机关的功能定位，决定作为裁判规范的基准。通过这种法律体系的"自我指涉、自我创造式的反思机制"，[35] 裁判规范的基准和行为规范的基准

---

[32]　比如有德国学者对联邦宪法法院的功能定位，参见吴庚前引书：《宪法的解释与适用》，第 349 页。

[33]　Richard H. Fallon, *The Supreme Court*, 1996 *Term*: *Foreword*: *Implementing the Constitution*, 111 Harv. L. Rev. 54 (1997).

[34]　Mitchel DE S. O. L'E Lasser, *Judicial Deliberation*: *A Comparative Analysis of Judicial Transparency and Legitimacy*, Oxford University Press (2004), p. 83.

[35]　See Niklas Luhmanns, *Law as a Social System*, *Klaus A. Ziegert trans*, Oxford University Press (2004), pp. 423-463.

形成了一个互动，而这种互动本身亦可看作是宪法实施动态过程的一环。

（三）宪法审查基准的规范领域

如上所述，审查基准可作为宪法行为规范的一种对国家行为具有约束力的规范，而这种规范可以说是通过宪法审查机关所实施的宪法规范。但宪法审查机关并非唯一实施宪法机关，其实那些未被宪法审查机关完全实施的宪法规范（underenforced constitutional norms）也同样具有宪法行为规范的效力，其他机关也同样应当受到这些规范的约束，只是这些部分未被宪法审查机关所实施而已。[36]比如，宪法关于军事、外交事务的规定。由是观之，宪法审查基准并非可穷尽所有宪法领域，而只是针对特定的领域具有规范力。而在各国宪法审查实践中所谓的"政治问题原则""统治行为论"乃是这种例外领域的典型。对于这领域由于欠缺审查基准的规范，而排除在宪法审查范围之内。但是这种所谓的"政治问题"或"统治行为"严格意义上并非"不受宪法规范的领域"，而只是一种"不受宪法审查基准所规范的领域"而已。恰如布伦南法官所指出：

"政治问题即是适宜于由政治部门为最后决定的事项，而司法机关与此并无可供判断的依据做出此决定。所谓政治问题不具可裁判性系主要源于权力分立的原则。"[37]

其实在不同宪法审查制度下、不同社会发展阶段审查基准规范领域也随之不断变化。决定审查基准规范领域的直接原因其实并非这些"政治问题"不是"宪法问题"而不受审查基准规范，其原因在于规范这些领域的宪法规范并非通过宪法审查机关来实施。比如，在美国所谓政治问题其实是欠缺可审查性（justiciability）而已，故此宪法审查实践中基准的规范领域和所谓"不可审查的政治问

---

〔36〕 Lawrence Gene Sager, *Fair Measure the Legal Status of Underenforced Constitutional Norms*, 91 Harv. L. Rev. 1212, 1226 (1978).

〔37〕 Baker v. Carr 369, U. S. 224, (1962).

题"之间的界限并无定论。[38] 如果审查机关持一种积极主义的立场，就会导致基准规范领域的扩大；反之，如果审查机关持消极主义的立场则基准规范领域就会收缩。而审查机关这种消极或积极的立场选择绝非是随意武断的，而是基于特定宪法秩序下的功能分配，而这种功能分类在不同宪法体制、不同社会发展时期可能也会不断变动。试以德国和美国宪法审查基准的规范领域比较来看，基于不同的功能定位德国宪法法院的司法哲学较之于美国最高法院要积极得多，故而审查基准所规范领域较之于美国要宽泛得多。[39] 当然，宪法审查实践本身也是形成这种功能分配的重要动因之一，马伯里案件所确立（或强化）的美国普通法院的宪法审查权可谓明证。[40] 正是宪法秩序和宪法审查实践之间的这种互动，决定了基准规范领域随着社会的发展变动而变动，因为宪法审查机关作为"宪法的守护者"所守护的并非那个静态的、被称之为"宪法"的文件，而是不断发展变化的、动态的宪法秩序（living constitution）。[41]

四、审查基准对解释命题的保护

如上所述，直接自宪法文本导出的解释命题也是重要的裁判规范，而且这种规范亦可作为一种直接约束所有宪法机关的行为规范。宪法审查实践固然离不开这种解释命题的作用，但单纯解释宪法含义和裁剪案件事实并往返流转于二者之间，是否即已完成了宪法判断的所有课业？由于涉及对抽象法规范以及其所依据

〔38〕 Rachel E. Barkow, More Supreme than Court? The Fall of the Political Question Doctrine and the Rise of Judicial Supremacy, 102 *Colum. L. Rev.* 237, 240 (2002); Mark Tushnet, Law and Prudence in the Law of Justiciability: The Transformation and Disappearance of the Political Question Doctrine, 80 *N. C. L. Rev.* 1203, 1233 (2002)

〔39〕 Donald P. Kommers, The Constitutional Jurisprudence of the Federal Republic of Germany, Duke University Press (1989), pp. 63-64.

〔40〕 其实马伯里案件是否"确立"了法院的违宪审查权并无定论，学界至今看法不一。但即使该案不是确立了违宪审查权，也至少可以说是强化了违宪审查权。See Symposium: The Constitutional Origins of Judicial Review, 72 Geo. Wash. L. Rev. 354, 386 (2003).

〔41〕 参见陈新民：《宪法基本权利之基本理论（上）》，16～23 页，台北，元照出版社，1999。

的"立法事实"所共同构成的"宪法事实"作出判断，是否可简单将一般法学方法"拿来"而运用于宪法案件呢？

（一）宪法审查与宪法解释命题

根据一般的法学方法原理，法律适用的重要内容之一即对是法律规范的解释，而后通过三段论的推理模式得出结论。据此，宪法案件可以通过对宪法文本的"规范性解释"[42] 而得出具体的规范命题，然后将解释命题适用于案件事实。[43] 比如罗伯茨法官即坚信这种一般的法学方法对于宪法案件判断的有效性，他曾将宪法判断过程简化为："法院（宪法审查）的任务不过是找出相应宪法条文与法律条文进行对照，以此决定后者是否违反了前者。"[44] 果真如此，那么对宪法文本含义的解释理应属于宪法案件推理的核心。但在有着成熟宪法审查实践的美国却恰恰相反，多数宪法案件的论证乃是采用基准的分析框架，在决定宪法案件时候，宪法文本反而只是扮演着一个名义上的角色。在讨论宪法案件的时候，无论是法院内外，所依据都是法院创造的基准而不是宪法文本，甚至可以说，在许多宪法案件中文本含义问题（解释命题）反而属于最不重要的问题。[45] 虽然也有学者批判最高法院的宪法审查过于专注于宪法审查的基准体系，而忽视了"司法之外的宪法"（extra-judicial constitutional law），[46] 但围绕宪法案件的讨论，甚至在公共辩论和政治辩论中，关于审查基准的讨论仍然十分普遍。即便

---

〔42〕 之所以说是对文本的规范性解释，乃是因为"宪法文本"（constitutional text）和"宪法规范"（constitutional norm）的含义不同，而对于文本的解释不一定是为探求"当为"的规范命题，比如从美学的角度亦可对宪法文本进行阐释（当然，这其中涉及的更为复杂的深层次哲学问题乃是"美"是否可以作为一种"当为"）。关于文本与规范的区分，See Michael J. Perry, The Constitution, The Courts, and the Question of Minimalism, 88 Nw. U. L. Rev. 84 (1993).

〔43〕 Mitchell N. Berman, *Constitutional Decision Rules*, 90 Va. L. Rev. 1 (2004).

〔44〕 Kermit Roosevelt Ⅲ, *Constitutional Calcification: How The Law Becomes What The Court Does*, 91 Va. L. Rev. 1649 (2005).

〔45〕 David A. Strauss, *Common Law Constitutional Interpretation*, 63 U. Chi. L. Rev. 877 (1996).

〔46〕 Akhil Reed Amar, *The Supreme Court*, 1999 *Term Foreword: The Document And The Doctrine*, 114 Harv. L. Rev. 26 (2000).

如此，亦不乏学者批判美国宪法实践对于文本解释的过度依赖倾向。[47] 当然这种现象也并非意味着解释命题完全失去作用，虽然在宪法判断中审查基准可相对独立于解释命题作为判断的大前提，但二者并非全无瓜葛。从发生学角度看，解释命题常常是基准产生的母体，只是在具体的案件中与文本暂时失去关联。[48] 比如，关于宗教信仰自由的审查基准——"雷盟基准"，[49] 即可以回溯到美国宪法上的政教分离条款（Establishment Clause），但在具体审查中该基准亦可独立于特定的宪法条款而存在，而且日本宪法审查实践成功地引入了原产于美国的"雷盟基准"亦可佐证。许多基准的产生往往以解释命题为前提，在具体案件中宪法解释命题的决定意义随之日渐式微，只是因为宪法解释命题完成使命而退居幕后而已。[50] 而且基于规范体系的要求，可回溯到宪法规范是基准的前提条件，为此宪法审查的基准最终必须可以在宪法规范解释命题中找到正当性依据。

如果仅仅通过解释命题可以解决所有类型宪法案件，我们自然无须费力去寻找其他可操作的基准。但宪法判断的对象更多系一种抽象的规范命题，而经由宪法解释所得出的规范命题，却很难与之建立关联，进而比较其二者是否一致。[51] 当然逻辑上自然也可将宪法规范解释的如同审查对象那般具体，但作为宪法审查机关的宪法解释是否可以将宪法规范无限制的具体化？如果过渡依赖于宪法审查中的宪法解释是否会导致宪法审查机关的专断呢？对此美国著名宪法学家佩里教授的见解颇值得瞩目：

宪法审查机关所面对的宪法问题乃是集中于特定的对象是违宪抑或合宪，而

---

〔47〕 David L. Abney, *Constitutional Interpretation*：*Moving Toward a Jurisprudence of Commonsense*, 67 Temp. L. Rev. 931（1994）.

〔48〕 Edward Rubin & Malcolm Feeley, *Creating Legal Doctrine*, 69 S. Cal. L. Rev（1996）.

〔49〕 其具体可分为三个部分：有争议的国家行为，是否具有世俗性的目的（secular purpose）；该国家行为的主要效果（primary effect），是属于振兴宗教还是抑制宗教；该国家行为是否将促使国家与宗教产生过度的关联（excessive entanglement）；只要其中一个要件不清楚，该国家行为就属于违宪。See Steven L. Emanuel, Constitutional Law, *Aspen Law & Business*（2002），p. 628.

〔50〕 Henry Paul Monaghan, *Stare Decisis And Constitutional Adjudication*. 88 Colum. L. Rev. 723（1988）.

〔51〕 当然一般的法学方法也并非完全不能不适用于宪法判断，虽然基准对于决定当下案件十分重要，但是并不排除直接诉诸宪法规范解释命题作出宪法判断的可能性。See Richard H. Fallon, *The Supreme Court*, 1996 *Term*：*Foreword*：*Implementing The Constitution*, 111 Harv. L. Rev. 54（1997）.

非确定宪法的终极含义，因此在具体化宪法规范时候，宪法解释必须谨守"规范极简主义"（normative minimalism）。[52]

（二）为何保护解释命题？

其实上述这种"规范极简主义"与其说是对解释命题的轻视，倒不如说是对解释命题的保护。由于宪法解释命题系直接解释宪法文本含义而得来，其实在个案中可等同于宪法规范本身。作为直接自文本得来的宪法规范，解释命题不应当被频繁变更，否则会失去其权威性。但如果审查机关无限制的、频繁的诉诸宪法文本的宪法解释会导致解释体系的僵化，无法应对复杂多变的宪法案件，过多的具体化宪法解释亦无法应对宪法规范的社会适应性的需求。[53] 而每一次直接诉诸文本的解释都会限缩其进一步解释的空间，也增加了其体系矛盾产生的可能性。与其对宪法规范做前后不一致的解释，不如采取解释命题的"极简主义"，为规范的变动留出空间。

审查机关对解释命题的保护的另一个原因乃在于，宪法解释其实并非宪法审查机关的"独角戏"，而且还包括其他宪法机关的解释。[54] 只不过基于纠纷解决的需要，宪法审查机关的解释具有终局性（但其并不具有独占性）。[55] 罗尔斯针对休斯法官的那句"宪法即法官所说"的名言，曾指出："宪法并非由最高法院说什么就是什么，宪法毋宁是人民依据宪法的程序通过其他部门允许法院所说的。"[56] 如此，审查机关作为"宪法机关"对宪法的解释命题能够与其他机关对

〔52〕 Michael J. Perry，The Constitution，*The Courts，And The Question of Minimalism*，88 Nw. U. L. Rev. 84 （1993）.

〔53〕 对此却伯（Laurence Tribe）教授和道弗（Michael C. Dorf）教授亦表达了与佩里教授相同的看法，并指出："我们决不要试图得出宪法终极确定含义，因为一旦如此宪法将无从适应社会的变迁。"Laurence Tribe & Michael C. Dorf，*On Reading the Constitution*，Harvard University Press （1991），pp. 30-31.

〔54〕 Michael C. Dorf & Barry Friedman，*Shared Constitutional Interpretation*，2000 Sup. Ct. Rev. 61 （2000）.

〔55〕 Edwin Meese，*Perspective on the Authoritativeness of Supreme Court Decision*：The Law of the Constitution，61 Tul. L. Rev. 979 （1987）.

〔56〕 John Rawls，*Political Liberalism*，Columbia University Press （1996），p. 237. 亦可参见本书中译本：《政治自由主义》，252 页，万俊人译，南京，译林出版社，2000。此处所采译文有改动。

宪法文本直接含义的理解保持一种"最低限度的共识"，正常的宪法秩序方得以形成，而所谓"保护规范解释命题"，在终极意义上乃是保护对宪法价值最低限度的共识，维持一种常态稳定的宪法秩序。

（三）　如何保护解释命题？

如上所述，在宪法审查中试图获得一个终极确定的个案解释命题是十分危险的，也是不可能的。根据审查基准得出判断可使得宪法案件的论证不至于都回溯到宪法解释的争论，从而无须绝对的确定解释命题，从而使得个案中对于解决宪法问题的不同意见和答案，不被演化为关于宪法解释命题的不同，从而保护对宪法规范含义的共识。而这种不将解释命题绝对确定化（解释最小主义）的立场，本身就是为了保护解释命题的权威性。

如果单纯依赖于具体化解释命题作为判断依据，即使获得明确的解释，但随着社会发展通过解释得到的具体的规范命题可能会与社会脱节，无法适用。在解释命题与社会脱节的时候，或者选择变动解释命题，或者必须修改宪法，都无助于宪法解释命题的权威性。而通过柔性的宪法审查基准的作用，则无须频繁的直接变更解释命题。比如，在美国，宪法规范的变动往往不是通过修正案形式，而是通过新的基准发展的形式来完成。[57] 这种通过改变审查基准来完成规范变动，即无须改变宪法解释命题，从而保障其宪法解释体系的一致性。[58] 而较之于美国，德国联邦宪法法院倾向于对宪法文本的直接解释，所以导致其需要频繁修改宪法来完成宪法规范的变动，修宪的频率较美国高。[59] 如果依赖于审查基准的灵活适应性，在这种通过宪法审查的宪法规范变动过程中，个案中所改变的并非是宪法解释命题，而是基准与解释命题、案件事实共同推导出的个案规范命题。而这种个案规范命题的改变，进而通过案例积累构成对基准的变更。如此，通过

---

〔57〕　David A. Strauss，*Common Law Constitutional Interpretation*，63 U. Chi. L. Rev. 877（1996）.

〔58〕　Kermit Roosevelt Ⅲ，*Constitutional Calcification：How The Law Becomes What The Court Does*，91 Va. L. Rev. 1649（2005）.

〔59〕　Edward J Eberle，*Dignity and Liberty：constitutional visions in Germany and the United States*，Westport（2002），p. 33.

审查基准的变动避免了解释命题被一次次的推翻和否定导致宪法解释的体系自相矛盾，从而保护解释命题本身。

五、小结

宪法审查基准乃是一种在宪法案件中可据以审查特定对象是否违宪的标准，可以说是一种具有技术性的特殊规范。其实，这种特殊的宪法规范并非单纯由宪法解释命题导出，反而往往是以案件事实为导向通过具体判例的积累而形成的体系。根据其规范领域的不同，审查基准具有裁判规范和行为规范两种属性。而在个案中作为一种裁判规范的审查基准与解释命题可共同作为宪法判断的依据，进而保护解释命题不被轻易推翻和架空，进而保护一种稳定的宪法秩序。

通观世界各国的宪法审查基准体系，由于其多系围绕宪法权利的保障而形成，因此较之其他宪法规范更具有普遍性，是故各国宪法审查的基准往往具有互相照应之处，所不同者只是基于各国审查机关的权限不同而在宽严程度和规范领域有所区别。而反观当下我国，宪法审查制度模式选择仍然没有明朗化，因此对于特定制度下的基准体系固然不可"直接拿来"，但如果基于保障宪法权利的价值取向，无论选择何种宪法审查的制度模式，在列国浩如烟海的基准体系中并非不存在"取一瓢饮"的可能。在宪法审查过程中，以审查基准作为思考框架，一方面可以使宪法适应社会变迁，同时也可增加宪法判断的说服力使得宪法决定被社会公众所广泛接受。审查基准主要是基于对宪法上不同类型的基本权利限制而发展出来的审查原理，由于宪法上的基本权利具有普遍性，所以各国宪法审查基准之间不可避免有许多共同之处，为此在各国宪法判断中具有一定的可通约性。就我国而言，开启宪法审查程序作出宪法判断的过程中，同样可以借鉴这些判断原理对宪法上的争议进行审查和判断。

第六章　文面判断的方法

　　所谓文面判断方法乃指无须对宪法事实进行审查，而直接根据法律的文面即可判断其是否构成违宪的方法。一般而言，这种方法乃一种简洁明快的方法，当然也是一种对基本权利保障较为有效的方法。在美国和日本的宪法判断中，往往在言论自由领域适用文面判断的方法，随后这种方法也被逐渐适用于其他对基本权利限制较强的法律领域。这种最初在美国所产生的方法，晚近也被德国宪法法院作为一种较为常用的判断方法而广泛适用于言论自由保护领域。在言论自由领域适用该方法主要原因在于其体现了表现自由的优越性地位。

　　一般而言，对于言论自由的宪法保护需要置于更加重要的地位，因此不需要法律实际适用，直接可以根据限制权利的法律字面来判断其是否合宪，以此消除因法律规范本身的过度宽泛和模糊笼统而造成的"畏缩效应"，避免原本可以合法行使言论自由的权利主体因法律规范的存在而"噤若寒蝉"。[1] 然而，这种所谓的畏缩效应不仅在言论自由领域会产生，在其他领域同样也可能存在，比如刑罚规范的过度宽泛或模糊笼统可能也会导致这种效果。因此，文面判断的方法虽然产生于言论自由领域，却在其他基本权利领域也被广泛适用。

　　就文面判断而言，原告可请求直接挑战法律的内容，即使其本身所规制之系争行为属于法律的制裁对象，法律适用于其本人是合宪的，亦得主张一般人的合法权利可能因法律字面上模糊笼统或过度宽广而违宪。而且当事人无须穷尽救济手段就可以提出挑战，因为其主张的是法令本身违宪。[2] 基于文面判断的违宪，除了少数无须审查即明显构成违宪的情形之外，主要包括法规范因过度宽泛而违宪和法规范因模糊笼统不符合明确性原则而违宪。

---

〔1〕 〔日〕高桥和之：《宪法判断方法》，124 页，东京，有斐阁，1995。
〔2〕 Bruley Trust v. City of Birmingham，259 Mich. App. 619（2003）.

一、明确性原则

一般而言，构成法律规范的法律概念作为一种"能指"，其"所指"含义越是抽象丰富，就越不确定、难以解释。而类似"公共利益""淫秽"这样的法律概念，不像"椅子"或"钢笔"那样可以指称某种物理世界里客观存在的具体的"物"。恰恰相反，它们所力求包含的不仅仅是这些具体事物，还有主观世界的意识成分，因而其本身就与言说者的意识有关，势必会导致歧义的出现。然而法律概念必须尽可能地将这种歧义出现的可能性降至最低限度，即法律的明确性要求。明确性原则乃一般法律形式合法性的标准之一。[3] 依据一般的法理，法律明确性原则乃法律安定性原则的要求。只有明确的法律方能为人们提供较为确定的指引，人们才能根据法律所确定的权利义务做出特定行为，才可能形成稳定的法秩序。而且，明确的法律也使法与政治得以分离，国家机关依据明确的法律活动，可摆脱政治实力的支配和扭曲。随着宪法审查逐渐成为实证法体系正当化的重要途径，经由宪法解释明确性原则，遂成为一项宪法上的判断基准，其主要内容是：如果法律在文面上不明确而构成模糊笼统则需作出违宪判断（Void for Vagueness）。且这一文面判断方法被许多国家所借鉴，比如，日本、加拿大、南非等国家。[4] 与美国的模糊无效的文面判断方法类似，在德国的司法实务上，如果法律条文上有"违反公共秩序"等模糊笼统的构成要件，则会因欠缺明确性而被判断违宪。[5] 当然，作为一种宪法上文面判断的方法，这种理论在美国宪法审查中最为常见，而相关的研究也较为成熟。

---

〔3〕 ［美］富勒：《法律的道德性》，75 页，郑戈译，北京，商务印书馆，2005。

〔4〕 See Jonathan Daniels, *Valid Despite Vagueness：The Relationship Between Vagueness and Shifting Objective*，58 Sask. L. Rev. 101（1994）；BBusSc, *Void for Vagueness：the Layman's Contract in Court*，102 The South African Law Journal 663（1985）.

〔5〕 Bay VerfGH 51 Ⅱ 194.

　　美国最高法院适用明确性原则的一个典型案件是 Kolender v. Lawson[6] 案，在此案中，一项要求路人被巡警询问需出示证件并说明理由的法律因模糊被法院判定文面违宪。其理由是，法律未能合理的告知人们什么行为是被禁止的，而且法律授予了警察毫无限制的自由裁量权，警察可以逮捕不能提供可靠证件或不能说出出现在这里的理由的任何人。在另一个类似的案件 Papachtistou v. city of Jacksonville 中，法院认为针对"游手好闲的流浪的肆意挥霍的乞讨者""酒鬼""常常在晚上闲逛的人"以及"没有合法目的或目标到处游荡的人"的法律是模糊的，而且已经达到了实质性的程度，以至于对于所有情形而言都是不清楚的，所以该法就会因模糊而无效。[7]

　　在美国这种判断方法已经由最初的仅仅适用于言论自由领域扩张至其他领域，不仅仅限制言论自由的法律模糊笼统构成违宪，而且限制其他权利的法律同样不得过于模糊笼统，比如刑事诉讼中对于人身权利的限制。[8] 除了限制言论自由的法律之外，明确性原则适用较为典型的是刑罚领域的法律规范，作为一种对基本权利限制较强的规范，必须明确具体方能保障个人不被任意的施以刑事处罚，同时也可防止刑罚的执行过于武断恣意。后来法院还逐步扩大了明确性原则的适用领域，即从刑事处罚扩大到对学生、军人、服刑人员的非刑事处罚。[9] 一般而言，只要构成对个人的生命、自由和财产的限制，法律就应当是明确的。[10]

（一）宪法依据

　　一般而言，法律法规这种抽象存在的规范，即使其构成要件和法律效果并不

---

〔6〕　Kolender v. Lawson，461 U. S. 352，357（1983）.

〔7〕　Papachtistou v. city of Jacksonville，405 u. s. 156（1972）.

〔8〕　Note，*The Lawson Decision：A Broadness of the Vagueness Doctrine*，13 Steson L. Rev. 412（1984）.

〔9〕　Jonathan Daniels，*Valid Despite Vagueness：The Relationship Between Vagueness and Shifting Objective*，58 Sask. L. Rev. 101（1994）.

〔10〕　Stan Thomas Todd，*Vagueness Doctrine In The Federal Courts：A Focus on The Military，Prison，and Campus Contexts*，26 Stan. L. Rev. 855（1973）.

明确，也不会直接侵害宪法基本权利。然而基本权利的行使也需要一定的呼吸空间，如果这种法律本身可能会导致这种空间缩小则足以构成对基本权利的威胁。即所谓"畏缩效应理论"。当然，适用的前提乃在于作为审查对象的不明确的法规范构成对特定基本权利的限制，如果不是限制性规范不明确，并不会造成畏缩效应，故此不构成模糊笼统而违宪。如果直接限制言论自由的法律存在较多的不确定法律概念，一方面会导致人们产生恐惧心理不敢自由地发表言论；另一方面，执行机关可以任意选择对象、恣意执行该法律限制基本权利。

在美国和日本，该原则乃从宪法的正当程序条款和法治原则中导出。[11] 也就是说，正当法律程序要求立法机关制定明确的法律告知一般人何种行为是受到禁止的、何种行为是允许的，而模糊笼统法律本身乃不符合正当法律程序原则的；而且法治要求法律本身必须明确具体、具有可理解性和预见性，如此方能实现通过法律的社会控制。在 Papachrietou v. City of Jacksonville 案中，美国最高法院指出系争法律将因模糊而无效，如果满足：（1）法律未能合理的告知一个正常心智的人何种行为是法律所禁止的（即合理告知原则）；（2）法律给予警察过多的自由裁量权，以至于警察可以任意的逮捕和定罪（法治原则）。"一旦法律没有设立约束自由裁量权行使的标准，这不仅允许甚至是在鼓励任意的歧视性的执行法律。"[12] 此后，由正当程序原则所导出的合理告知和对自由裁量的约束构成了禁止模糊法律的宪法规范的基础，也成为法院在作出判断时需要审查的两个方面。在德国，一般意义上的明确性原则系由宪法的法治国原则所推导出来，[13] 而在刑罚适用领域的明确性原则却是自《德国基本法》第 103 条第 2 款罪刑法定原则解释得来，该条规定："某项行为实施之前法律已规定其可罚性时，对该行为方可处以刑事处罚。"而这种由罪刑法定原则导出刑罚的明确性原则也是日本

---

〔11〕 Richard H. Fallon，Making Sense of Overbreadth，100 Yale L. J. 853 (1991)；〔日〕佐藤幸治：《宪法诉讼与司法权》，171～173 页，东京，日本评论社，1984。

〔12〕 Papachtistou v. city of Jacksonville，405 u. s. 156 (1972).

〔13〕 Erhard Denninger，*Judicial Review Revisited：The German Experience*，59 *Tul. L. Rev.* 1013 (1985).

宪法学的通说。[14] 根据日本的罪刑法定主义（日本宪法第 31 条），刑罚法规范有必要达到如下两点：（1）法规范的内容对于国民来说必须是明确的，为公平地处罚违法行为，必须给予事前必要的"合理告知"；（2）限制作为法规范执行者的恣意裁量权。

（二）明确性的判断基准

美国法院在作出判断时需要审查以下两个方面：（1）法律能否合理的告知（faire notice）一个正常心智的人何种行为是法律所禁止的；（2）法律是否不够准确以至于可以任意武断或歧视性的执行法律（arbitrary and discriminatory enforcement）。[15] 而在此基础上，佐藤幸治教授归纳的明确性原则的内容主要有下述三点：（1）法律规范需要告知普通人何种行为是禁止的、何种行为是允许的；（2）法律规范应当防止执法机关恣意执行法律；（3）法律规范应当提供法院裁判所适用的规范，以保障依法裁判。[16] 判断是否明确的内容大致由以下部分构成：

1. 一般理性人的判断标准

任何法律规范的文本都可能有多种解释空间，因此其确切含义可能根据不同语境而不同。质言之，任何法规范都无法避免模糊笼统之处，差别不过是程度不同罢了。究竟以何种标准判断法律规范是否构成"模糊笼统"呢？明确性原则的功能主要在于消除对基本权利的畏缩效应，因此是否构成不明确或模糊笼统可以根据一般理性人通常的判断标准。换言之，即使是法律职业者以其专业知识和法律方法可以探求出法律规范的确切含义，如果根据一般人通常的辨认判断能力却无法了解其确切含义，则仍然构成模糊笼统。恰如列支敦士登国家理事会在一起

---

[14] ［日］阿部照哉、池田政章、初宿正典、户松秀典编：《宪法（下）》，277 页，周宗宪译，台北，元照出版社，2001。

[15] See Papachrietou v. city of Jacksonville，405 U. S. 156（1972）；Grayned v. City of Rockford，408 U. S. 104，109（1972）.

[16] ［日］佐藤幸治：《宪法诉讼与司法权》，171 页，东京，日本评论社，1984。与此类似，美国的明确性原则的法理基础在于形式正当程序和实质正当程序以及司法程序，see Note，The Void-For-Vagueness Doctrine in The Supreme Court，109 U. Pa. L. Rev. 94（1960）.

宪法案件中指出:"法律规定模糊不清就等于欺骗公众,在一个民主国家中,模糊不清的法律规定构成违宪。"[17]

在美国的 Connally v. General Construction Co. 案件中,最高法院即采取这种标准:"如果一部法律对其所禁止行为的界定是如此的不清楚,以至于每个心智正常的人都得猜测其含义,不同的人对法律的适用也不同,那么该法就会因模糊而无效。"[18] 而日本的宪法判断实践也借鉴了这种判断标准作为准据。典型的案件乃德岛公安条例事件判决,[19] 该案的事实:在与近三百名青年及学生参加德岛县反战青年委员会主办的集体示威游行中,被告一边与前排的数十名游行者一起游行,一边在前排吹着自行携带的笛子,或高举双手前后摆动,给予游行者游行刺激。因为涉嫌违反《道路交通法》以及《德川市公安条例》有关维持交通秩序规定,依据德岛市公安条例第 3 条第 3 项及第 5 条,被告被判处了刑罚。该条例第 3 条第 3 项规定:进行集体游行或示威活动时,为保持秩序及公共安宁,应遵守维持交通秩序等事项。违反者,依照本条例第 5 条的规定处罚。该案的主要争议在于,《德岛市公安条例》第 3 条第 3 项所规定的"维持交通秩序"概念是否明确。第一审德岛地方法院认为该条例第 3 条第 3 项的规定具有一般性、抽象性和多义性,给予合理的限定解释还有困难,因此违反了宪法第 31 条的规定。第二审维持了第一审的认定。随后检察官以法院对宪法第 31 条的解释有误为由提起上诉。最高法院在本案中明白肯认了明确性理论,同时提出了明确性理论的判断标准:"某些法规究竟是否应当认定其模糊不清而有违宪法第 31 条的规定,应当以一般具有通常判断能力的人为判断标准。"其后此案例几乎成为日本教科书中论及明确性理论时最经常引用的实务见解。问题是一般具有通常判断能力的标准本身如何认定有较大裁量余地,较容易被判断者所操纵,因此如何在宪法审查程序上进行弥补(比如设定通过广泛调查问卷进行取证的程序),乃一个需要

---

[17] 韩大元、莫纪宏主编:《外国宪法判例》,280 页,莫纪宏撰写部分,北京,中国人民大学出版社,2005。

[18] Connally v. general construction co. , 269 U. S. 385(1926).

[19] 日本最大判昭和五十年九月十日,刑集 29 卷 8 号第 489 页。

进一步研究的课题。

2. 合理告知

如果从法律作为行为规范的角度看，只有明确的告知一般民众法律禁止何种行为，方能保障一种行使权利所需要的安定的法律秩序。对此 Holmes 法官曾有一段精彩的论述：如果法律不是明确的，那么"当事人的命运就取决于他对法律的猜测在多大程度上与陪审团的猜测一致。如果他的猜测是错误的，那么他不但可能被罚款或短期监禁，甚至会丢掉性命。"[20] 据此法律是否符合明确性要求的标准是所谓的"合理告知"，它要求任何一个心智正常的人都能够从法律中得知其行为是被禁止的。否则，法律就可能由于未能提供合理的告知而坑害无辜的人。[21]

在美国宪法审查中，该理论来自于 19 世纪下级联邦法院做出的涉及经济管制法的判决。其中较早且较为重要的案件是 Louisville N. R. Co. v. Railroad Commission of Tennessee[22] 案件。在该案中，法院宣告无法为审判提供指导标准的法律违宪。法院指出："由于缺少法律标准，裁判的结果就无法统一。判决就会随着陪审团的不同偏见而改变，当事人就只能通过猜测陪审团所持的偏见来确定其行为是否为法律所禁止。这是无法忍受的。"随后的 Chicago N. W. Ry. v. Dey[23] 和 Tozer v. United States[24] 都遵循了 Louisville 案的标准，强调法律应当合理的告知以满足判决统一的要求，而将合理告知作为法律明确性的重要标准。在后来的 International Harvester Co. v. Kentucky 案件中，最高法院宣告未合理告知的法律因模糊笼统而违宪。[25]

3. 约束自由裁量权

如果从裁判规范的角度看，模糊笼统的法律未能够合理告知可能会导致普遍

---

〔20〕　Nash v. United States，229 U. S. 373，377（1913）．

〔21〕　Grayned v. City of Rockford，408 U. S. 108（1972）．

〔22〕　Louisville N. R. Co. v. Railroad Commission of Tennessee，19 f. 679（c. c. m. d. tenn. 1884）．

〔23〕　Chicago N. W. Ry. v. Dey，35 f. 866（c. c. s. d. iowa1888）．

〔24〕　Tozer v. United States，52 f. 917（1892）．

〔25〕　International Harvester Co. v. Kentucky，234 U. S. 216（1914）．

的不守法，因为实施不法行为被处罚的可能性降低了。[26] 然而另一方面，对法律适用机关而言，可能会导致自由裁量权的滥用。而法律明确性原则要求法律构成要件明确具体，不至于被适用机关曲解或任意选择适用，从而保障个人权利。因此，是否构成明确性还要看是否有效地约束自由裁量权，实现平等保护并禁止行政部门和法院选择性地实施法律。正如 Smith v. Goguen 案的判决所写的那样："明确性原则的重要意义不仅仅在于合理地告知民众法律内容，而在于立法者能够为执行法律的官员提供明确的指引以避免法律适用的任意性和歧视性。"[27] 到了 1983 年，美国最高法院将约束自由裁量权确认为法律因模糊而无效的最主要标准。只有有效约束法适用者的恣意和武断，才能有效保障个人权利，因此上述标准与正当程序对个人自由的保障不过是一体之两面。除非法律清楚明确，否则对于个人权利的保障而言，其他程序性的正当程序都是无意义的。而且，明确的法律是法院有效的、合理的审查政府行为所必需的。如果法律是模糊的，法院难以判断政府行为是否有法律依据。[28]

除此之外，法律明确性还要求为司法者提供明确具体的裁判依据，使得裁判者"有法可依"。该标准最早在 Louisville N. R. Co. v. Rai；Road Commission of Tennessee[29] 案中有所论及。法院认为，为减少陪审团的偏见以及减少判决的分歧，法律应当为适用者提供确定的标准。到了 1926 年，在 Connally V. General Construction Co.[30] 中，联邦法院认为刑事法律不仅应当满足合理告知的要求，还应当提供确定的标准。由此确定性理论重新被适用，并在刑事领域发挥着较之合理告知理论更重要的作用。

4. 明确程度的要求

一般而言，对限制基本权利法律规范的明确性程度要求越高，则对基本权利

---

〔26〕 Richard Craswell & John E. Calfee, *Deterrence and Uncertain Legal Standards*, 2 J. L. Econ. & Organization 279，281（1986）.

〔27〕 Smith v. Goguen，415 U. S. 566（1974）.

〔28〕 Stan Thomas todd, *Vagueness Doctrine in The Federal Courts：A Focus on The Military*，*Prison, and Campus Contexts*, 26 Stan. L. Rev. 855（1973）.

〔29〕 Louisville N. R. Co. v. Rai；Road Commission of Tennessee, 19 F. 679（C. C. M. D. Tenn. 1884）.

〔30〕 Connally V. General Construction Co. , 269 U. S. 385（1926）.

保障程度越强。因此需保护的利益越是重要，则明确性要求越需要严格，比如限制言论自由的法律需比限制一般权利的法律更加明确。在美国，与涉及经济实质正当程序的案件相比，法院在第一修正案案件中对法律明确性的要求更高。[31]

明确性基准的确定需要衡量模糊法律所造成的损害和政府立法利益，因此在不同领域明确性基准也有差别。当对权利限制程度较强的时候，需要更高的明确性，例如，刑事法律的明确性要求就高于一般的法律。行为人判断刑事法律内容的负担和冒险的成本比一般法律的成本高，因此刑事法律应当具有更高的明确性。[32] 比如刑法上罪行法定原则所导出的明确性原则较之于一般法律明确性原则更加严格，且惩罚越是严厉，明确性的要求越高。[33] 而美国最高法院一贯认为较之普通法律，刑事法律应当受到更严格的审查，[34] 而涉及言论的刑事法律比涉及其他基本权利的刑事法律应当受到更严格的审查；[35] 而且随着处罚的强度不同而有所不同：刑事处罚需严格审查，[36] 准刑事处罚（Quasi-criminal pen-alties）适用较严格的审查，[37] 藐视法庭和经过听证的行政处罚适用较宽松的审查，[38] 以收集信息而非处罚为目的的法律适用最宽松的审查。这一明确性要求的程度大致如图表 7 所示：

x 轴代表需要保护基本权利的权重，从左到右逐渐增加；x 轴代表限制的强度，由下到上逐渐增强。其中在 A 领域内由于对于权重较重的基本权利限制程

[31] Smith V. Goguen, 415 U. S. 566 (1974).

[32] 相关的研究可参见 Louis Kaplow, *Rules Versus Standards: an Economic Analysis*, 42 Duke L. J. 571 (1992).

[33] See Bates v. City of Little Rock, 361 U. S. 516, 524 (1960).

[34] Village of Hoffman Estates v. Flipside, Hoffman Estates Inc., 455 U. S. 489, 498-99 (1982); Nat'l Endowment for the Arts v. Finley, 524 U. S. 569, 588 (1998).

[35] Village of Hoffman Estates v. Flipside, Hoffman Estates Inc. 455 U. S. 499 (1982).

[36] See Papachristou v. City of Jacksonville, 405 U. S. 156, 162-63 (1972); Wright v. Georgia, 373 U. S. 284, 293 (1963); Connally v. General Constr. Co., 269 U. S. 385, 391 (1926).

[37] Village of Hoffman Estates v. Flipside, Hoffman Estates, Inc., 455 U. S. 489, 499 (1982). 在该案中，法院认为该法律规定的罚金乃一种准刑事处罚，为此需要满足一定程度的明确性。

[38] See Raley v. Ohio, 360 U. S. 423, 438 (1959); Scull v. Virginia, 359 U. S. 344, 353 (1959); Watkins v. United States, 354 U. S. 178, 204-15 (1957). Barenblatt v. United States, 360 U. S. 109, 117 (1959). Zauderer v. Office of Disciplinary Counsel, 471 U. S. 626, 668-69 (1985); Whisenhunt v. Spradlin, 464 U. S. 965, 969-70 (1983).

度较强，因此明确性的程度要求也就越高（比如对于诽谤罪的构成要件、限制人身自由的强制措施等）。反之，在 B 领域内，所限制的乃权重较轻的基本权利，限制程度也较轻，因此所需明确性程度较弱。当然这只是程度的差异，并不意味着适用于不同法律的明确性要求的含义不同，也不意味着只有当法律涉及重要权利时才要求法律是明确的。[39]

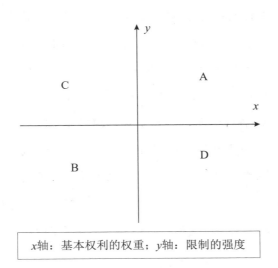

x轴：基本权利的权重；y轴：限制的强度

图表 7　明确性的程度要求

（三）与过度宽泛理论的区分

从纯粹规范逻辑的角度，我们可以在两个维度区分法律规范：确定性和不确定性、普遍性和特殊性。[40] 比如"不得说谎"，构成"确定但不具体"；而确定的规范可能并不是特殊的规范，反之亦然。但是一般而言，二者呈共栖之势，普

---

〔39〕　Note，*The Void-For-Vagueness Doctrine in the Supreme Court*，109 U. Pa. L. Rev. 77（1960）.
〔40〕　这种区分乃由佩里教授所提出，但教授亦不否认这种区分只是程度的不同而已。See Michael J. Perry，*The Constitution*，*The Courts*，*and The Question Of Minimalism*，88 Nw. U. L. Rev. 84（1993）.

遍性的规范一般不确定，特殊的规范一般较为确定。逻辑上得出的法律四个类型：确定且特殊、确定且普遍、不确定且特殊、不确定且普遍。[41] 分别对应判断方法上的四种类型：明确且不过度宽泛（合宪）、明确但过度宽泛（违宪）、模糊笼统但不过度宽泛（违宪）、模糊笼统且过度宽泛（违宪）。

　　然而不明确的法律和过度宽泛的法律在许多场合并不容易区分，甚至有学者认为二者已经交织在一起。[42] 芦部信喜也认为："即使法条文意尚属明确，但规制范围相当广泛、有可能被违宪地加以适用的法律法规，在其存在本身对表达自由产生重大威胁这一点上，乃与不明确的法规范的情形无异。通常，前者被称为'因浑然性而无效'；后者被谓以'因过度的广泛性而无效'。尽管两者在概念上必须加以区别，但在有关表达自由的规制立法的情形下，实际上常常相互重合而成为问题。"[43] 相应地，由于过度宽泛违宪和模糊笼统违宪二者同属于文面判断方法，因此学说上往往将此二者相提并论，甚至有将其混同之势。[44] 实际上，法规范本身可能相当的明确，但却同时构成过度宽泛；反之法规范可能不明确但却并不构成过度宽泛。当然二者之间也有竞合的可能性，比如过于模糊笼统的法规范可能在适用时候被采用广义解释而对本不应当属于限制范围的对象进行限制构成过度宽泛。

　　然而究竟是过度宽泛还是模糊笼统，严格上来说很难完全区分开来。判例和学说上的区分主要从以下几点区分：（1）法律模糊是指它不清楚、不确定，而过度宽泛的法律是指法律的适用范围过大，限制了那些其无权限制的行为。（2）对当事人资格的要求不同。根据过度宽泛理论，第三方具有诉讼资格，而对于模糊的法律仍然适用一般的当事人资格。（3）在某种程度内两个理论解决的是一个问

---

　　[41]　Michael J. Perry, *The Constitution, The Courts, and the Question of Minimalism*, 88 Nw. U. L. Rev. 84 (1993).

　　[42]　Note, *The First Amendment Overbreadth Doctrine*, 83 Harv. L. Rev. 844 (1970).

　　[43]　［日］芦部信喜：《宪法》，176 页，林来梵、凌维慈、龙绚丽译，北京，北京大学出版社，2006。

　　[44]　比如我国台湾学者在论及二者时，即有忽视二者的区分而笼统做出认定者，可参见许志雄：《表现自由之界限与违宪审查基准》，载《法政学报》，1999（1）。

题：如果其适用者无法确定哪些适用情形是合宪的，该法就是违宪的。区别在于，在过度宽泛当中，模糊是潜在的。这是基于此，过度宽泛被认为是"特定案件中的模糊问题"。[45]（4）就审查顺序而言，一般认为过度宽泛和模糊是对法律的两种要求，应当先检验法律是否过度宽泛（模糊、明确的法律都检验），再检验法律是否模糊。[46]

（四）不明确性的违宪阻却事由

法律规范唯有具体明确方能发挥其指引功能，一方面可使得一般民众能够充分了解法律内容，从而据以主张权利；另一方面也可有效约束国家机关依照法律行为，降低滥用职权的可能性。但完全由具体明确的法律规范构成的法律，则可能容易与社会现实脱节，为此一些概括性不确定法律概念成为必要。以使得法律在社会变迁的宏观背景下能够具有适用的弹性空间。而过于明确的法律将削弱执行者（包括司法和行政部门）的自由裁量空间，无法有效应对社会发展过程中出现的新情况。[47] 一般而言，法律条文中不可避免会出现不确定性的规范的原因在于：

1. 使法律明确化的成本过高

由于详细辨别所有相关可能性、详细设计适用于各种情形的行为模式的成本很高，这使得法律非常明确是不可能的，而模糊的法律可减少立法者的制定成本。要制定明确的法律，它必须清楚地说明是否处罚某种行为。而要做此判断，立法机关又不得不在个人权利自由与公共利益之间进行精确的衡量，而这种衡量往往耗费成本。如果要求立法者制定非常明确的法律，它很可能将解决问题的责任转移给法院和行政部门，以此来回避制定明确法律的责任，反而无法给予人民基本权利更大的保障。

2. 立法是一个利益妥协的过程

立法是一个利益妥协的过程，未必能够达成完全一致的观点，所以有时立法

---

〔45〕 Freund，*The Supreme Court of The United States*，1961，p. 732.

〔46〕 Village of Hoffman Estates v. Flipside，455 U. S. 489（1982）．

〔47〕 Stan Thomas Todd，，*Vagueness Doctrine in The Federal Courts：A Focus on The Military，Prison，and Campus Contexts*，26 Stan. L. Rev. 855（1973）．

者不得不制定模糊法律，以使得法案能够获得不同利益集团的支持而通过。[48]
而模糊法律还保留了进一步改进的空间，使法院和行政部门能够依据不同的情况
适用法律，而具有较强的灵活性，为将来继续进行对话提供了机会。[49] 而从立
法技术角度看，涉及的利益范围越是广泛就越是需要不确定法律规范。

因此，也不可视不确定法律概念为洪水猛兽，而完全禁止立法中不确定法律
概念的采用，立法中采纳必要的不确定法律概念仍然不会产生违宪问题。正如马
歇尔法官所言，"我们不能期望所有的法律条文有如数字那般的精确（mathemat-
ical certainty）。"[50] 据此，宪法审查机关在作出宪法判断之时，必须考虑在特定
情形下不明确的法律乃属必要。对于那些无法明确化的法律条文而言，只要符合
一定的条件也可避免被判断违宪。具体而言有如下几种情形：

（1）在实践中法律的适用较为容易（Easy to Apply in Practice）。只要法律
的语言或其上下文提供了禁止何种行为的客观标准，法院就会允许一定程度的模
糊或不明确。换言之，即使法律的语言有些模糊或有多种解释，但只要法律容易
适用，尤其是通过上下文能够确定法律含义时，法律并不构成因模糊而违宪。[51]

（2）法律的含义可通过借鉴类似法律来确定或通过考察其他法律的用语足以
明确待决法律的含义，此时不构成模糊笼统而违宪。[52]

（3）待决法律所涉及事项需要不精确的语言（Subject Matter Requires Im-
precise Language）。由于客观条件所限制，对于那些立法者无法建立非常准确标
准的事项，模糊是允许的。[53]

（4）通过判例可以获得明确性。虽然法律规范欠缺明确性，然而根据判例可

---

〔48〕 Linda R. Cohen and Roger G. Noll，*Whether to Vote：Strategies for Voting and Abstaining on Congressional Roll Calls*，13 Pol. Behav. 97（1991）.

〔49〕 Jeremy Waldron，*Void For Vagueness：Vagueness in Law and Language：Some Philosophical Issues*，82 Calif. L. Rev. 509，（1994）.Gillian Hadfield's，*Weighing the Value of Vagueness：An Economic Perspective on Precision in the Law*，82 Calif. L. Rev. 541（1994）.

〔50〕 Grayned v. City of Rockford，408 U. S. 104，110（1972）.

〔51〕 United States v. Ragen，314 U. S. 513（1942）；Screws v. United States，325 U. S. 91（1945）.

〔52〕 Herndon v. Lowry，301 U. S. 242（1937）.

〔53〕 Smith v. Goguen，415 U. S. 566（1974）.

以探求法律规范的明确含义，则不构成模糊笼统而违宪。[54]

（五）合宪限定解释的转化

如果一部法律是如此不清楚、不确定，以至于根本无法适用或者一旦适用就会导致不公正，法院就会宣告该法因模糊而违宪。然而除此之外对法律进行合宪限定解释以将其不确定性缩减到一个可接受的范围之内，则可以将模糊笼统的法律转化为明确的法律以此来回避违宪判断。比如，日本最高法院对"淫秽图书"概念进行限定性的解释，将"具有高度艺术性、思想性的图书"排除在"淫秽图书"的范围之外。而美国宪法上的"淫秽性表达"必须同时满足以下三个要件：参照当下的社会标准，从该表达的整体来看，可认定其在诉诸"通常人"（the average person）的好色趣味；可认定该表达明显地以淫秽性手法叙述描写州法有关规定中详细表示的性行为；可认定该表达在整体上欠缺严肃的文学性、艺术性、政治性或科学性的价值。[55] 韩国宪法法院在一起类似的案件中同样对"淫秽"概念作出限定性解释："歪曲人的尊严及人类属性的赤裸裸的、露骨的性的表现，只能表现性的兴趣，整体上没有任何文化的、艺术的科学或政治的价值"，并指出"按照这种解释，法律条款中的淫秽概念本身并不具有模糊性，明确性原则没有矛盾"。

"淫秽图书"概念的限定性判决

查泰莱夫人案

劳伦斯（D. H. Lorence）所著《查泰莱夫人的情人》一书的日文版翻译者和出版社社长，被起诉违反《刑法》第175条的案件。最高法院将"淫秽图书"定义为：①完全使人的性欲兴奋或受到刺激；②有害普通人正常的性羞耻心；③违反善良的性道德观念。并据此判决，《刑法》第175条是为了

---

[54] United States v. Ragen，314 U. S. 513（1942）.

[55] Miller v. California，413 U. S. 15（1973）.

保护性秩序、维持最小限度的性道德这一公共利益所作的限制，应属于合宪（最高法院大法庭 1957 年 3 月 13 日判决，刑集 11 卷 3 号 997 页）。

《恶德之荣》案

　　萨德（Marquis de Sade）所著的《恶德之荣》一书的日文版翻译和出版社社长，被控违反《刑法》第 175 条而受到起诉的案件。最高法院的多数意见虽然沿袭查泰莱夫人案的判决，但认为猥亵性应在与图书整体的关联上加以判断（最高法院大法庭 1969 年 10 月 15 日判决，刑集 23 卷 10 号 1239 页）。其中田中二郎法官提出了"相对性的猥亵概念"的解释意见，其认为：具有高度艺术性、思想性的图书，其猥亵性可被相对减轻，不属于《刑法》第 175 条所称的"淫秽图书"。

　　对于模糊的法律，法院既可以作出违宪判断，也可以做出合宪限定解释，即通过考察法律的文字、法律适用的特殊情形、类似法律的解释、法律执行者如警察对该法的解释来推断法律的含义。如果做出合宪限定解释则可回避对法律作出法律法规违宪的判断，但是如果适用于本案违宪，则应当作出适用违宪判断，具体操作如图表 8 所示：

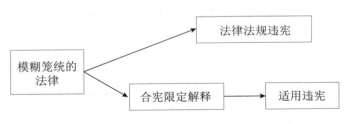

图表 8　合宪限定解释与法律法规违宪判断的转化

　　适用这种手法的典型案例可举 Grayned v. City of Rockford 案件，在该案中，当事人挑战规定"禁止任何人为了公共或私人目的在学校或课堂附件的建筑物制造干扰学校或课堂安宁和良好秩序的噪音"的《反噪音法》违宪。法院认为适用于学校邻近建筑的《反噪音法》并不是模糊的，因为州法院很可能将法律解释为只禁止已经或即将影响到学校的宁静或良好秩序的行为。[56] 再如，在涉及"禁止在任何大使馆、公使馆或领事馆 500 英尺内举行的集会在警察遣散之后仍然拒绝解散"的哥伦比亚地区法的 Boos v. Barry 案中，法院将该法限定解释为仅禁止那些直接针对大使馆、公使馆或领事馆的且警察有合理理由相信其即将危及大使馆等的安全或和平的集会，并认为经过限定解释之后的法律并不因模糊而违宪。[57] 这种对于不明确的刑法条款做合宪解释以此来回避违宪判断的方法在博格法院中期经常被采用。[58]这种转化方法在日本宪法审查中也被广泛采纳。比如福冈县青少年保护条例案。[59] 最高法院认为个规定即使是不合理的过度宽泛，也不能认为其不明确，更不能认为其有违《宪法》第 31 条。最高法院解释道不应该将该规定所指的"淫行"解释为对所有青少年实施的性行为，而仅指以诱惑、胁迫青少年或使其困惑等乘其身心未成熟的不当手段，与之发生性交或类似性交的行为以及单纯以青少年作为满足自己性欲对象而发生的性交或类似性交的行为。所以有婚约关系的青少年或有深厚情感关系的青少年所为的性行为，依社会通常观念实在很难作为处罚对象。基于此，将淫行概念解释为单纯违反伦理或不纯的性行为，不免招到犯罪构成要件不明确的批评。但在该规定文义所允许的合理解释范围内，采取限定解释的方法，将有婚约关系的青少年之间的性行为排除在"淫行"概念之外是适当的。因此通过对"淫行"概念的合宪限定解释，即使该规定明显不当地扩大了处罚范围也不能认为它是不明确的。可见最高法院通过对"淫行"概念的合宪限定解释去除了不明确而维持了该法律的合宪性。

---

[56]　Grayned v. City of Rockford，408 U. S. 104（1972）.

[57]　Boos v. Barry，485 U. S. 312（1988）.

[58]　William N. Eskridge, Jr. and Philip P. Frickey，*Quasi-Constitutional Law：Clear Statement Rules as Constitutional Lawmaking*，45 Vand. L. Rev. 599（1992）.

[59]　日本最高法院大法庭昭和 60 年 10 月 23 日判决。

福冈县青少年保护条例案

　　被告因与一名 16 岁的高中一年级女学生因自由恋爱并发生性行为涉嫌违反了《青少年保护育成条例》第 10 条第 1 项及第 16 条第 1 项的规定而被判处罚金五百元。该条例第 10 条第 1 项规定："任何人不应当对青少年实施淫行或猥亵行为。"第 16 条第 1 项规定处以两年以下有期徒刑或十万元罚金。被告以该条例第 10 条第 1 项所规定的"淫行"范围不明确，违反宪法第 31 条为由上诉至最高法院。

　　事实上，法院在做出合宪限定解释时必须在模糊语言对于实现重要的立法目的之必要性（即模糊语言、不确定法律概念的必要性）与模糊法律所产生的畏缩效应之间进行衡量。这种衡量涉及对立法目的和受保护权利的评价，如法律有多重要，某权利需要多大的自由空间？虽然法院否认自己在进行利益衡量，但这是不可避免的。在进行合宪限定解释时法院仍然需要衡量解释所促进的政府利益与解释对个人权利的影响。[60] 当然，这种衡量并不是完全不受限制的，根据 Jeffries 教授的研究，这种转化性的解释仍然应当受到如下限制。首先避免侵犯立法权。虽然权力分立并非完全禁止法官造法，但法官应当尽可能与立法者保持一致，尤其在刑事案件中。其次，应当避免做出与法律字面意思完全不同的解释。这是因为法律应当具有合理告知的功能，法官做出与法律字面意思完全不同的解释将使人们无法预见何种行为是法律所禁止的。最后，解释应当尽可能使法律具有确定性，否则可能导致职权的滥用。[61]

　　此外法院虽可借助合宪限定解释挽救法律，但如果运用过度则可能有违权力分立原则，因为立法者不大可能制定一部留待法院对其做出限制的法律。[62] 因

---

　　[60] Robert Batey, *Vagueness and The Construction of Criminal Statutes-Balancing Acts*, 5 Va. J. Soc. Pol'y & L. 1 (1997).

　　[61] John Calvin Jeffries, Jr., *Legality, Vagueness, and the Construction of Penal Statutes*, 71 Va. L. Rev. 189 (1985).

　　[62] Leon S. Hirsch, Reconciliation of Conflicting Void-For-Vagueness Theories Applies by The Supreme Court, 9 Hous. L. Rev. 82 (1971).

此，并非在任何情况下法院都能够对模糊的法律做出合宪限定解释。而且合宪限定解释未必能够完全消除法律的模糊之处，无法完全使任何一个心智正常的人都能够知晓其行为是否为法律所禁止，因此这种转化本身也应当有所节制。如在日本的"海关检查案判决"[63]中，在对《关税定率法》第21条第1款第3项所规定了"危害风俗的书籍、图画"中的"风俗"的含义作出认定时，法院指出："被容许对规制表达自由的法律规定作限定解释的，乃限于这样的场合，即：通过该种解释，成为规制对象者与没有成为规制对象者被明确地得到区分，并且，只有可合宪地加以规制者才能成为规制对象，这一点也得到明确。而且，根据一般国民的理解力，能从这些规定中读出规制的基准，从而据此在具体的情况下，判定特定的表达媒介物能否成为规制的对象。若没有付诸该种制约，那么，由于规制的基准不明确或过于广泛，则不仅导致表达自由被不当限制，甚至也会导致产生这样的效果，即国民畏惧该种规定的适用，以至连原本可自由实行的表达行为也加以节制。"该判决法官的不同意见也指出："对表达自由进行规制的立法作限定解释，存在比其他情形更为严格的框架，应限于从其与规制目的、文理及与其他条款的关系中可以合理地加以推导出来的情况；'风俗'一词是多义性的，将其限定解释为性风俗，超越了上述的界限。"

（六）宪法上的规范依据

法律明确性原则作为判断一般法律正当性的一项重要指标并无争议，然而问题是这种标准本身的正当性何在？如果承此项原则本身作为一项有法效力的规范，则必须返回规范体系本身来寻求其正当性。西方国家依据其宪法上的特定条款所导出的法律明确性原则，通过宪法审查程序将其具体适用于具体的案件的做法对于我国自然具有启发意义。然而问题是我国宪法上并没有类似于美国或日本的正当法律程序条款，因此如何从法律规范体系本身导出具有实在法效力的"法律明确性原则"就成为一个宪法解释学上的"先决问题"。基于比较法角度的考

---

〔63〕 ［日］芦部信喜，前引书，176～177页。

虑，由于我国《宪法》第 5 条第 1 款同样确认了法治原则，因此德国和日本宪法解释的实践中从法治原则解释出法律明确性原则的实践，可以为我国未来的宪法解释提供一种方法上的参考。而且，根据我国《宪法》第 33 条所确认的人权保障条款、第 136 条依法审判的规定以及第 136 条依法行使检察权的规定可以导出"应当以法治手段防止司法权恣意行使，保障人权"的规范命题，进而解释出宪法上的法律明确性原则。如果推而广之，我们甚至可以从《宪法》第 37 条、第 39 条、第 40 条关于基本权利限制的程序规定，逆向推导出类似美国和日本的正当程序规范，进而引出法律明确性原则。

如果以上述由宪法规范导出的法律明确性原则来检视我国现有的法律规范体系，则同样可以得出若干宪法上的结论。比如，《刑法》第 363 条、第 364 条以及《治安管理处罚法》第 42 条规定的"淫秽物品""淫秽信息"概念，就是一个典型的具有不确定性的法律条款。这样的不确定条款可能无法将"淫秽"那些具有科学研究价值或艺术价值的作品相区分。一方面可能导致执法机关的恣意武断；另一方面也可能导致萎缩效应，压缩公民行使表达自由的空间。与此类似，所谓的"低俗""低级趣味"等模糊概念成为立法条文，则都有违反法律明确性原则之嫌疑。

二、过度宽泛理论

在文面判断方法中，另一种较为常见的判断方法乃将过度宽泛（Overbreadth）的法律直接根据其字面意义判断为违宪。所谓过度宽泛的法律就是那些范围宽广的法律，或者按其字面含义来适用，其为达到立法目的所约束的行为超出宪法所允许的范围之外的法律。[64] 根据过度宽泛理论，宪法审查机关能够

---

[64] C. Rogerson，The Judicial Search For Appropriate Remedies under The Charter：The Examples of Overbreath and Vaguemess in Charter Litigation，R. Sharpe（Ed.），Butterworths（1987）.

对法律直接做出文面判断，也就是说法院审查的重点不是待决法律适用于本案当事人是否合宪，而是依据法律的字面来判断其是否限制了宪法保护的权利。这种判断方法最初乃美国联邦最高法院所采纳的一种文面判断方法，随后被加拿大、日本等其他许多国家所借鉴，成为一种广为采纳的判断方法。[65]

这种判断方法起源于 1940 年的 Thornhill v. Alabama 案。[66] 该案的主要争议在于一项州法"禁止为阻止他人加入某公司或与某公司进行交易而四处游说（loitering）"是否合宪。对此最高法院认为，依据该法律的字面涵义，即使是头上贴着"这个公司不雇用与美国劳动协会有关的人"这样的小标签安静地在某公司前面闲逛也会被禁止。而此时保障公司能雇用员工的利益既不十分重要也不十分紧迫，不足以证明禁止这种行为是正当的。因此，法院作出了文面违宪判断。虽然在判决中法院没有采用"过度宽泛"概念，但言论自由应当受到特别的保护，禁止法律限制那些受宪法保护的言论行为的观点已经隐含其中。此后，法院开始适用过度宽泛理论，尤其是沃伦法院在第一修正案领域内的案件中广泛适用了该方法。如，怀特法官在对 R. A. V. v. City of St. Paul 一案发表的协同意见书中写道，禁止导致愤怒或惊慌的种族标志的法律过度宽泛，因为它并不仅限于挑衅性言论。[67] 又如在涉及"禁止作出挑衅行为的两三人在人行道上举行集会"的命令的 Coates v. Cincinnati 中，法院认为该法由于所设定的集会权行使标准是不明确的从而导致违宪，同时法律导致一些因其行为、思想、生活方式或外表不为众人接受的人无法行使集会权，从而限制了个人受宪法保护的权利，构成了过度宽泛因此违宪。[68]

---

〔65〕　参见［日］佐藤幸治：《宪法诉讼与司法权》，180～201 页，东京，日本评论社，1984；Jonathan Daniels, *Valid Despite Vagueness：The Relationship between Vagueness and Shifting Objective*, 58 Sask. L. Rev. 101 (1994).

〔66〕　Thornhill v. Alabama，310 U. S. 88 (1940).

〔67〕　R. A. V. v. City of St. Paul，505 U. S. 377 (1992).

〔68〕　Coates v. Cincinnati，402 . U. S. 611 (1971).

（一）依据

过度宽泛违宪的判断方法并非宪法上所明确规定的，而是宪法审查机关通过判例逐渐发展出来的独特方法。在美国这样的附随制宪法审查模式下，一般而言对于当事人资格有着较为严格的限制，除非实际受到利益损害，不得提起宪法诉讼。[69] 然而一旦法律构成过度宽泛，当事人只要证明法律将侵犯个人受到第一修正案保护的言论自由，即使该权利属于当事人之外的其他人，当事人也能成为适格的原告，对法律提出文面违宪主张。换言之，对于限制言论自由的法律，即使是并没有受到限制的个人也可以提起宪法诉讼主张违宪，即所谓的第三方原告资格（third party standing）。因此，过度宽泛理论可被视为当事人资格的一种例外。由于这种方法并不以适用于当事人为前提而直接针对文面作出判断；因此较之于传统的方法更具有"攻击性"；且有着与抽象审查类似的脱离个案对规范进行合宪控制的功能。在早期的宪法判断中，这种判断方法主要适用在言论自由领域：如果除了宪法允许对其进行限制的几种行为之外，法律还禁止了那些受到言论自由和结社自由保护的行为，那么该法律就构成文面上过度宽泛而违宪。然而在普通法传统下谨守先例原则的美国法院，运用这种超越传统的判断方法自然需要更强的理由才能证立其妥当性。

那么过度宽泛理论的依据何在呢？

1. 畏缩效应（Chilling effect）

任何权利的行使都离不开一定的社会环境，特别是诸如言论自由这样的权利往往需要一个"呼吸的空间"（breathing space）。然而一部过度宽泛的法律将对自由地行使权利产生一种"畏缩效应"，导致权利受到潜在的威胁。无论是行为并未被法律禁止的人，还是行为虽被法律禁止但通过诉讼或许能够取消此禁止的人，都会受到威胁而不敢发表言论。恰如马歇尔法官曾经指出的那样："过度宽泛的法律就像是高悬在人们头上的达摩克利斯之剑，即使法院支持了其言论受到

---

[69] Steven L. Emanuel, *Constitutional law*, Aspen law & business (2002), pp. 678-679.

宪法保护的人，意义也不大了。因为达摩克利斯之剑的威胁在于它是高悬着的，而不在于坠落的那一刻。"他还说道，过度宽泛理论关注的不是积极提起诉讼的人，而是那些不对法律提出违宪挑战且不敢自由发表言论的其他多数人。[70] 该文面判断方法乃基于一种预防性的理由，即旨在消除畏缩效应而营造权利行使空间，同时也可为个案当事人提供较为充分的救济途径。[71] 然而对于上述理由亦有学者持反对意见，认为根本没有多少人在作出行为之前是了解法律的，而且即使是了解法律，人们可能不会因为法律过宽而不发表言论，所以法律过度宽泛不会产生畏缩效应。[72] 而且过度宽泛理论能够消除"畏缩效应"的前提是普通民众对于违宪判决充分了解而敢于自由言论，然而问题是违宪判决是否被一般民众所知悉？[73]

事实上，在法治较为健全的社会，多数人在做出行为之前希望了解法律或得到相关的法律建议，因此过度宽泛的法律还是可能产生"畏缩效应"。而且通过个案来消除违宪情形对于保护个人权利而言是不够的。相比之下，文面违宪判断即使是少量的也有助于消除畏缩效应，还能够对立法者产生威慑力，迫使立法者不再制定过度宽泛的法律，从而为基本权利提供自由的空间。

2. 选择性适用（Selective enforcement）

过度宽泛的法律使得适用法律的国家机关可以针对某些特定的个人或群体有选择性地实施法律，如仅限制特定阶层或持某种观点的人的言论自由。[74] 当然，任何法律都存在选择某些群体作为规制对象的问题，然而由于过度宽泛的法律为政府部门区别对待不同的个人或群体打开了方便之门，使其能够只限制某些人的宪法权利，因此它极大地增加了不平等适用的危险性。例如，某法令禁止在公共街道上举行一百人以上的集会。该法令既适用于宪法不予保护的集会行为，如危及公共安全的集会，也适用于宪法所保护的集会行为，如和平集会、不会导致交

---

〔70〕　Arnett V. Kennedy, 416 U. S. 134（1974）.

〔71〕　Richard H. Fallon, *Making Sense of Overbreadth*, 100 Yale L. J. 853（1991）.

〔72〕　Note, *Overbreadth Review and the Burger Court*, 49 N. Y. U. L. REV. 532（1974）.

〔73〕　Luke Meier, *A Broad Attack on Overbreadth*, 40 Val. U. L. Rev. 113（2005）.

〔74〕　See Steven L. Emanuel, *Constitutional law*, Aspen Law & Business（2002）, pp. 459.

通堵塞的集会。而对于那些宪法并未禁止的集会，警察就可以依自己的价值观来判定是否允许集会。例如，警察可能允许在学校的街道上举行庆祝战争胜利的集会，却禁止反战集会。[75] 因此，该法令构成过度宽泛，因此文面违宪，亦即法令也不得适用于那些宪法所禁止的集会。

（二） 对过度宽泛理论的限制

1. 实质性过度宽泛 （substantially overbroad）

随着言论自由保障范围的扩张，上述过度宽泛违宪的文面判断方法适用的空间也随之增大，过度宽泛理论对于一些限制边缘性、低价值言论的法律要求过于苛刻，也因此对立法空间造成了不必要的限制。因此如果不加以限缩适用则可能会增加宪法审查机关将法律判断为违宪的恣意性。有鉴于此，自 1973 年 Broadrick v. Oklahoma 案件后，过度宽泛理论逐渐进化为所谓的实质性的过度宽泛理论。[76] 在 Broadrick v. Oklahoma 案件中，州法规定：禁止涉及保密工作的公务员从事特定的政治行为，如参与任何一种政党或竞选，或寻求竞选资助。有志于竞选更高职位并为此拉赞助的公务员 Broadrick 提出了违宪挑战，其理由是该法律构成过度宽泛，无论经过合宪限定解释之后的法律适用于其行为是否合宪，该条款都应当构成文面上违宪。然而法院否认了原告的诉讼请求，且在判决中区别了规制附带行为的法律和仅约束纯粹言论的法律 （only spoken words）。如果法律的限制是针对附带行为，法律的广泛必须不仅是真实的，而且需要是实质性的才构成过度宽泛违宪；即，法律的 “适用范围已经达到实质性的侵害表达自由” 的程度，才可被判断为文面违宪。就本案而言，虽然待决法律的适用范围包括了一些受宪法保护的行为 （如贴标语），但它适用于一系列属于州管制的行为却是合宪的，所以该法的适用范围并未达到实质性的侵害言论自由的程度，不构成实质性的过度宽泛，因而并不违宪。而在涉及禁止描述青少年性行为的 “虚拟青少

---

[75]　See Steven L. Emanuel ， *Constitutional law*，Aspen Law & Business （2002），pp. 459.

[76]　Broadrick v. Oklahoma，413 U. S. 601 （1973）.

年色情"信息的 1996 年《儿童色情保护法》是否构成过度宽泛而违宪的 Ash-croft v. Free Speech Coalition 中，联邦上诉法院认为该法限制了那些既不属于猥亵，又不属于利用真实幼童的青色资讯，因此构成实质性过度宽泛（substantial-ly overbroad）而违宪，而联邦最高法院也确认了上诉法院的判断方法。[77]

　　然而，究竟何为"实质性过度宽泛"，法院还是没有给予明确的界定。最高法院判决一再指出：事实上实质性过度宽泛这个概念是无法精确界定的，毕竟法院无法将法律的限制范围与宪法所允许范围进行数量上的比较，也不可能运用法律合宪适用与违宪适用的比例来判断法律是否构成实质性过度宽泛。[78]

　　然而得出合宪或违宪的判断并非一种任意的猜测，必须发展出一致普遍的方法。弗朗教授的理论即可提供一种适用的大致标准。弗朗教授主张应当通过衡量政府利益和权利的重要性来判断是否构成实质性过度宽泛。[79] 详言之，首先在确定宪法规范意义的基础上明确该基本权利的重要性（即权重）；接着确认法律对基本权利的限制程度；然后判断与基本权利的权重相比，法律所追求的政府利益的重要性是否足以证明法律对其所规制对象的限制是正当的。一般来说，当事人的基本权利越重要，法律对基本权利的限制越严格，法律的限制范围应当越小，法律对个人权利造成实质性的侵犯因而违宪的可能性就越大。反之，政府利益越重要越紧迫，立法者在选择法律规制对象时越是自由，法律构成实质性过度宽泛的可能性越小。以限制言论自由的法律为例，依其限制程度的不同可以分为三类：（1）审查性的法律（censorial law），即直接审查人们言论的内容或观点是否被法律所允许，如淫秽物品法；（2）禁止性法律（inhibitory law）即限制言论行为但对言论的立场保持中立的法律，如诽谤法；（3）补救性法律（Remedial laws），这种法律并非是直接限制言论的内容，而是限制言论的行使方式或表现形式，如禁止为集会而破坏公共秩序的行为、发布恐怖信息、非法恶意的煽动等行为的法律。由于审查性法律对言论自由的限制程度最大，构成对权利的核心范

---

[77]　Ashcroft v. Free Speech Coalition，535 U. S. 224 (2002)，

[78]　City Council v. Taxpayers For Vincent，466 U. S. 789 (1984)．

[79]　Richard H. Fallon，*Making Sense of Overbreadth*，100 Yale L. J. 853 (1991)．

围的限制，因此除非为促进重大的紧迫的政府利益不得不限制表达行为，此时一般宽泛的法律就已经构成实质性过度宽泛而违宪。与上述法律不同，禁止性法律的限制程度较小，只要是为了重要的政府利益，对于法律的规制对象立法者有较大的选择空间，所以只有当法律已经明显的阻碍了个人的言论行为时，法律才构成实质性过度宽泛。而补救性法律对基本权利的约束程度最小，仅限制了权利所保障范围的边缘地带，因而很少被认为是违宪的，除非它包含有歧视性的内容。[80]

2. 无法运用合宪限定解释补救

即使法律构成过度宽泛，如果采用合宪限定解释的方法，也未必非要做出文面违宪的判断。针对许多构成过度宽泛的法律，可通过对法律进行合宪限定解释去除其违宪部分，可以避免对法律作出文面违宪判断。[81] 这种挽救过度宽泛法律的方法经常为美国法院所采用。比如，在涉及《华盛顿州淫秽法》合宪性的Brockett v. Spokane Arcades, Inc. 案[82]中，美国最高法院支持了原告所主张的"淫欲"（prurient interest）的范围并不包括"通常的健康的社会欲望"，仅限于对性的"不体面的或病态的兴趣"，而《华盛顿州淫秽法》由于将色情兴趣界定为包括"通常的和健康的性欲望"导致过度宽泛，但法院通过合宪解释以此来回避作出文面违宪判断。而日本法院也有采纳类似方法的实践，在德岛市公安条例案件中，因以"之（Z）"字形示威游行的而被判刑的原告主张判刑所适用的法律依据，即《德岛市公安条例》第3条第3项因过度宽泛而违宪。该条例第3条第3项规定，进行集体游行或示威活动时，为保持秩序及公共安宁，应遵守维持交通秩序等事项。违反者，依照本条例第5条的规定处罚。对此日本最高法院通过将"维持交通秩序"解释为"超过了在道路上进行集体示威游行等井然有序平稳进行的一般程度以至于交通秩序阻碍伴随而来，行为带来了特别的交通秩序的阻

---

〔80〕　Note, *The First Amendment Overbreadth Doctrine*, 83 *Harv. L. Rev.* 844 （1969）. *Richard H. Fallon, Making Sense of Overbreadth*, 100 Yale L. J. 853 （1991）.

〔81〕　Shuttlesworth v. City of Birmingham, 382 U. S. 87 （1965）; Ward v. Illinios, 431 U. S. 767 （1977）; Parker v. Levy, 471 U. S. 733 （1974）; Smith v. Goguen, 415 U. S. 566 （1974）.

〔82〕　Brockett V. Spokane Arcades, Inc. , 472 U. S. 494 （1985）.

碍，应当命令避免该行为"，从而限缩了法律的限制范围，回避了违宪判断。[83]

为了防止无法可依的法律空缺现象发生，如果能够通过在一个或一系列案件中对法律进行合宪限定解释划清受宪法保护行为与不受保护行为之间的界线，就不必做出文面违宪判断。但是如果法律从根本上来讲就是错误的话，即法律的所有适用都直接限制了受宪法保护的行为，并且法律没有运用一种对自由限制更小的方法来实现紧迫的政府利益，以至于合宪限定解释不足以给予个人权利足够的保护，就必须适用文面判断。[84] 在 Schaumburg v. Citizens for Better Environment 案中，一项法律规定挨家挨户或在道路上进行的集资所筹集资金用于慈善活动的比例不得小于所筹资金的 75％。最高法院就判决该项法律由于过度宽泛而构成文面违宪。法院认为由于许多组织（包括原告即一个环境保护组织）的主要目的不是为穷人提供资金或服务而是为了其他慈善目的如收集或发布信息或者为公共利益而提出某些倡议，它们不仅要雇人来筹集资金，还要雇人来收集信息或提出倡仪，那么其费用很可能超过所筹资金的 25％。可见法律对这些组织的行为构成了直接且实质性的限制（a direct and substantial limitation），因此除非为了实现一个足够重要的利益，否则法律不可能得到支持。就本案的系争法律而言，政府所提出的为保护公众免受烦人的不适当的干扰这一法律目的，通过75％规则是无法实现，反而可以通过其他对权利限制较小的措施来达到。就阻止烦人的干扰而言，75％规则不足以区分慈善集资和商业目的集资，因为收集信息或者提出公共倡议的组织并不是恼人的，它们和商业集资不一样。政府完全可以通过较温和的方式来区分慈善集资和商业集资，如禁止欺骗或要求将账目公开。另外，75％规则和保护市民安全和隐私之间并没有实质性的联系。费用超过筹款25％的组织并不比没有超过 25％的组织对市民的安全和隐私危害更大。总之，法律的缺陷并不在于它适用于一些不应当禁止的组织，而在于它的假设——费用的高低是衡量集资是否适当的标准——是根本错误的。[85] 从法院的实践来看，

---

〔83〕 日本最高法院大法庭判决昭和 50 年 9 月 10 日，刑事判例集 29 卷 8 号第 489 页。

〔84〕 Secretary of State v. Joseph H. Munson Co.，467 U. S. 947（1984）.

〔85〕 Schaumburg v. Citizens for Better Environment，444 U. S. 620（1980）.

当法律构成过度宽泛的违宪是根本性的，完全违背了实质性宪法原则，且合宪限定解释不足以消除其违宪性时，才做出文面违宪的判断。[86]

（三）适用范围

在早期的宪法判断中，过度宽泛的判断方法主要适用在言论自由领域，但后来法院在其他领域如涉及旅行权、隐私权等基础性权利的一系列案件中也适用了过度宽泛理论。[87] 那么过度宽泛理论是否应当仅适用于言论自由之外呢？前文已述适用过度宽泛的文面判断方法将使得法律本身违宪无效，它应当是迫不得已的最后手段（last resort），而且基于权力分立原则下对立法权的尊重，所以只有当涉及具有重要价值的第一修正案权利时法院才适用文面判断的过度宽泛理论。[88]

弗朗教授则认为过度宽泛理论的适用范围应当扩大至更多基本权利领域，因为毕竟宪法不仅仅保障公民作为政治参与者，而且同时也保障作为防御国家机关的私人身份。而且在特定时期对于特定的人和事，言论自由反而没有其他宪法权利重要。再者过度宽泛的法律同样会对其他宪法权利产生畏缩效应，因此过度宽泛理论可以适用于所有基本权利领域。[89] 然而道弗教授却指出，弗朗教授的理论扩充本身可能也"过度宽泛"了。[90] 因为并非所有基本权利都如言论自由那般容易造成畏缩效应，言论自由在功能上毕竟与其他权利不同，言论自由是保障个人不受政府干预的最重要权利。因此，只有那些和言论自由一样容易受到畏缩效应影响的宪法权利才适用过度宽泛理论。例如堕胎的权利就是一项极易受到过度宽泛法律威胁的基本权利。由于能够堕胎的时间十分有限，在此短暂的时间孕

---

〔86〕 Marc E. Isserles, *Overcoming Overbreadth： Facial Challerges And The Valid Rule Requirement*, 48 Am. U. L. Rev. 359 (1998).

〔87〕 Richard H. Fallon, *Making Sense of Overbreadth*, 100 Yale L. J. 853 (1991).

〔88〕 Note, *The First Amendment Overbreadth Doctrine*, 83 Harv. L. Rev. 844 (1969).

〔89〕 Richard H. Fallon, *Making Sense of Overbreadth*, 100 Yale L. J. 853 (1991).

〔90〕 Michael C. Dorf, *Facial Challenges to State and Federal Statutes*, 46 Stan. L. Rev. 239 (1994)

妇不可能通过提起宪法诉讼来维护堕胎的权利，所以一旦要求对法律的挑战必须通过个案来进行，大多数孕妇将无法行使堕胎权。因此孕妇可能放弃堕胎，尤其是她缺少法律知识或资金来源的时候。因而禁止过度宽泛理论适用于堕胎权，将无法消除法律对妇女选择堕胎产生的"畏缩效应"。

与弗朗教授相比，道弗教授的理论较为持论平稳。如前所述，过度宽泛违宪的文面判断方法的基础在于对基本权利可能造成的"畏缩效应"，所以在那些并不会造成"畏缩效应"的案件中，这种方法自然就没有适用的余地，应当排除这种判断方法的适用。比如，在所有涉及程序性权利的案件中，都适用这种判断方法可能有欠妥当。具体而言，程序性权利可分为诉讼权和非诉讼性的程序权利。而诉讼权利以国家创造的诉讼程序为前提，过度宽泛的法律不可能通过限制其行为来阻止个人向法院提起诉讼，诉讼权利也就很难受到畏缩效应的影响。因此，过度宽泛理论并不适用于诉讼权，法院也就不适用文面违宪的判断。而对于一些非诉讼性的程序权利则与言论自由一样可能遭遇畏缩效应。[91] 以选举权为例，征收选举税的法律就可能导致穷人因不愿意交税而失去投票权，从而产生了畏缩效应。[92] 所以过度宽泛理论应当适用于非诉讼性的程序权利。

（四）更小限制手段（less restrictive means）基准与过度宽泛

过度宽泛违宪的理论并非意味着法律的限制范围与宪法所允许的范围完全一致，而是为了确保法律是谨慎制定的，确保法律对权利的限制是更小的。所以在分析法律是否过度宽泛时通常会探求是否还有其他限制更小的同样能够实现政府利益的方式。但是要确定是否有其他限制更小的方式，则需考虑立法事实的判断，而超出了单纯的文面判断的范畴。例如在 Houston v. Hill 中，针对立法规定"禁止有意阻碍警察或协助抓捕人执行公务"条款，美国联邦最高法院认为为了禁止阻碍警察执行公务的目的，可以采取更小限制手段如禁止挑衅性言语

〔91〕 Marc E. Isserles, *Overcoming Overbreadth: Facial Challenges And The Valid Rule Requirement*, 48 Am. U. L. Rev. 359 (1998).

〔92〕 Harper v. Virginia Board of Elections, 383 U. S. 663 (1966).

(fighting words) 或暴力行为，而无须禁止口头抗议。口头对警察提出抗议而不被判刑是法治国和警察国家的重要区别之一，宪法是不会允许对这种口头抗议判刑的。因此该法律的适用范围已经超出了必要的限度，构成过度宽泛。[93]

由此可见，过度宽泛的判断方法同"限制性程度更小的其他可供选择之手段"基准具有相似性。Monaghan 教授甚至认为二者之间存在着共生关系，即只要存在 LRA 基准适用的领域，则过度宽泛的判断方法即可适用。[94] 如果仅仅从概念逻辑出发，过度宽泛而违宪也可以说是对宪法权利不必要的限制而违宪。不可否认，过度宽泛文面判断的方法和 LRA 基准对立法事实的判断存在着交叉甚至重叠部分。然而过度宽泛违宪的判断乃一种文面判断方法，而 LRA 基准则是一种必须同时对宪法事实（司法事实或立法事实）进行认定的判断方法，如果做出法律法规违宪的判断，则需要对立法事实进行判断，确定是否有其他程度较小的限制手段，如果判断适用违宪，则需要对司法事实进行认定。再者，过度宽泛关注的是法律规范的限制范围是否过宽，而 LRA 基准则侧重于审查法律的限制程度是否过于严格。

此外过度宽泛的判断方法还与德国法上比例原则之必要性原则类似。必要性原则要求法律对基本权利的限制是实现立法目的所必要的，换言之法律的限制程度是最小。[95] 而是否最小还需通过与其他限制手段相比较方能确定，如果尚有其他限制更小的方式，法律的限制必定不是最小的。因此必要性原则的限制最小判断与过度宽泛的限制更小判断其实是一枚硬币的两个面。因此，在德国，法律如果构成过度宽泛，联邦宪法法院则以不符合比例原则为由做出法律法规违宪判断，而不区分所谓文面判断还是结合立法事实的判断。反之，如果在美国，法律限制范围过度宽泛则可直接适用文面违宪的法理判定法律法规违宪。

---

〔93〕　Houston v. Hill，482 U. S. 451（1987）.

〔94〕　Henry P. Monaghan，*Overbreadth*，Sup. Ct. Rev. 1.（1981）.

〔95〕　就这一点而言，德国的必要性原则和美国的 LRA 基准至少在功能相当。See David M. Beatty，*The Ultimate Rule of Law*，Oxford University Press（2004），pp. 162-163.

三、小结

运用这种方法无须结合宪法事实的认知和判断，因而被认为是一种攻击性较强的宪法判断方法。除了少数无须审查即明显构成违宪的情形之外，文面判断的方法主要包括法规范因过度宽泛而违宪和法规范因模糊笼统不符合明确性原则而违宪。各国宪法审查实践中，对文面判断的步骤和基准已经积累的大量案例，并发展出了各自不同的适用方法。对这些适用方法进行比较借鉴，进而运用宪法解释的方法对我国宪法上的许多条款进行解释，同样可以为法律明确性原则的宪法适用提供制度空间。

文面判断方法在宪法判断实践中被广泛运用，然而由于其并不以适用于特定当事人为前提，也有学者认为该方法和附随制审查模式并不相容，而对此方法加以批判。第一类批评是对该理论正当性基础的质疑。认为模糊笼统违宪和过度宽泛违宪理论缺少规范性基础，因为在宪法授予的司法权限当中找不到文面判断的依据，在当事人没有要求法院介入的情况下，法院就主动的审查法律并作出判断，这违背了司法的被动性与中立性。[96] 如此一来，法院的角色就由"案件"或"争议"的解决者变成了单纯的法律合宪性裁判者，这有违司法机关的职权与功能，侵犯了立法权，违背宪法争议的最后救济规则和宪法判断的必要性原则。[97] 第二类批评与其后果有关。由于法律被判断文面违宪，在制定出新法或法院对法律进行合宪限定解释之前，并未享有受宪法保护权利的个人就可以自由行事，这无疑将损害公共利益，阻碍了政治部门的及时行动，所以文面判断方法被批评为用药过猛（strong medicine）。[98] 其次，一旦适用文面判断的方法，与

---

〔96〕　Massachusetts V. Oakes，491 U. S. 576（1989），Scalia，J.，Concurring in Part and Dissenting in Part.

〔97〕　Gerald Gunther & Kathleen M. Sullivan，*Constitutional Law*，The Found Press，Inc.（1997），pp. 1328.；Luke Meier，*A Broad Attack On Overbreadth*，40 Val. U. L. Rev. 113（2005）.

〔98〕　Broadrick V. Oklahoma.，413 U. S. 601（1973）.

那些权利受宪法保护的人相比，权利不受宪法保护的人反而能对违宪法律提出更有力的挑战，这将有违司法保障个人权利的功能。

　　上述批评乃基于附随制模式以保障基本权利为主要功能取向的立场，然而文面判断方法本身也是为了消除法律对基本权利造成的"畏缩效应"，弥补适用判断对于基本权利保护之不足，因此即使在美国模式下仍对基本权利保障起着重要作用。加之宪法审查的发展方向也在逐渐由单纯的私权保障型向宪法保障型转变，因此实际上法院已由单纯的争议裁判者转向兼当立法和行政部门行为合宪性评估者的角色，为了实现其法律合宪控制的职能，法院的审查应当更积极更广泛。[99] 如果从保障合宪法律秩序的价值目标看，即使在附随制审查模式下文面判断方法仍有其正当性。然而即使是宪法审查机关并不欠缺作出文面违宪判断的正当性，这种方法也并非可以无限制的适用于任何案件。恰如芦部信喜教授所指出："在没有验证立法事实的情况下，仅仅将宪法与法律的条文进行概念性比较，从而决定违宪与合宪的宪法判断方法，则有可能做出与实态不相符合的形式化、观念化、说服力较弱的判决。"[100] 因此，在那些合宪还是违宪争议较大案件中，必须避免适用文面判断的方法，而需精确地对宪法事实进行确证，方能得出可被广泛接受的宪法判断。[101]

---

　　〔99〕 Luke Meier，*A Broad Attack On Overbreadth*，40 Val. U. L. Rev. 113（2005）.

　　〔100〕 ［日］芦部信喜：《宪法》，335 页，林来梵、凌维慈、龙绚丽译，北京，北京大学出版社，2006。

　　〔101〕 参见本书第四章。

第七章　全部违宪和部分违宪

所谓"全部违宪"，顾名思义乃指法律法规的全体违宪无效，而此处所指"全体"，既可能是某部法律整体违宪无效，比如欠缺立法权限或违反法律保留原则导致法律整体违宪无效；也可能是某条法律的整体违宪无效。而法令部分违宪可以是部分法条违宪无效，也可是某条法律的部分规范违宪无效。因此，所谓部分违宪无效和全体违宪无效的区分仅在于程度的不同，而并非可截然一分为二。比如，法律规范的全体违宪相对于部分规范违宪是全体违宪，但相对于某部法律整体而言则是部分违宪。基于逻辑上的严整性，依据程度不同，从整体违宪到部分违宪无效的判决方法可分为：（1）一整部法律规范体违宪无效，（2）法律法规的一部分法条违宪无效；（3）个别法条违宪无效；（4）法条的部分规范违宪无效。[1]一般而言，上述（1）（3）称为全部违宪，而相对的（2）（4）乃属于部分违宪。

上述部分违宪和全部违宪的判断方法在各不同模式的宪法审查制度下都有所采用。在典型的抽象审查制的法国，宪法委员会的判决可分为全部违宪和部分违宪两种；[2]而德国联邦宪法法院违宪无效的范围大致也可分为全部违宪无效和部分违宪无效，而违宪法律的范围可以是某部法律全部违宪，也可以是某法条违宪无效，也可是某法条的某一款违宪。[3]美国和日本宪法审查机关的宪法判断虽然以严格的必要性为原则，然而在宪法判断实践中也作出了为数不少的全部违宪判决，当然大多数还是属于部分违宪判决。

---

[1] 法条和规范不同，法条是规范的外在形式，规范是法条的意义，一个法条可被分割为多个规范。

[2] Louis Favoreu, *The Constitutional Council and Parliament in France*, *Constitutional Review and Legislation: An International Comparison*, Christine Landfried ed. Nomos Verlagsgesellschaft Baden-Baden (1988), p. 97.

[3] Wolfgang Zeidler, *The Federal Constitutional Court of the Federal Republic of Germany: Decisions on the Constitutionality of Legal Norms*, 62 Notre Dame L. Rev. 504 (1987).

一、全部违宪

（一）全部违宪的类型

全部违宪的判断方法在抽象审查下的德国、法国比较常见，而以具体审查为特征的美国、日本却较为少见。[4] 就德国而言，其作出的全部违宪判断大致有以下三类型：[5]（1）形式上违宪，如欠缺立法权限（如违反法律保留原则）、立法程序违宪等；（2）实质内容违宪，比如立法目的明显违宪；（3）虽然是部分规范违宪，然而部分规范和规范全体无法分离（Inseverability）。而法国的全部违宪判断大致可分为四种：（1）欠缺制定权限，如国会越权立法；（2）程序违法，即立法程序违反宪法或组织法的规定；[6]（3）法律实体内容侵犯宪法权利或违反其他宪法规范；（4）因不可分性而导致的全部违宪。比较而言，法国的（1）（2）类型的全部违宪判断与德国的（1）类型全部违宪判断范围上大致相当。

我国《立法法》规定：法律、行政法规、地方性法规、自治条例和单行条例、规章有下列情形之一的，由有关机关依权限予以改变或者撤销：

（一）超越权限的；（二）下位法违反上位法规定的；（三）规章之间对同一事项的规定不一致，经裁决应当改变或者撤销一方的规定的；（四）规章的规定被认为不适当，应当予以改变或者撤销的；（五）违背法定程序的。其中可能因

---

〔4〕　当然也并非完全没有，比如在部分违宪条款和法律整体不可分割时候，法院并不回避作出全部违宪的判断。See Michael C. Dorf, *Facial Challenges to State and Federal Statutes*, 46 Stan. L. Rev. 235 (1994).

〔5〕　Wolfgang Zeidler, *The Federal Constitutional Court of the Federal Republic of Germany：Decisions on the Constitutionality of Legal Norms*, 62 Notre Dame L. Rev. 504 (1987).

〔6〕　在法国除了宪法规范以外，组织法也是一个重要的违宪审查的判断基准审查基准，其效力形同宪法规范。而组织法本身也是可以受到违宪审查，且这种审查是一种强制性审查。宪法第 61 条规定："组织法在公布之前以及国会规则在生效之前，必须提交宪法委员会审查。" See Louis Favoreu, *The Constitutional Council and Parliament in France*, *Constitutional Review and Legislation：An International Comparison*, Christine Landfried ed. Nomos Verlagsgesellschaft Baden-Baden (1988), p. 97.

形式上原因构成全部违宪的情形是：超越权限和程序违法。立法法规定了全国人大及其常委会、国务院、自治地方的人大、地方人大及其常委会、国务院部门、省级地方政府和设区的市、自治州的政府的立法权限，如规定全国人民代表大会制定和修改刑事、民事、国家机构的和其他的基本法律，全国人大常委会制定和修改除由全国人民代表大会制定的法律以外的其他法律，并列举了应当制定法律的具体内容等。制定机关应当在自己的权限范围行使权力。超越权限进行的立法，与宪法和立法法的有关规定不符而构成违宪，应当由有关机关予以改变或者撤销。宪法和立法法对制定法律、行政法规、地方性法规、自治条例和单行条例、规章的程序都作了规定，立法机关应当严格依照宪法和法律规定的程序进行立法，否则构成违宪。然而，我国立法法没有对不可分性导致的全部违反上位法的情形予以关注，对此在未来法律进行完善时应当予以考虑。

全部违宪的判断类型有三：形式上违宪；实质内容违宪；因不可分性而全部违宪。

（1）形式上违宪。例如，在关于帮界划分的判决中，德国联邦宪法法院指出："联邦所制定的邦界重新划分法违宪且自始无效，因为依据宪法第118条规定，关于各邦邦界重新划分事项，联邦无权介入。"〔7〕属于此类形式上的违宪，则无论内容是否合宪皆可判断为整部法律全体违宪。

（2）实质内容全部违宪。整部法律规范只有一个条文，该规范违宪则自然构成全部违宪，当然此类型比较少见，比较多见的乃法律整体的立法目的明显构成违宪。

（3）与上述两种全部违宪形态不同，比较特殊的乃那种虽然部分违宪，却因为部分规范和其他规范无法分离而导致的全部违宪判断。这种类型的全部违宪又可分为法律全部违宪和法条全部违宪。前者是指违宪条文为法律整体的核心规定，或违宪的法律条文与其他条文之间具有不可分性，难以分割，若将其判断违

---

〔7〕 BverfGE 1，14ff.

宪，则其他规范将丧失独立存在的价值，此时需做出全部违宪判决。[8] 典型判例可举 1982 年德国联邦宪法法院判定《国家赔偿法》全体违宪无效的判决："由于欠缺立法权限而违宪的法条，乃该法的重要部分，且该部分与联邦有立法权限的其他部分无法分开，所以判决该法律全体违宪无效。"[9] 后者是对某个法条而言，无法将违宪部分与合宪部分分离故此判断法条整体违宪。典型案例可以举德国联邦宪法法院关于夫妻共同课税是否违宪[10]的判决。

夫妻共同课税违宪案件

《联邦所得税法》第 26 条规定了家庭合并课税制度："只要夫妻双方有完全的纳税义务和并非持续的分开生活，夫妻将合并申报所得税。这些前提要件必须于合并期间内至少存在四个月。在夫妻合并申报所得税时，将夫妻所得合并计算。"有 S 夫妇，夫为领取退休金的公务员，妻在零售商店工作。按照所得税法第 26 条，S 夫妇所需交纳税款较之于单独累进税率计算方法要交更多税款。S 夫妇不服税务局的决定而起诉至财税法院，法院申请联邦宪法法院审查该法第 26 条。宪法法院认定该法第 26 条侵犯基本法第 6 条第 1 款保障的婚姻家庭权利，为此抵触基本法。宪法法院同时指出所得税法第 26 条作为一个整体而无法分开，为此判断该条全部违宪无效。

（二）法效果的不同

上述区分的意义在于不同类型的全部违宪，其所导致的法效果并不相同。如果是实体内容全部违宪，则宪法审查机关作出违宪判断之后，任何机关都不可以制定内容雷同的规范；而因形式违宪而作出的全部违宪判断，立法机关仍可以形式符合宪法的程序制定内容完全相同的法规范。因实体内容的瑕疵而直接判断法

---

〔8〕　李建良：《论法规之司法审查与违宪宣告》，载《欧美研究》，第 27 卷第 1 期。
〔9〕　BverfGE 61，149f.
〔10〕　BverfGE 6，55.

令全体违宪和因法律不可分而判断全体违宪的情形，其最大的区别在于：如果审查机关因法律不可分性而作出法令全体违宪判断，立法机关对法律进行修改去除违宪部分后仍然可以再次制定与其他法条相同内容的法律规范，但是直接作出内容全部违宪则不可再次制定相同内容的法律。[11]

　　而且不同类型的全部违宪判断所导致的法效果根据不同宪法审查模式也各不相同。如果在以案件为前提的具体审查模式下，全部违宪的判断导致的结果是该法不适用于本案纠纷的解决，而在抽象审查模式下的法国，法国宪法委员会的全部违宪判断导致的结果就是法律不得公布，但重新提案不在此列。然而由于采取事前审查模式，即使是被判断全部违宪，也可以继续立法程序最终通过合宪的法律。德国的抽象审查程序作出的全部违宪判断与法国宪法委员会的全部违宪判断效果类似。所不同在于，德国的具体规范审查程序中作出全部违宪的判断其法效果同具体审查模式下的效果相同，即规范不适用于个案。

二、部分违宪

　　采取法令全体违宪无效的判决方法乃针对立法者一种较为严厉的手段，为此必须十分谨慎，以避免违宪判决所带来的负面影响。即使宪法审查机关并不欠缺作出全部违宪判断权限的制度模式下，全部违宪的判断也并非违宪判断的常态，大多数案件中都是谨遵违宪判断必要性原则尽量做出部分违宪判断。而在具体审查模式下，由于宪法判断乃限于案件所争议的法律是否违宪，至于该法律的整体是否违宪则无须作出判断，大多数判决也是判断适用于当下案件的部分法规范违宪。

　　法令部分违宪还可再分为部分法条违宪和法条的部分违宪。第一种部分违宪

---

〔11〕　Louis Favoreu，*The Constitutional Council and Parliament in France*，*Constitutional Review and Legislation：An International Comparison*，Christine Landfried ed. Nomos Verlagsgesellschaft Baden-Baden (1988)，p. 97.

乃判决某项法律的某些条文违宪，此类型的违宪无效可谓一种"量的部分违宪无效"（quantitative Teilnichtigerklarung）或"去除条文的部分违宪无效"（Teilnichtigerklarung mit Normtextreduzierung）。[12] 如果部分条款违宪并不会对其他合宪部分造成影响，即合宪违宪部分可以分开，则此时可以判决部分条款违宪。

法条的部分违宪乃指当法条可以分割为合宪和违宪两部分时，判断法条的一部分违宪，法条剩余部分合宪。这种部分违宪的判断方法的极端形态乃一种将特定构成要件进行重构，从而改变法规范原来含义的方法，因此如果运用不当极易导致对立法机关立法权限的侵犯。

由于美国型的宪法审查模式乃以案件性和争议性为前提，其所作出违宪判断大多属于部分违宪。比如在 Champlin Refining Co. v. Corporation Commission 案中，最高法院认为：法律的一部分违宪无效并不必然会影响其他剩余部分的效力，如果剩余部分完全能够与违宪的法律分离。[13] 此案确立了依据可分性而作出部分违宪判断的做法。

而在抽象审查模式的法国，宪法委员会要判断法律部分违宪，首先需要考虑违宪部分和法律其他部分是否可以分开，如果无法分开则判断全部违宪而不得颁布。如果可以分离则判断该部分条款违宪，总统可将全体法律退交议会重新审查或者颁布该法，但违宪部分除外。[14] 典型判例乃 1971 年的结社自由法案。[15] 针对本案宪法委员会判决，"第三章的规定必须被宣布违宪，由于从其起草和采纳的有关条文或从议会的立法辩论中，都看不出来以上引用的条款与法律的其他条款不可分离，因此，法律的其他条款并不抵触任何宪法规定。"[16] 然而法国模式的特殊之处在于，如果被判断为部分违宪，则总统依然有权力公布合宪部分，此

---

〔12〕　参见李建良：《论法规之司法审查与违宪宣告》，载《欧美研究》第 27 卷第 1 期。

〔13〕　Champlin Refining Co. v. Corp. Comm'n，286 U. S. 210（1932）．

〔14〕　胡锦光主编：《违宪审查比较研究》，252～253 页，北京，中国人民大学出版社，2006。

〔15〕　关于本案的介绍和评析可参见胡锦光主编：《违宪审查比较研究》，252～253 页，胡锦光撰写部分，北京，中国人民大学出版社，2006。

〔16〕　转引自胡锦光主编：《违宪审查比较研究》，252～253 页，胡锦光撰写部分，北京，中国人民大学出版社，2006。

时政府可以另行提出新的法律案，以此补充违宪法律规范领域的空缺。1959 年至 1987 年，法国宪法委员会共计做出违宪无效判断 70 件，其中 7 件直接判决部分违宪，61 件全体违宪，另有两件因为违宪部分无法自法律本身分开而判断违宪。[17]

结社自由法案违宪

法国关于结社自由的法律主要有 1901 年的《结社自由法》和 1936 年的《武装集团和私人民兵法》。1970 年 5 月，蓬皮杜内阁根据 1936 年的《武装集团和私人民兵法》解散了一个发表左翼言论的小型组织。作为对右翼政府的对抗，萨特等左翼知识分子组织成立一个新的组织，取名为人民之友，恰好和原来解散的自治同名。根据 1901 年的《结社自由法》第五章的规定，新组织向巴黎警察局递交申请，警察局认为其乃旧组织的翻版而不予批准。该组织提起诉讼，行政法院认为警察局不予批准不合法，推翻了警察局的决定。内政部长承认法院判决正确，然而却未上诉，而是向议会求助。内阁提出修正案修正 1901 年的《结社自由法》。

德国宪法法院的宪法判断与法国的纯粹抽象审查模式下不同，由于大多数宪法判断也是依附于具体案件和争议，因此宪法法院的宪法判断以部分违宪较为常见。一般而言，宪法法院会在判决正文明确指出违宪部分，比如，1983 年的"人口普查案件"，宪法法院判决《人口普查法》第 9 条第 1—3 项的规定违宪，其他部分并不违宪。[18]

---

〔17〕 Louis Favoreu, *The Constitutional Council and Parliament in France*, *Constitutional Review and Legislation: An International Comparison*, Christine Landfried ed. Nomos Verlagsgesellschaft Baden-Baden (1988), p. 97.

〔18〕 BverfGE 65, 1 (3, 71).

三、可分性问题

许多全部违宪的判断，并非是指所有法条都经过审查认定其违宪而作出的违宪判断。其中大部分是属于违宪部分和法律法规全体不可分割，故此判断为全部违宪。因此如何判断可分与不可分就成为选择全部违宪还是部分违宪判断的关键。[19] 比如杀害尊亲属加重刑罚规定违宪判决。[20] 该判决显然属于法律法规违宪的判断方法，问题在于可否适用可分性原则而采用部分违宪。如果排除了加重处罚的规定，则该条本身即失去存在意义，因此重罚部分和法条之间不具有可分性，因此应当判断该法条全部违宪。另一案件可举德国的谋杀罪合宪性判决，联邦宪法法院判决认为"残暴的"和"为掩饰另一犯罪行为"这两个构成要件可以毫无困难地与《德国刑法》第 211 条第 2 项其余构成要件相分离。

杀害尊亲属加重刑罚规定违宪判决

日本《刑法》第 200 条规定："杀害自己或配偶直系尊亲属的，处死刑或无期徒刑"，比起普通杀人，对杀害尊亲属者科以更重的处罚。而本案被告于初中二年级被其生父强暴，后被亲生父亲强迫产生了数十年形同夫妻的关系，并生有子女。被告因不堪虐待而杀害生父并自首。最高法院认为，《刑法》第 200 条对于杀害尊亲属所设定的刑罚远远超过其所欲达到的立法目的的必要程度，明显构成不合理的差别对待，违反违宪第 14 条第 1 款而无效，对该行为的处罚适用《刑法》第 199 条普通杀人罪的规定，并对被告作出了缓刑的判决。

---

〔19〕　然而法规范具有可分性并不必然会导致全部违宪，只有在部分规范与整体规范无法分离时，才判断全部违宪。如果某个条款与其他条款不可分割，则判断其他规范也构成违宪，而非全部违宪。See John Copeland Nagle, *Severability*, 72 N. C. L. Rev. 203 (1993).

〔20〕　日本最高法院大法庭 1973 年 4 月 4 日判决，刑集第 27 卷 3 号 265 页。

谋杀罪合宪性判决

　　柏林市警长 R 于 1973 年以现金交易方式将毒品卖给 L。其后警方对 L
住所的搜索时发现所藏毒品。L 打电话给 R，威逼 R 继续供应毒品，否则将
报警。R 答应继续供应毒品给 L，后在 L 家中"在半公尺的距离外朝其头部
连开三枪，强击命中要害"，L 当场死亡。法院认为 R 的行为系"为掩饰另
一犯罪行为而以残暴手段杀人"，因而构成《刑法》第 211 条的"谋杀"。但
法院认为该关联条款与基本法抵触为由申请联邦宪法法院进行审查《刑法》
第 221 条。该条规定如下：（1）谋杀者，处无期徒刑；（2）谋杀是指出于杀
人狂，为满足性欲、贪欲或其他卑鄙龌龊的动机，以残暴或灭绝人性或以至
公共危险的手段，为实行另一犯罪行为或为掩饰另一犯罪行为而杀人。

　　如果从法律规范的体系性角度看，一部法律的诸多法条之间乃紧密结合在一
起的，任何法律都应当被视为整体，因而都是不可分的。[21] 然而在如果从（宪
法审查）对法律合宪性作出必要的宪法判断的角度，必须承认法律的可分性，[22]
且各国宪法审查的实践也肯认了可分性原理，然而上文所举日本、德国的判决中
宪法审查机关对于如何判断可分性并未发展出一致标准和方法。而法律是否具有
可分性乃判断部分违宪还是全部违宪的关键所在，对于法律可分性的判断方法最
为成熟系统的乃美国宪法审查理论与实践所确立的可分性标准。

　　可分性问题虽然在美国宪法审查中作为重要问题被提出，然而这一问题并非
美国所独有。比如，发生在加拿大的 Blainey v. Ontario Hockey Association 一
案[23]可说明可分离性的问题。在本案中，一个 12 岁的女孩被禁止参加男孩的曲
棍球队。她提起诉讼，主张这违反了 1981 年的 Ontario 人权法第 1 条。该条款规

---

〔21〕　J. Gregory Sidak & Thomas A. Smith，*Four Faces of the Item Veto*：*A Reply to Tribe and Kur-
land*，84 Nw. U. L. Rev. 437，477（1990）．

〔22〕　"可分性"这一概念对应的概念有"severable"，"separable"，"divisible"，See John Copeland Na-
gle，*Severability*，72 N. C. L. Rev. 203（1993）．

〔23〕　Blainey v. Ontario Hockey Association，54 O. R.（2d）513（1986）．

定，"任何人都有受到平等对待的权利，不因种族、家族或性别而遭受歧视。"但该法第 19 条第 2 款规定，如果运动组织的成员或运动的参与者仅限于特定性别的人，这并不违反第 1 条。上诉法院认为，第 19 条第 2 款违反了加拿大的《权利和自由法》的平等保护条款，因此违宪。曲棍球协会提出异议，它认为如果缺少第 19 条第 2 款，立法者不会制定人权法第 1 条。但它不是主张第 1 条和第 19 条第 1 款都无效，而是主张两条款都有效，因为二者不可分离。法院多数派拒绝了此主张，但未考虑第 19 条第 2 款无效之后，第 1 条是否继续有效。而反对者认为，第 19 条第 1 款是可分离的，因为在法案中有许多对反歧视条款的限制，法院不会认为缺少这些限制，立法者就不会制定剩下的条款。其实上述加拿大的案例，围绕可分性的争议所主张的不同方法均来自于美国的实践。

根据 Nagle 教授对美国宪法审查中可分性问题的总结，可分性的类型大致有五种，而且这五种不仅适用于美国宪法审查实践，对于其他模式下判断方法也具有普遍性。可分离问题可能在下述情况出现：

（1）如果法律中的某一条款违宪且与整体不可分离，那么法律全部违宪。比如，违宪的条款属于整个法律的"核心规范"，其他条款都依附该条款而存在。

（2）某特定法律条款违宪无效，因为它不能与另一个违宪的条款相分离。例如，构成要件条款和法律效果条款之间的不可分性，如果构成要件过度宽泛而违宪，那么其法律效果条款由于与之不可分割而同属违宪；或者以违宪条款存在为前提的法律规范，典型案例可以举德国联邦宪法法院涉及工作权的药房案判决。[24]《巴伐利亚邦药店法》第 3 条第 1 项规定：

对于新设药店的许可，只有在如下情形下可以允许：（1）新设药店是为了保障人民医药供给且对公众有益；（2）该药店有一定经济基础，且不会导致其他临近药店丧失开业构成要件。为使药物平均供给，在许可时可以附加在特定地方设立的义务。

A 欲开设药店被拒，后提起宪法诉愿。宪法法院审查后认为，该法第 3 条因

---

〔24〕　BverfGE 7，377.

限制工作权而违宪。宪法法院判决：上述《巴伐利亚邦药店法》第 3 条第 1 款违宪无效，且由于上述第 1 款和第 2 款无法分离，因此这种无效宣告也包括第 2 款在内。

（3）当事人虽然主张法律的适用违宪，因为本案中法律的适用无法与合宪的适用情形分离，仍需判断全部违宪。合宪适用的部分和违宪适用的部分可以分割，则可作出适用违宪判断，否则只能做出法律法规违宪判决。即时国康夫教授所谓的"可分适用"问题。[25]

（4）当事人对法律的某条款提出宪法挑战，并主张法律是不可分离的，则无法再主张适用与该条款不可分的其他部分。比如，a、b 条款不可分，当事人主张 a 条款违宪，则不得同时主张适用 b 条款解决纠纷。

（5）当事人认为法律构成要件"包含过窄"或"包含过广"时，合宪部分与违宪部分能否分离。[26] 典型案形乃言论自由领域构成要件过度宽泛的法律规范，是否可以分为违宪部分和合宪部分，如果可以分割则判断适用违宪；如果不可分割则判断法律法规本身违宪。

日本的宪法判断实践虽然并没有是否具有可分性的明确判断基准，然而学说上亦不乏主张借鉴美国的可分性理论作出宪法判断。[27] 时国康夫法官认为衡量是否具有可分性的标准在于："如果被判断违宪的法条和其他部分有着较强的内在关联，以至于该违宪法条将会导致其他部分的效力和有效性遭到严重破坏，此时应当认定违宪的法规和其他部分不可分割。反之，如果判断某法条违宪不影响其他合宪部分的有效性，而且即使除去违宪法条，立法者仍可对该合宪部分进行立法，此时应当认定违宪部分和合宪部分具有可分性。"[28]

日本的可分性案例，虽然有可分性判例，却是在启动要件阶段，判断是否具有原告资格时适用的方法。也就是说，如果直接适用于该当事人的特定法规与其

〔25〕　〔日〕时国康夫：《宪法诉讼与判断方法》，231 页，东京，第一法规出版社，1996。

〔26〕　John Copeland Nagle, *Severability*, 72 N. C. L. Rev. 203（1993）.

〔27〕　〔日〕时国康夫：《宪法诉讼与判断方法》，231 页，东京，第一法规出版社，1996。

〔28〕　时国康夫，前引书，231 页。

他部分不可分割，则承认该当事人对该法规的整体具有提起宪法审查的资格，否则不可针对法规整体提起宪法审查。小商品市场调整措施法案即是一个典型的案例，该法规定未经许可开设小商品市场者将遭到一定的处罚。x 未经许可开设小商品市场遭到处罚，遂提起宪法诉讼主张该法所确认的许可制度违宪。最高法院认定 x 具有原告资格，因为虽然直接适用的依据乃相关的处罚规定，然而处罚规定和许可制度本身不可分割。[29]

四、可分性的判断基准

如上所述，法律法规的违宪部分与其他部分是否可以分开是决定判断法律法规整体违宪还是部分违宪的关键。对于如何判断法律规范是否具有可分性，美国的宪法审查实践已经发展出较为成熟的标准，因此日本学者积极主张日本宪法审查机关借鉴美国的判断方法。[30]

（一）可分离条款问题

1. 可分离条款（severability clause）以及不可分离条款

为防止法院宣告整部法律无效，立法者在法律中增加了可分离条款（severability clause），明确规定"本法某部分即使经违宪判断，该违宪部分不影响其他条款的效力。"这种规定在美国的立法实践中相当普遍，而其他国家也有类似做法，比如日本的《国家公务员法》第 1 条第 4 项规定："本法特定部分违宪无效，并不影响其他规定的有效适用。"[31] 也可以说是一种典型的可分性条款。

与可分离条款对应的乃不可分离条款，即立法者明确规定该法律特定条款与

〔29〕　日本刑集 26 卷 9 号 586 页，转自时国康夫：《宪法诉讼与判断方法》，233～234 页，东京，第一法规出版社，1996。

〔30〕　参见时国康夫，前引书，231 页。

〔31〕　转自时国康夫，前引书，228 页。

其他部分不可分离，相比而言，不可分离条款较为少见。典型的案例是 Biszko v. RIHT Financial Corp 案件。[32] 在此案中，争议的对象是针对一部限制 Rhode 岛金融机构范围的法律。原告 Rhode 岛银行的股票持有人认为这种限制是违宪的，且认为如果扩大金融机构的范围可避免违宪，为此主张判断限制地区银行的条款部分违宪，同时维持法律剩余条款的合宪效力。然而法院驳回了原告的主张，其理由在于该法律包含了不可分离条款，如果宣告特定条款无效，其他条款也会随之无效，那么可能会造成立法真空状态。

2. 推翻可分离条款的情形

一般而言，如果法律中存在可分离条款，则宪法审查机关即可推定条款可以分割而判断部分违宪。然而法律本身的可分离条款或不可分离条款可能会对宪法审查机关作出部分违宪或全部违宪判断产生影响。如果承认可分离条款，则宪法审查机关不得对其他部分作出违宪判断。如果设立不可分离条款，一旦承认不可分，为了回避将法律全体判断违宪而造成法律真空状态，宪法审查机关往往回避作出违宪判断，立法机关也可避免被判断违宪的命运。为了防止立法机关运用可分离或不可分离条款逃避合宪性控制。宪法审查机关对于法律法规中的上述条款本身也需要做出审查，而后决定法律是否具有可分性。

宪法审查机关推翻可分离条款的实例可举 1992 年美国的 Hill v. Wallace 案[33]，最高法院限制了可分离条款的适用。法院判决："该法第 4 条设定的处罚条款与那些违宪条款交织在一起，无法分离，因此它们都是无效的。"第 4 条之所以无效是因为它无法独立实施，因此与其他条款不可分离。该案乃较早忽略可分离条款的判例。在随后的 Dorchy v. Kansas[34] 案中，法院再次强调可分离条款提供了解释立法意图的规则，但并不是决定性的。而否认这种可分性条款的规则大致如下：

（1）其他条款丧失独立功能导致可分条款无效。也就是说，虽然法律规范中

---

〔32〕 Biszko v. RIHT Financial Corp, 102 F. R. D. 538 （D. R. I. 1984），aff'd 758 F. 2d 769 （1st Cir. 1985）.

〔33〕 Hill v. Wallace, 259 U. S. 44，70—71 （1922）.

〔34〕 Dorchy v. Kansas, 264 U. S. 286 （1924）.

有可分条款，然而如果将部分规范剥离后，其他条款将会丧失独立的功能，此时可分条款无效。典型判例乃最高法院在 Carter 案件[35]和 Alaska Airlines 案[36]中判决："如果法律缺少了违宪条款就无法独立发挥其功能，那么应当宣告整部法律违宪无效，即使国会在法律中写入了可分离条款。"这种规则甚至可以追溯至较早的 warrren 案件判决，这种依据可分后是否保有独立功能的衡量规则又称"功能标准"（functionality standard）。[37]

（2）情事变更导致可分条款无效。另一个推翻可分离条款的理由是：与法律制定时相比，审理案件时情境已发生了较大变化。如 United States v. Spokane Tribe of Indians 案件。[38]为扩大在华盛顿州的居留地开设的烈酒和纸牌赌场，印第安部落试图和州协商制定一部包含可分离条款的州的印第安游戏管理法（以下简称"IGRA"）。两年后，谈判没有成功，印第安部落提出了联邦诉讼，主张州官员拒绝真诚谈判。而华盛顿州以最高法院在 Seminole Tribe of Fla. v. Florida 案指出联邦的 IGRA 第 11 条修正案禁止个人对州提起宪法诉讼为由申请主权豁免。然而如果从立法历史来看，IGRA 原本授权州政府管理印第安居留地，但在起草该法时，国会有意选择不将权力授予所有州，而是小心谨慎的平衡部落和州的利益，这种平衡是通过允许部落强迫州与之真诚协商，否则可以通过对州起诉或呈交联邦印第安游戏委员会批准来实现与州的谈判。因此，国会在制定 IGRA 的可分离条款时所说的并不能代表其真正的意思，也就不能简单地假设国会把第 11 条修正案解释为禁止部落对州起诉。因而，部落请求法院基于情境改变而推翻可分离条款。法院指出此时应当将情况改变作为适用可分离条款的一种例外，所以支持了部落的请求。

---

〔35〕　Carter v. Carter Coal Co. , 298U. S. 238 （1936）.

〔36〕　Alaska Airlines v. Brock, 480 U. S. 678, 680 （1987）.

〔37〕　Michael D. Shumsky, *Severability, Inseverability, and the Rule of Law*, 41 Harv. J. On Legis. 227 （2004）.

〔38〕　United States v. Spokane Tribe of Indians, 139 F. 3d 1297 （9th Cir. 1998）.

（二）可分性推定

1. 一般的可分性推定

一般而言，法律的某部分违宪不应当导致其他部分无效，然而前提在于法律条款之间的可分性。基于违宪判断的必要性原则，违宪法律规范应当被推定为与合宪部分可以分离，即可分性推定。据此，当对于法律的可分性产生争议时候，举证责任的承担就依此确定：如果没有证据证明不可分离，则推定违宪部分和合宪部分可以分开。

根据宪法判断的必要性原则，如果没有必要则不得作出违宪判断，以保障法的安定性原则和避免侵入立法者的形成权限。因此，如果可以将违宪部分单独分离出来，对其作出违宪判断，则需要尽量将其分离，为此必须推定法律规范具有可分性，从而减少违宪部分对其他部分的"牵连"，避免不必要的违宪判断。同时将尽可能少的法律规范分离于其他法规范，也可防止出现过多的法律真空状态。可分性推定原则还可以从一般的合宪性推定原则中找到正当性依据，作为宪法判断对象之外的法规范自然需要做出合宪性推定，这种合宪性推定自然也需要推定其与违宪部分可以分离。而且，推定可分性原则可以防止以不可分为由将法律判断为全部违宪，尊重立法机关的权限空间，避免不必要的冲突。

2. 依据可分离条款的可分性推定

上文已述，法律中的可分离条款不一定直接导致宪法审查机关最终作出可分性的判断。然而，可分离条款毕竟是代表了立法机关在制定法律规范时的一种"意思表示"，因此宪法审查机关在判断是否具有可分性时，如果法律规范中存在这种条款，则宪法审查机关应当推定其具有可分性。在早期的判例中，这种可分离条款甚至直接被法院作为判断可分性的依据。然而自 warren 案中对可分离条款的效力否定之后，可分条款是否可以作为判断依据，宪法审查机关并未发展出一致方法。[39] 特别是 1930 年之后，究竟如何对待可分条款，则呈现出混乱局面。首次完整的确认法律中可分离条款具有可分推定判例乃阿拉斯加航空公司案件，因此该规则又称"阿拉斯加航空公司规则"（Alaska Airlines Formulation）。在 Alaska Airlines v. Brock 案[40]中，几家航空公司对 1978 年《定期航班管理法》第 43 条提出违宪主张，该条款规定航空公司有义务雇用那些长期雇员，以保护他们免受经济低迷的影响，同时该条款还规定了两院有权否决劳动部门为实施此计划而制定的规章。航空公司主张第 43 条应当完全无效，因为立法否决无法与该条款的其他部分分离。但哥伦比亚州上诉法院并未宣告整部法律无效。当案件上诉至最高法院时，最高法院确立了的可分性推定原则："当国会明确表达了法律可分的意愿（如制定可分离条款），则可推定国会并不希望法律的合宪性取决于某部分条款的合宪性。在这样的案件中，除非国会的意图明显相反，否则法律是可分的。"

就本案而言，法院在考察了立法历史之后指出，即使缺少立法否决条款，立法者也会制定该法，包括优先雇用权条款，因此法院维持了上诉法院的判决。由此，法院确立了可分离的推定规则。但这只是通常的假定，如果有证据证明立法意图恰恰相反，此假定是可推翻的。阿拉斯加航空公司案中确立的规则确定了可分性推定原则，即，如果法律包含了可分离性条款，那么它应当推定为可以分离。然而可分离条款所能够确立的只是初步的可分性，它并不意味着法律必须是可分离的。如果以下情形出现，则不适用可分离条款：（1）相关条款明显是不可分离的，（2）如果违宪部分被去除不符合立法者意图，或者（3）除非包含违宪部分，否则立法者不会通过该法律。[41]

（三）判断可分性的综合标准

上述阿拉斯加航空公司案件确立了排除可分离条款适用的条件，但推翻了可

---

〔39〕 Michael D. Shumsky, *Severability, Inseverability, and The Rule of Law*, 41 Harv. J. On Legis. 227（2004）.

〔40〕 Alaska Airlines v. Brock, 480 U. S. 678, 680（1987）.

〔41〕 Utah Power & Light Co. v. Pfost, 286 U. S. 165, 184-85（1932）.

分离条款之后，如何判断法律是否可分呢？法院援引了坎普林案件确立的检验规则，即所谓的坎普林规则。依此规则：如果（1）缺少该违宪条款，立法者也会制定剩余的条款；（2）剩余条款可独立于违宪条款，则法律是可分离的。

1. 坎普林规则

该规则起源于马萨诸塞州最高法院的 Lemuel Shaw 法官在 Warren 案件[42]中适用的规则。在此之前，法律一般被推定为是可分离的，违宪的条款及其适用并不会使整部法律违宪。就此案而言，法院认为拒绝给 Charlestown 市民州或联邦代表席位的条款是违宪的。那么，接下来的问题就是法律的其他部分是否违宪。首席法官 Shaw 认为该法律部分合宪而部分违宪，但他紧接着说："这有个限制条款，即合宪部分与违宪部分是彼此独立的。但如果它们彼此相连、相互依赖，如条件、报酬和赔偿条款则另当别论。如果（1）立法者把他们视为整体，（2）缺少该条款立法者就不会单独制定剩余条款，那么即使部分条款违宪，所有与之紧密相关的条款也随之违宪。"Shaw 法官接着说，由于法律的所有条款彼此相连、相互依赖，如果只保留合宪部分将无法正常实施，这不是立法者所愿意看到的，因此应当宣告整部法律无效。该案是第一个州法院试图确立可分离性检验标准的案件，随后最高法院的判决确认了这种判断方法。

在 1880 年的 Allen v. Louisiana 案[43]和 1902 年的坎普林案件[44]中，最高法院接受了这一判断规则。坎普林案的 Butler 法官指出："如果不是违宪的部分条款，则立法者就不会制定其他条款，则判断全部违宪；如果法律的合宪与违宪部分是可分别单独实施，则判断具有可分性。"这就是判断是否具有可分性的坎普林规则，在随后的案件中该规则被作为判断基准所广为采纳。[45] 依该规则，法律的可分离性取决于两个方面：

（1）分割后的剩余部分是否可以独立实施。如果剩余部分能够独立实施，那

---

[42]　Warren v. Mayor & Aldermen of Charlestown, 68 Mass. (2 Gray) 84 (1854).

[43]　Allen v. Louisiana, 103 U. S. 80, 84 (1880).

[44]　Champlin Refining Company v. Corporation Commission, 286 U. S. 210, 234 (1932).

[45]　John Copeland Nagle, *Severability*, 72 N. C. L. Rev. 203 (1993).

么法律就被推定为可分离。质言之，如果剩余部分能够独立于无效部分（坎普林规则的第二要点），那么就推定立法者意图使法律分离。

（2）分离是否符合立法目的。也就是说，如果缺少该条款，立法者就不会制定其他条款或者分割法律条款与立法目的相悖，则不得判断具有可分性。

2. 立法目的的决定意义

上述（1）通过检验合宪与违宪无效部分之间的依赖性或独立性来确定可分性的标准可谓一种客观标准，然而剩余部分能够独立运行，并不意味着立法者意图这么做，如果立法目的与此相悖则仍不可判断法律具有可分性，这个标准可以说是主观性标准。据此，违宪条款之外的其他条款是否可独立实施不足以确定是否可分，虽然可以独立实施，然而如果独立实施显然与立法目的相悖，也不可判断可分。标准（1）表面上看似客观，其实却有扩张宪法审查机关权限并限缩立法权限的危险。[46] 是故，必须满足上述两项标准才能确定可以分离。而且在（1）标准下，仅仅是推定立法者意图使法律分离，而如果一旦确认立法目的并非如此，则做出法律不可分离的判断，因此立法目的是否肯认可分性乃关键所在。实际上自 Warren 案之后，最高法院一贯将立法目的作为可分离问题的重要指引。[47]

上述通过探求立法目的判断是否可分的规则作为广为采纳的方法自然尤具合理性，然而其所面临的后续问题在于：立法目的如何确认？根据 Eskridge 教授和 Frickey 教授的归纳，此时确定立法目的有四种可能的方法：[48]（1）通过法律本身的含义确定（文本主义方法）；（2）法律的目的（目的论方法）；（3）立法者制定

---

〔46〕　Michael D. Shumsky, *Severability*, *Inseverability and The Rule of Law*, 41 Harv. J. On Legis. 227（2004）.

〔47〕　John Copeland Nagle, *Severability*, 72 N. C. L. Rev. 203（1993）.

〔48〕　William N. Eskridge, Jr. & Philip P. Frickey, *Statutory Interpretation as Practical Reasoning*, 42 Stan. L. Rev. 321，324-45（1990）.

法律时的动机;[49]　（4）如果面对此情形，立法者会怎样考虑（想象重构的方法）。

坎普林规则所确立的规则"如果不是违宪的部分条款，则立法者就不会制定其他条款"显然属于（4）。波斯纳法官肯定了这种方法，并指出法官就像是下级军官，在失去联系的时候，应当追问法规范制定者所期望的目标是什么。[50]与波斯纳法官所主张的单一化方法不同，劳伦斯·却伯教授提出了一种较为公允的综合性标准，其认为："（a）当法律部分违宪时，国会将怎么做或者想要法院怎么做，将国会的这种明显意图作为我们对国会法律涵义的理解和（b）探求未在法律中写明的愿望或暗示，这对应的二者之间存在着不可忽视的差别。"[51]虽然可分离性是有关立法意图的问题，但并非探究立法者面对某种情况时会怎么做，而应当首先采纳文本通常含义的方法来探求法律的真实含义。进言之，如果文本的意义非常清楚，就按字面意思解释；如果在例外的情况下文本是模糊的，法院就考虑其他的解释方法，如法律的结构、目的和立法历史等。也就是说，只有当字面涵义导致荒谬的结果，或者所导致的结果与立法者意图明显相违，或者结果造成立法目的落空，法院才会偏离法律的字面含义。据此，可分性的判断应当遵循如下步骤：首先，依可分离条款的字面含义，如果可分离条款明确具体则判断立法者希望可分；其次，如果没有此条款，则依法律的结构和立法历史来解释确定是否可分，最后，如果无法确定不可分，则推定法律是可分离的。

---

〔49〕立法目的与动机二者含义极其相似，不易区分，立法目的指法律本身的目的，而动机指的是立法者的意志状态。前者是属于法律本身，后者属于立法者。前者倾向于客观的，而后者倾向于主观的。许多场合，动机作为目的的佐证，目的是可以独立存在法律本身中，比如可在文本中明确规定得出。See M. B. W. Sinclair, *Legislative Intent*：*Fact or Fabrication*? 41 N. Y. L. Sch. L. Rev. 1329（1997）.

〔50〕Richard A. Posner, *Legal Formalism*，*Legal Realism and the Interpretation of Statutes and the Constitution*，37 Case W. Res. L. Rev. 179（1986）.

〔51〕Laurence H. Tribe, *The Legislative Veto Decision*：*A Law By Any Other Name*?，21 Harv. J. on Legis. 1（1984）.

五、小结

法律法规违宪需要判断者具有较强的法政策判断能力，甚至需要对特定专业领域的事实作出判断和认定，[52] 因此如果制度模式设计的机构缺乏上述知识装备和获取信息的途径，则应当慎用该判断方法。比如，一般普通司法机关可能就会欠缺这样判断能力。

部分违宪还是全部违宪的判断关键在于是否具有可分性，如果不可分离则作出全部违宪判断，如果可分则可作出部分违宪的判断。然而宪法审查中对于法律是否具有可分性的判断和一般法律适用时不同，作为宪法判断对象的法律规范和作为适用依据的法律规范含义的解释不同，从法律适用的逻辑看，第一种情形的法规范乃一种有待阐述的事实，而后者乃一种需确立具体含义的规范。在法律适用的场景，自然需要将法律视为不可分割的整体，从而对法律作出体系解释；但作为宪法判断的对象时，将其分为不同的部分，乃为了尽量保全法律规范的效力，减少对法律体系的冲击。因此，不同语境对于法律规范的推定方式不同，在一般法律适用场合需要推定法律规范体系乃统一的整体，而当法律规范本身成为宪法判断过程中有待阐述的"事实"时，则需要推定其具有可分性。

如果过多地否认法律的可分性，则可能以不可分割为由作出不必要的违宪判断，冲击法律体系的稳定性，甚至造成和立法机关正面冲突。反之，如果滥用可分性原理，过度将法律判断为可分，则可能会导致变相立法的危险。也就是说，将违宪部分单独去除后，剩余的法规范的含义必然会改变，如果这种程度较大，则无异于另立新法。[53] 如此，则宪法审查机关借可分性而对法律规范的含义作出修改，即有变相侵犯立法权限的嫌疑。究竟如何把握其中分寸，仍需返回到特

---

〔52〕　参见本书第四章"结合宪法事实的判断方法"部分。

〔53〕　Laurence H. Tribe，*The Legislative Veto Decision*：*A Law By Any Other Name*？，21 Harv. J. on Legis. 1（1984）.

定制度模式下，宪法审查机关在实施宪法过程中功能和权限分配；而宪法审查机关所作出的宪法判断本身对于这种功能分配又会产生一定反作用，进而形成一种动态的宪法秩序。

由于缺乏宪法判断的经验，我国法律制度对于部分违宪和全部违宪的情形有欠考虑。比如，《立法法》规定："全国人民代表大会常务委员会有权撤销同宪法和法律相抵触的行政法规，有权撤销同宪法、法律和行政法规相抵触的地方性法规，有权撤销省、自治区、直辖市的人民代表大会常务委员会批准的违背宪法和本法第七十五条第二款规定的自治条例和单行条例。"如果将其中有关的法规做出狭义解释，则全国人大仅仅有作出全部违宪的决定，而无法作出部分违宪的判断，其只能对违宪的法律全体进行撤销；即使其中仅仅某个条款违宪，而且违宪部分和合宪部分可以轻易分离。问题是在可以作出部分违宪判断时候仍然作出全部违宪，显然属于不必要的宪法判断，与宪法判断的必要性原则相悖，而且也会导致立法资源的巨大浪费和立法成本的增加。如果对其中的有关法规的含义做出扩大解释，则撤销这些法规的权限，也可包括撤销这些法规中与宪法法律抵触的部分内容和条款。

第八章　适用违宪的判断方法

所谓适用违宪，一般是指法令本身并不违宪，但是适用于当下个案构成违宪。[1] 该方法属于附带审查制度下常见的一种判断方法。典型的判例是日本的猿拂案。[2] 1967 年在日本众议院议员选举之际，北海道猿拂村的邮局职员 X，因将众议院议员选举海报张贴在公营的公告栏里，并另加分发，为此涉嫌违反《国家公务员法》而被起诉的案件。一审判决认为，对于从事机械性劳务的现职国家公务员，如果连其在上班时间以外，没有利用国家设施，也没有利用职务便利所实施的行为，也受到刑事处罚，则超出了必要最小限度的限制，因此系争法律在适用于本案当事人的范围内违反宪法第 21 条和第 31 条。该案之后，日本法院遂将适用违宪判断方法作为一种普遍采纳的方法。相较于日本适用违宪的判断方法，同为附带审查模式的美国宪法审查机关却显得较为积极。虽然也将适用违宪作为一般的判断方法，然而却并不刻意以适用违宪回避法律法规违宪。比如，日本在表现自由领域大量采用适用违宪判断方法，而美国类似案件却大多采用文面审查的方法而判断法令本身违宪。[3]

相对于判断法律法规违宪所造成的后果，该方法所导致的后果较为轻微，为此也可以看作是一种回避法律法规违宪的判断方法，体现了违宪判断的消极主义立场。相较于直接将法律法规本身判断为违宪，适用违宪一方面可对基本权利进行实质的救济，另一方面还可以回避因判断法律法规违宪而造成的重大政治和社会影响。[4] 然而其缺点在于回避将违宪法律直接剔除可能造成规范体系的"沙化"和零乱，甚至可能造成法体系的矛盾。

---

〔1〕 参见〔日〕芦部信喜：《宪法》，338～340 页；亦可参见吕艳滨：《适用违宪若干问题研究：基于日本的违宪审查制度》，载《宪政论丛》第 5 卷，北京，法律出版社，2006。
〔2〕 日本旭川地方法院 1968 年 3 月 25 日判决，下刑集 10 卷 3 号第 293 页。
〔3〕 〔日〕永田秀树：《适用违宪的法理》，载《法学家》，1994（1037）。
〔4〕 同上。

一、适用违宪的类型

芦部信喜教授根据日本的判例，将适用违宪的判断方法分为三类：[5]（1）无法做成法令的合宪限定解释，但并不判断法律法规违宪，（因为适用于其他案件可为合宪）而是判断法律适用于该案违宪而已。（2）尽管可以对法令进行合宪解释，但法令的执行者却不进行限定解释，而是违宪地加以适用，其适用行为违宪。（3）法令本身合宪，但其执行者将其以侵害人权的方式加以解释适用，其解释适用行为乃属适用违宪。在上述三类型说的基础上，也有学者认为适用违宪还应当包括如下两类：适用该法令时，宪法上所要求的程序不具备（比如，未经正当法律程序的没收）；法令部分违宪，判定该部分适用于当下案件违宪。然而这种分类由于严格按照日本的违宪判断为素材，因而在逻辑上并不严整。这种不严整也可以看作是宪法理论与实务的脱节，宪法诉讼理论试图将法院的判例体系化，但法院却并非按照理论预期那样做出判决。

而如果依据主体不同可分为下述两类：

（1）行政机关的适用违宪。现代行政一般要求行政行为必须有法律上的依据，否则可能无法通过司法审查。如果行政机关所依据的法律本身违宪，那么行政行为即使可以通过合法性审查，也无法通过宪法审查。但是当行政行为所依据的法律本身并不违宪，而是行政机关错误地适用法律或执行法律而侵害基本权利，则构成适用违宪（或运用违宪）。或者行政机关滥用自由裁量权导致基本权利受到侵害，其行为也构成适用违宪。

（2）法院对法律的适用违宪。适用法律乃法院的主要任务，如果法院判决依据的法律本身违宪，则按照不同的制度安排或者由法院直接判断其违宪或者由有

---

〔5〕　参见［日］芦部信喜：《宪法》，338～340 页；亦可参见吕艳滨：《适用违宪若干问题研究：基于日本的违宪审查制度》，载《宪政论丛》第 5 卷，北京，法律出版社，2006。

权机关作出违宪判断。如果法院所依据的法律本身并未违宪，而是法院在适用解释时，忽视宪法规范作为上位规范的拘束效力，违背了宪法，进而构成适用违宪。[6]

二、适用违宪的特征

（一）适用违宪与法律法规违宪的区分

一般而言，适用违宪不同于法律法规违宪，前者乃不涉及法律法规是否违宪的判断，后者则直接将法律法规判断为违宪。但二者并非泾渭分明，反而存在着不易区分的模糊地带。特别是在具体审查模式下，究竟是适用行为违宪还是适用于该案的部分规范违宪不易区分。比如对于日本的第三者所有物没收的违宪判决，[7] 究竟属于何种判断方法，学说上即存在争议。[8]本案的事实是：被告等人企图向韩国走私货物，后被海警发现，以走私罪逮捕。一审法院以违反《关税法》为由对被告作出有罪判决，判处有期徒刑六个月，同时依照《关税法》第118条第1款，将用于走私的船舶和所有走私的货物没收。二审法院做出维持判决。被告以被没收的货物中包含了除被告以外的第三人的所有物，且对这些货物的所有人的没收行为违反宪法第29条第1款为由提出上诉。最高法院认可了这一援用第三人的权利侵害而提出的违宪主张的适格性（third party standing），认为"第三人所有物的没收乃针对被告的附加刑，但是有必要给予货物所有者告知、辩护和防御的机会。如果没有经正当法律程序而没收，则构成侵犯财产权。"

---

〔6〕 一般法院的法官在审理案件时，如何在不同冲突规范之间做出抉择乃法官得出一般法律判断的前提，即法学方法上所谓的规范冲突问题。如果法官在个案中决定不适用某个规范，则必须提供论证理由，如果这种论证理由是源于宪法规范，则据此不适用其他规范，但由于并未对不适用规范作出宪法判断，可以说是一种广义的合宪控制。

〔7〕 日本最高法院大法庭 1962 年 11 月 28 日判决，刑集 16 卷 11 号第 1593 页。

〔8〕 ［日］永田秀树：《适用违宪的法理》，载《法学家》，1994（1037）。

而《关税法》第 118 条第 1 款并没有给予第三人告知、辩护和防御的机会。因此，依照《关税法》第 118 条第 1 款对第三人所有物的没收判决，违反宪法第 31 条和第 29 条。

然而对于该案，这种判断方法究竟属法律法规违宪还是适用违宪则成为问题。对此，学界有主张法律法规违宪，也有主张适用违宪。主张适用违宪者认为该案没收所有物的决定本身并不违宪，但是程序不符合宪法的正当程序条款而构成适用违宪，而且《关税法》对于没收的规定并不违反宪法，只不过是没收行为本身适用该案时违宪。[9] 然而如果从法律规定的内容来看，《关税法》对于财产权的限制本身并未规定相应的程序，因而该法本身也可能违反宪法的正当程序条款，因此主张法律法规违宪也是可以成立的。[10]

（二）适用违宪和适用合宪

和适用违宪相对的另一种判断方法是所谓的"适用合宪"的判断方法。比如，公民有穿衣服跳舞的权利，但不穿衣服跳舞并不受宪法保障。假设一项法律禁止所有跳舞活动。如果根据该法律惩罚了不穿衣服跳舞的公民甲，那么如果仅仅就适用于公民甲而言并不违宪，构成"适用合宪"。这种情形，其实是承认了法律可分为两个部分，一部分是如果穿衣服跳舞应当受到处罚，另一部分是如果不穿衣服跳舞应当受到处罚。据此，第二部分合宪，适用机关据此可作出处罚决定而不构成违宪。此时宪法审查机关只需要确定此合宪部分与违宪部分可分离，就可以做出"适用合宪"的判断，即判断该法律适用于当下案件乃合宪，法院无需断定该法律适用其他人是否违宪。然而如果从维护宪法秩序的角度，这种所谓的"适用合宪"的判断方法可能放任违宪法律继续存在而有欠妥当。

对于其部分适用合宪而部分适用却违宪的法令，宪法审查机关可以作出适用

---

[9] 参见［日］阿部照哉、池田政章、初宿正典、户松秀典编：《宪法（上）》，382 页，周宗宪译，台北，元照出版公司，2004。

[10] 比如，青柳幸一即认为该案件乃属法律法规违宪的判断方法。参见［日］青柳幸一：《法令违宪·适用违宪》，载［日］芦部信喜编：《讲座宪法诉讼》（第 3 卷），东京，有斐阁，1987。

违宪判断，或者通过合宪限定解释将法律本身加以合宪化，也可以直接对法律规范进行审查作出法律法规违宪。具体而言，有如下可能情形：（1）如果法律适用部分违宪，且适用于当下案件是违宪的，那么就本案当事人而言，作出适用违宪判断和合宪限定解释的结果是一样的：法律不适用于本案。但对法律而言，与适用违宪相比，合宪限定解释对法律适用范围的限制更多。（2）如果法律适用于本案合宪，但适用于其他假定的情形则违宪，那么对法律的合宪性以及对本案判决结果而言，选择法律法规违宪或者合宪限定解释所导致的结论是不同的。若选择合宪限定解释，法律被保留的部分仍然有效且适用于本案；若判断法律法规违宪，则法律完全无效，且不能适用于本案。[11]

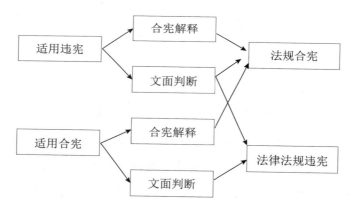

图表 9　适用违宪和法律法规违宪的转化

（三）适用违宪和"适用法律错误"的界限问题

一般而言，法律的适用自然应当考虑作为上位规范的宪法规范的"辐射效力"，即一般法学方法上的所谓的体系解释要求。如果适用法律规范时并未考虑

---

[11] Note，*The Supreme Court Interpretation of Statutes to Avoid Constitutional Dicisions*，53 Columbia L. Rev. 633（1953）．

宪法规范，则属于一种法学方法上的"适用法律错误"。在此意义上，适用违宪也可说是一种广义的"适用法律错误"。然而通常所谓的适用法律法规错误，是指应当作为依据的法律并非是实际据以作出法律判断的法律，但就适用违宪而言，法律依据并未发生错误，错的是对法律的适用违反了宪法规范。前者是明显错误，后者是隐含错误。

假设所有国家机关在适用法律时，都能够谨慎考量宪法的规定而适用法律，时刻不忘宪法角度的考量，那么采用适用违宪的判断方法就成为画蛇添足之举。然而各国的实践证明上述"假设"不过是理想状态，现实中，法院经常欠缺宪法角度的思考以至于侵犯特定主体的宪法权利或违反宪法的其他规定。因此，德国在抽象审查的模式下建立了宪法诉愿制度将法律适用和实施置于宪法法院的监控之下，以便为宪法权利提供充分救济。然而对于一般的法律适用错误，宪法法院并不加以过问，其仅仅对于那些适用法律时未考虑宪法规定的适用作出违宪判断。在"杂志封面上的回应报道文章与更正启事"案件[12]中，宪法法院指出："民事法律规定的解释和执行乃民事法院的职责，但是其必须顾及基本法对一般法律产生的价值规范意义，一方面民事法院只能引据与基本法不相抵触的规定作为判决的依据，另一方面民事法院在解释和适用民法规定时必须考虑受到影响的基本权利的意义与保护范围，而联邦宪法法院仅仅于事后审查此项要求是否被遵守。"而在"执业最高年龄限制之合宪性"的判决中[13]宪法法院指出："联邦宪法法院并非行政诉讼的最终审，因此行政机关的裁量错误并不可以进行如同行政法院那般广泛的审查。如果行政法院已经对于行政行为进行了审查，则宪法法院仅仅审查该法院判决本身是否违宪。"

在美国模式下，这种宪法判断较之于德国模式下要来得"早"，即在一般法律审查中附带解决宪法问题。因此这种宪法判断无须在程序上穷尽法律救济途径的前提即可作出。而德国宪法诉愿却必须符合"穷尽法律救济途径"这样的原

---

〔12〕　BverfGE 97，125，1998 年 1 月 14 日第一庭判决。

〔13〕　BverfGE9，338.

则。德国对于宪法层次和法律层次的问题区分较为明确，美国对于法律问题和宪法问题虽然也加以区分，但总体而言不如德国分明。

（四）适用违宪和合宪解释

其实合宪解释与适用违宪的判断方法都可以回避法律法规违宪的判断，就此而言，二者具有相似性，甚至时常交结在一起。比如在美国的联邦电力委员会案件（Federal Election Comm'n v. Massachusetts Citizens for Life，Inc.）中[14]法院既对法律进行限缩解释，回避法律本身的违宪问题，同时又做出适用违宪判断。这种合宪解释与适用违宪同时进行的判例在日本也较为多见。如果从结果看，合宪解释的效果是去除部分"不合宪的法律解释"，这同样是限定规范的适用范围，就此而言，与适用违宪的判断方法相类似。特别是在德国，合宪解释的功能与判断部分违宪的功能尤其类似。二者都可以回避法令全部违宪判断，从而避免与政治部门的直接冲突。[15] 然而基于功能分配的不同，宪法审查机关对于法律解释不得变更立法者基本决定和价值判断，否则有侵犯立法权的嫌疑。因此合宪解释需考量立法者的形成余地。适用违宪或部分违宪也会变更规范的实质内容（至少是部分），所以同样涉及对立法机关的尊重等宪法审查的界限问题。

即使合宪解释与适用违宪的判断方法有诸多相似之处，二者仍有不同：

（1）一个是违宪判断，另一个是合宪判断，为此所导致的结果自然就会大不相同。合宪解释是肯动性地确定一部分法律规范的效力，而适用违宪是否定性的废除一部分规范，如野中俊彦所指出："前者是默示的违宪判断，后者是明示的违宪判断"。[16] 再者，二者虽然同样是嵌入例外规则，但合宪解释乃宣告"在……范围内，符合宪法"，而适用违宪则正好相反，是声明"在……范围内和宪法抵触"。

（2）合宪解释的适用领域较之于适用违宪范围较为广泛，因为合宪解释是一

---

〔14〕 Federal Election Comm'n v. Massachusetts Citizens for Life，Inc.，479 U. S. 238，263（1986）.

〔15〕 Wolfgang Zeidler，*The Federal Constitutional Court of the Federal Republic of Germany*：*Decisions on the Constitutionality of Legal Norms*，62 Notre Dame L. Rev. 504（1987）.

〔16〕 ［日］野中俊彦、中村睦男、高桥和之、高见胜利：《宪法Ⅱ》，255 页，野中俊彦执笔部分，东京，有斐阁，1992。

种对抽象规范进行解释的方法，为此即使是一般普通法院可对法令作出合宪解释，而适用违宪的判断只有宪法审查机关可以作出。

（3）合宪解释乃在几种可能的解释之间选择，而部分违宪乃将特定的"事例群"从规范适用领域排除出去。[17] 因此合宪解释一般会确定法律的含义以及适用范围，而适用违宪只是对当下案件作出违宪判断，只是排除了法律在系争案件中的适用，至于法令在其他情形中如何适用则并未作出指示。

此外，只有当法律适用具有可分性，即将违宪适用部分和合宪适用部分可以分开时才能判断适用违宪，而合宪解释无须具备这种适用可分性。

（五）适用违宪与运用违宪

与适用违宪相关的另一种形态是运用违宪。运用违宪是指法律法规本身是合宪的，但该法律法规的一般运用过程违宪。由于运用违宪很难与适用违宪区分开来，因此学界对是否有独立于适用违宪形态的运用违宪颇有争议。对此青柳幸一教授尝试区分了二者，他指出：运用违宪虽然与适用违宪同样承认法令本身的合宪性，但与其不同的是，判断作为制度运用的整体违宪，为此而具有同法律法规违宪一样的抽象性判断。[18] 据此运用违宪的效力扩展至其他场合，不仅仅适用与该具体案件。除了法律法规违宪和适用违宪之外，违宪还应当包括极单纯具体的政府行为违宪这种形态。

一般而言，国家机关的行为必须依据明确的法律作出，在法治较为健全和完备的国家，政府行为很少缺乏法律依据，因此那种没有法律依据的具体政府行为并不多见。运用违宪的形态可以将这种情形涵盖在内。然而，在法律本身不完备，法治观念淡泊的国家，完全没有法律依据的政府行为可能广泛存在。这种行为一部分可以通过适用合法性审查追究违法责任，如果没有可以据以审查的法律，则可直接追究违宪责任。

---

[17] ［日］永田秀树：《适用违宪的法理》，载《法学家》，1994（1037）。

[18] ［日］青柳幸一：《法令违宪·适用违宪》，载芦部信喜编：《讲座宪法诉讼》（第3卷），东京，有斐阁，1987。

三、抽象审查模式下的"适用违宪"以及两种模式的一个比较

适用违宪判断只有以特定案件为前提的具体宪法审查中方可作出，如果是抽象审查则无法做出这种判断。[19] 在德国抽象型审查模式下，宪法审查实践中与"适用违宪"相对应的判断方法乃"实质的部分违宪"的判断方法。[20] 前文已述，德国联邦宪法法院典型的部分违宪乃判决某项法律的某些条文违宪，此类型的违宪无效可谓一种"量的部分违宪无效"或"去除条文的部分违宪无效"，比如直接判决某部法律的若干条款违宪无效。除此之外，德国宪法法院也采取另一种部分违宪，这种部分违宪的判断方法和美日模式的适用违宪颇具类似性，此即"质的部分违宪"。在此情形下，宪法法院并非直接判断某法条违宪，而是判决某法规范下某种"案型"违宪。宪法法院采取的表述方法一般如下："x 法第 y 条，在……范围内，违宪无效。"根据这种方法，宪法法院一般仅仅将某些法律适用于特定的情形，判断为违宪。虽然对于该法条的继续适用并不产生影响，然而实质上该法条的含义已然改变。因此德国宪法学说称之为"未减缩条文的部分违宪无效"或"质的部分违宪无效"。

典型判例可举"第一次堕胎"案件：1974 年德国国会修改《刑法》，在原有条文基础上增加第 218a 条："自受胎之日起算十二周内，经过怀胎妇女本人承诺同意，并由医生实施的堕胎，可以免除处罚。"然而就此规定联邦众议院 193 位议员、若干邦政府分别向宪法法院提起抽象审查程序。对此联邦宪法法院判决该

---

〔19〕 适用违宪判断方法的这一前提极其容易被忽视，比如季卫东教授的《再论合宪性审查——权力关系网的拓扑与制度变迁的博弈》一文即倾向认为在脱离个案的审查程序中也可作出适用违宪的判断方法。在该文中，季卫东教授并未区分适用判断和文面判断以及宪法事实判断的形态和适用违宪与法令违宪的因果关系，甚至对具体审查和抽象审查也未作区分，而笼统的认为适用违宪和法律违宪是可以适用于任何模式下的判断方法。参见季卫东：《再论合宪性审查——权力关系网的拓扑与制度变迁的博弈》，载《开放时代》，2003 (5)。

〔20〕 ［日］永田秀树：《适用违宪的法理》，载《法学家》，1994 (1037)。

规定违反宪法第 2 条第 2 款（生命权）和第 1 条第 1 款（人性尊严），其判决如下："《刑法》第 218a 条的规定，如果系将违背基本法价值秩序的堕胎行为，排除于刑罚之列，那么在此范围内（该法条）违宪无效。"[21] 然而本案的关键在于何谓"违背基本法价值秩序的堕胎行为"？宪法法院所判决违宪的案型或事例群乃一个高度不确定的构成要件，即以宪法上的概念来解释《刑法》上的构成要件，换言之，乃将宪法规范作为《刑法》的"参照规范"。如此虽然可督促普通法院适用《刑法》时积极作出符合宪法的解释，然而另一方面却无法提供确切的指引而造成适用上的困难，仅仅是将合宪控制的任务赋予了普通法院罢了。

这种"质的部分违宪"的判断方法，由于脱离了可供依附的具体案件而将法规范分为合宪和违宪两部分并将违宪部分去除；那么，如果过度运用，则可能导致审查机关借此进行变相立法的危险。也就是说，将现存法律需改动的部分判决违宪，与实质的修改法律规范并无二致。"质的部分违宪"可以说是一种德国版本的适用违宪判决，它是在抽象审查程序中作出，为此和美日模式下那种谨守案件性和争议性原则下的适用违宪判决自然不可同日而语。[22] 比较而言，主要不同在于：

（1）德国宪法法院是判定"适用于特定情形的法律法规违宪"，而日本却是"法令的适用行为违宪"。[23] 其原因可以归结为德国采取的是一种无须以案件性为前提有关的抽象审查，而美日乃以附带审查为前提的具体审查。也只有在类似于德国宪法审查的正当性并不存在较大争议的模式下，这种"质的部分违宪"判断方法方才可能。

（2）德国的"实质的部分违宪"判断方法，一方面可以回避全面违宪的判断，尊重立法机关的形成余地，同时可以针对宪法诉愿或具体规范审查中提起的问题寻求最合适的解决方法。这与日本的适用违宪的判断方法具有一定共性。但

---

〔21〕　BverfGE 39, 1ff.

〔22〕　其实日本的适用违宪与德国的部分违宪也并非完全等同，比较来看德国的部分可能违宪包含了日本的法令违宪和适用违宪两种形态。参见［日］永田秀树：《适用违宪的法理》，载《法学家》，1994（1037）。

〔23〕　［日］永田秀树：《适用违宪的法理》，载《法学家》，1994（1037）。

一般而言，适用违宪判断的前提是合宪部分与违宪部分可以分割开来（seperati-bility）。[24] 如法律的合宪部分和违宪部分无法分离，德国宪法法院就会判断法令全面违宪。在日本，则可能采用合宪解释而不是判断法律法规违宪。

（3）对当事人基本权利的救济而言，二者的效果也不同。德国宪法法院与普通法院的功能分配，使得具体事件的救济和规范控制不容易兼顾。虽然多采纳法律法规违宪的判断，但从纠纷解决的角度看并非最适当的途径。而美日附随审查模式下，法律解释机关和宪法解释机关统属普通司法机关，这种体系的同一性可使得在纠纷解决上灵活处理。

（4）前文已述，德国的宪法法院较之于美、日法院，回避宪法判断的场合要少很多。因此德国的宪法判断方法以"文面审查"得出法律法规违宪结论为原则（法律法规违宪无效）；而美国、日本的法院采纳的判断方法却是"适用违宪优先原则"。[25]

在美日模式下，适用违宪的判断方法谨守司法机关的界限，同时可以避免与政治部门的直接冲突和对立，为此不失为一种可行的方法。[26] 在那些普通法院审查模式下，固然可以活用适用违宪的方法，但在抽象审查模式下这种方法的适用空间却十分有限。因此德国宪法法院一方面寻求应对抽象宪法问题的解决方法，另一方面力图克服制度上的弱点，发展出来了可以与美国附随制宪法审查相当的灵活的判断方法。

四、适用违宪与法律法规违宪的优先顺序

适用违宪和法律法规违宪的判断方法之间的选择乃美日模式下所必须面对的

---

[24]　Note, *The Supreme Court Interpretation of Statutes to Avoid Constitutional Dicisions*, 53 Columbia L. Rev. 633（1953）.

[25]　［日］永田秀树：《适用违宪的法理》，载《法学家》，1994（1037）。

[26]　比如日本的伊藤正己法官即主张日本法院应当"活用适用违宪"的判断方法，参见［日］伊藤正己：《法官和学者之间》，126 页，东京，有斐阁，1993。

问题，[27] 对此，美国的宪法审查理论和实践发展出了较为丰富的理论。美国法院判断违宪的方式有二：或者宣称法令文面上违宪，或者宣布其适用于某特定场合违宪。[28] 这个分类意义重大，如果法院宣告法令文面违宪，除非法院限缩法律本身的适用范围，否则该法令可能在以后的所有案件中都不予适用；反之如果法院宣告其适用于特定案件违宪，法令在其他场合仍可适用。然而法律法规不仅仅因其字面上的瑕疵而违宪，通过对立法事实的审查也是同样可能会得出法律法规违宪结论，即使从字面上无法得出其构成违宪。[29] 因此，日本的宪法学说以及宪法审查实践在美国学说的基础上，提出了法律法规违宪和适用违宪的判断方法。[30] 这两种判断方法大体可以对应美国的文面违宪和适用违宪的判断方法。所不同之处在于：法律法规违宪除了法令因文面而违宪之外，还包括那些通过对作为宪法事实的立法事实的审查得出违宪结论的判断方法；而美国的文面违宪判断方法，其实等同于根据法律法规的文面而作出法律法规违宪的判断方法。违宪的法律在适用于具体案件的时候，往往既可以做出适用违宪判断也可作出法律法规违宪的判断，即法律法规违宪和适用违宪的选择竞合。对于如何选择适用，一种极端的观点是宣告整部法律无效，即法律法规违宪排除适用违宪；另一种极端的观点则建议通过一个个的案件来解决违宪问题，即适用违宪排除法律法规违宪。[31]

（一）适用违宪排除法律法规违宪：萨勒诺基准

一般而言，在美日附随制审查模式下以适用违宪判断为原则，法律法规违宪判断乃一种例外的判断方法，只有在不可能作出适用违宪判断的情况下才可以做

---

[27] 由于德国、法国等抽象审查制度模式下，这种选择难题并不多见，且日本学说也大多以美国的理论为范本研究，因此本书以美国的宪法判断为核心展开。

[28] Michael C. Dorf, *Facial Challenges to State and Federal Statutes*, 46 Stan. L. Rev. 235 (1994).

[29] 参见本书第四章"作为宪法事实的立法事实"部分。

[30] ［日］青柳幸一：《法令违宪·适用违宪》，载芦部信喜编：《讲座宪法诉讼》（第3卷），东京，有斐阁，1987；有关日本法令违宪和美国的文面违宪判断方法的异同比较也可参见［日］高桥和之：《宪法判断的方法》，180～183页，东京，有斐阁，1995。

[31] Note, *The Aftermath of Chadha：The Impact of the Severability Doctrine on the Management of Intra-governmental Relations*, 71 Va. L. Rev. 1211 (1985).

出法律法规违宪判断。这种限制的一个极端的标准即是所谓的"萨勒诺基准"。根据该基准，只有在法律法规完全没有任何合宪适用的余地的前提下，才可作出法律法规违宪判断。在此基准下，国家机关只需要举出一个例子说明法律法规仍有合宪适用的余地，就可以有效反击文面违宪主张。由于该原则乃美国最高法院在 United States v. Salerno 案件中所确立，因此称为"萨勒诺基准"。在 United States v. Salerno 一案中，法院宣称："当事人主张法律法规因为文面而违宪的成功率是最低的，因为文面审查需要建立在完全不存在其他合宪适用情形的前提下，如果有任何可以合宪适用的可能，文面违宪的判断方法将被排除。"[32] 该基准可以追溯至 1912 年的 Yazoo & Mississippi Valley R. R. v. Jackson Vinegar Co. 案件，[33] 法院拒绝判断文面违宪因为法律有合宪适用于其他场合的余地。在本案中，铁路公司主张，密西西比的法律违宪，因为其规定铁路公司赔偿所有货物损害，该法律规定的赔偿范围显然过大而构成违宪。然而法院最后认定，由于该法适用于当下个案乃属合宪，故不构成法律法规违宪。

依据上述基准，一旦采取适用审查，系争法律无法合宪适用于该案时，当事人无须说明法令是否还有其他合宪适用的场合，可直接判定主张违宪，因此较之于主张法律法规违宪，当事人主张适用违宪的成功率较高。另外，如果无法判定适用违宪，那么根据"萨勒诺基准"，他更无法主张文面违宪；因为根据该基准至少还有系争案件可以合宪适用，即仍有可合宪适用的场合。简而言之，只有可判断为适用违宪的前提下，才可能判断法律法规违宪；如果无法判断法律适用违宪，更不可能判断文面违宪。因此依据该基准，为使自己的权利得到救济，提高胜诉的概率；当事人必然会主动回避提出法律法规违宪主张。如此，可能导致限制基本权利的违宪法律法规依然"逍遥法外"，从而直接与宪法审查保障宪法秩序的目的相违背。

而且，许多违宪法律法规本身可能属于"过度宽泛"而违宪。[34] 比如，对

---

[32]   United States v. Salerno，481 U. S. 739，745（1987）.

[33]   Yazoo & Mississippi Valley R. R. v. Jackson Vinegar Co.，226 U. S. 217，219-20（1912）.

[34]   参见本书第六章"文面判断的方法"。

任何不穿衣服跳舞的行为加以处罚的法规范，由于其限制范围过度宽泛而显然构成违宪。然而如果将该法规范适于那些公开场合的淫秽表演，并不构成违宪。再如，法律规定任何人不得进行科学研究，该规范显然违宪。然而如果将其适用于有悖伦理道德的科学研究，则并未构成违宪。因此，上述大多数违宪的规范都可以合宪的方式适用。如果严格按照上述萨勒诺基准，当事人主张法令本身违宪就无法获得法院的支持，就毫无意义可言，多数违宪法律法规也就可以逃脱被判定违宪的命运。宪法审查机关必须判断这些法律文面违宪，而实际上这些法律很少有适用合宪的机会。因为即使是在多数场合法律适用都会违宪，但只要有一个想象的场合可以合宪适用，就无法判断法律本身违宪。如此一来，将留下了合宪控制的漏洞。因此，对于那些合宪适用的可能性极小的法律法规，审查机关应当做出法律法规违宪的判断。

（二）法律法规违宪排除适用违宪：萨勒诺基准的适用例外

根据萨勒诺基准，如果可以作出适用违宪的判断，则无须对法律本身作出违宪判断。然而，对那些已经明显构成违宪的法律，即使有合宪适用的余地，也不得回避作出法律法规本身违宪的判断；比如法律所明示的立法目的明显违宪，则需立即作出法律全体违宪。除了这种明显构成违宪的法律之外，还有其他两种类型的案件乃适用上述基准的典型例外情形。

1. 平等原则下的"包含过窄"问题

与文面判断方法中的过度宽泛而违宪的原理不同，在平等权领域中的某些案件乃因"包含过窄"而违宪。对于"包含过窄"的法律，是通过将其他对象包含进来扩大其范围？还是将其判定为法律法规违宪？例如某法规定：非洲裔美国人乱丢垃圾当罚，其他种族则无须处罚。该法律显然违宪。假设当事人主张文面违宪，法院如何分开合宪适用部分和违宪适用部分呢？这是无法分开的，因为该法律根本就不适用其他种族的美国人。这种情形下，如果坚持全无合宪适用余地才判断法律法规违宪，则可得出荒谬的结论。因为对非洲裔美国人乱丢垃圾作出处罚，并不违宪，因此本案在大多数场合适用都是合宪的。

除了将法律全体判断违宪外，尚有另一种方法。即将原来的法律规范区分为下述两部分：（1）乱丢垃圾当罚；（2）但是如果不是非洲裔美国人则不罚。该法律的缺陷在于其仅仅适用非洲裔美国人，违宪是因为其"范围过窄"。如消除其"范围过窄性"，则合宪，而消除范围过窄的方法是扩大其适用范围。我们只需要将后者除去则法律规范即合宪。虽然上述方法可能有侵犯立法权限的嫌疑，但比第一种方法可能更适合解决宪法问题。

这种通过扩大范围的方法较之于直接宣告违宪，更能兼顾法的安定性原则。且如果宪法审查机关尊重立法机关，则需要尽可能挽救法律，而不是直接废弃法律。如扩大法律规范的范围可以达到这个目标，将法律完全废弃却无法达到该目标。然而，其问题也是明显的，比如上述例子中，如果依据该法处罚其他人，这是否与罪刑法定原则或处罚法定原则相悖。

如 Contrasting Orr v. Orr [35] 案件，当事人认为法律规定丈夫向妻子支付赡养费违反平等原则。法院指出，在任何以平等保护为由主张法律违宪的案件中，政府可能以下述两种方法来完成宪法的要求：扩大受益对象至先前承担不利的一方，或者使双方都不获得利益。因为我们不知道政府究竟采取何种方式，因此无法区分合宪部分和违宪适用部分，此时法律法规违宪排除适用违宪。

2. 对基本权利的畏缩效应

由于限制言论自由的法律可能导致畏缩效应，因此一旦法律规范的限制范围过度宽泛，即使该法律规范有合宪适用的可能性，仍须做出法律法规违宪的判断。比如在 Salerno 案中，美国最高法院指出："适用于言论自由领域的过于广泛违宪的文面判断方法可以作为该原则的一个例外。"[36] 也就是说，即使有合宪适用余地，也可以适用法律法规违宪的判断。而在随后的 Rav 案件[37]中，法院采用文面违宪判断方法。对于禁止陈列导致种族性别等恐慌、愤怒的标志的法律，虽然州法院认为只是禁止了宪法不予保护的攻击性言论，最高法院却认为该

---

〔35〕　Contrasting Orr v. Orr，440 U. S. 268（1979）．

〔36〕　United States v. Salerno，481 U. S. 739，745（1987）．

〔37〕　R. A. V. v. City of St. Paul 112 S. Ct. 2538（1992）．

法律禁止了所有的攻击性言论（包括宪法所保护的攻击性言论）。

其实这种审查与德国模式下的抽象审查并无二致，由于过于宽泛的法律对表达自由具有特别的畏缩效应，因此当事人可以主张法律本身违宪，无论该法律适用于其本人是否违宪。法院可以判定过度宽泛的法律本身违宪。换言之，此时法律的适用情形被推定为不可分，即合宪适用和违宪适用法律无法分离。[38] 因此，自然无须再判断是否还有合宪适用余地。言论自由领域案件不适用萨勒诺基准的原因乃在于，过度宽泛的法律规范本身所导致的畏缩效应，然而根据道弗教授的研究，其实不仅仅限制言论自由的法律可能导致畏缩效应，限制其他基本权利的法律也可能产生畏缩效应，特别是在那些基础性权利（fundamental rights）领域。[39] 如果法律对基本权利产生畏缩效应，即需要通过判断法律本身违宪来去除这种畏缩效应，换言之，无须完全符合"全无合宪适用"条件也可做出法律法规违宪的判断。

3. 目的违宪

一般而言，如果法律法规的目的显然不合宪，则构成法律法规违宪。[40] 虽然实践中，目的明显违宪的情形并不多见，但这种极端的形态却构成了一个排除萨勒诺基准的例外。如果法律服务于一个宪法所不允许的目的，法院不能通过分离合宪适用和违宪适用来挽救该法。如果违宪的目的扩散到所有适用的案件当中，就不存在该法能够被合宪适用的情形。而萨勒诺基准关注的是法律的适用，而不是其目的。因此该基准并不适用于法律目的违宪的情形。在 Lemon v. Kurtzman[41] 案中，法院认为一项法律违背了第一修正案的政教分离条款，如果（1）它缺少一个长期的合法目的，或者（2）它的主要作用是促进或禁止某个宗教，或者（3）它导致政府与宗教纠缠不清。而在 Edwards v. Aguillard[42] 案中，法院

---

〔38〕　Henry P. Monaghan, *Overbreadth*, Sup. Ct. Rev. 1, 3. (1981).

〔39〕　Michael C. Dorf, *Facial Challenges to State and Federal Statutes*, 46 Stan. L. Rev. 235 (1994)

〔40〕　Ashutosh Bhagwat, *Purpose Scrutiny in Constitutional Analysis*, 85 Calif. L. Rev. 297 (1997).

〔41〕　Lemon v. Kurtzman, 403 U. S. 602 (1971).

〔42〕　Edwards v. Aguillard, 482 U. S. 578, 613 (1987).

运用了 Lemon 案的目的检验方法。此案涉及路易斯安那州规范生物科学和进化论研究的法律。法院拒绝承认州所说的目的，即促进学术自由，而认为法律的真正目的是限制而非扩大科学课程，因此认可了某种宗教观点。该案确立了萨勒诺基准不适用于目的违宪的法律的判断，即法律法规违宪优先于适用违宪判断。

（三）排除适用违宪的判断标准

由于其渐进性和个案性，适用违宪判断的方法在某些情况下难以给予权利有效的保障。相比较而言，判断法律法规违宪有时更有利于保护权利。而且根据萨勒诺基准，法院要确认系争法律是否对于所有其他案件全无合宪适用余地，必须穷尽所有可能适用的场合，这项工作显然既无必要、也不可能；因此该基准本身即有问题。[43] 上述全无合宪适用余地基准一经提出，即遭到广泛的批判，随后该基准被新的标准所代替。只要法律在大部分案件中无法合宪适用，而非在所有案件中都无法合宪适用，法院就判断法律法规违宪。[44]

在 Planned Parenthood v. Casey[45] 案件中，法院推翻了萨勒诺基准，而发展出来了所谓的不合理负担基准（undue burden standard）。在该案中受到挑战的是《宾夕法尼亚州堕胎法》的某些限制条款。法院拒绝了 Roe 案的三阶段标准而采取了新的标准。法院认为，对《堕胎法》的文面挑战要得到支持，必须证明：（1）《堕胎法》的立法目的就是对妇女的堕胎选择进行实质性的干预，或者（2）该法律对堕胎权的行使构成了实质性的阻碍，即不合理的负担（an undue burden）。而是否构成不合理的负担，不是通过审查该法是否干预了所有想要堕胎的妇女，而是估量该法律对受到限制的妇女造成了何种影响。例如，在判断配偶通知条款的合宪性时，法院不是检验该法对所有想要堕胎的妇女的影响，而是检验该法对那些"想要堕胎却不愿告知丈夫，但依据该法律却不能不告知的妇女"产生的影响。如果对适用于该法律的妇女中的大多数都造成了不合理的负担，该法

---

〔43〕 Michael C. Dorf, *Facial Challenges to State and Federal Statutes*, 46 Stan. L. Rev. 235 (1994).

〔44〕 Fargo Women's Health Org. v. Schafer, 113 S. Ct. 1668, 1668-1669 (1993).

〔45〕 Planned Parenthood v. Casey, 505 U. S. 833 (1992).

就是无效的。依据不合理负担基准，对那些给大多数人造成不合理负担的法律就需作出法律法规违宪判定。

问题是，如果以法律法规违宪的方法取代适用违宪的判断方法，是否导致和司法性的宪法审查制度相悖呢？对此，蒙纳汉（Monaghan）教授从"人民有适用合宪法律的权利"的角度导出，即使在附随制下也可以超越个案而直接对法律本身的合宪性作出判断，即法律法规违宪绝对优先地位理论。Monaghan 举例子说明，假设人民有在酒吧穿着衣服跳舞的宪法权利。[46] 如果有法律规定：无论是否穿衣服，一概禁止在酒吧跳舞。那么由于该法律本身乃违宪，即使是对未穿衣服跳舞者适用该法，也构成违宪。[47] 在蒙纳汉教授的基础上，道弗教授进一步认为，宪法只允许国家对人民适用合宪的法律，这种源于正当法律程序和法治原则导出的"适用合宪法律"的原则，不允许对违宪的法律以合宪方式实施。[48] 宪法约束一切国家机关，为此无论是宪法审查机关还是一般司法机关，都不得适用违宪的法律作出法律判断。

其实道弗教授的适用合宪法律权利理论，乃一种对第三方诉讼资格（third party standing）的一种肯定，对于美国这样的附随制审查模式而言，这意味着宪法审查机关可以在一定程度上脱离个案进行违宪判断。美国法院宪法审查实践呈现出对该理论的肯定，美国型宪法审查以适用违宪判断为绝对优先的做法也正在逐渐改变。这种变化也体现了权利保障型的宪法审查和宪法保障型的宪法审查之间的一种相互融和的趋势。

适用违宪的判断方法乃着眼于权利的保障，而对于法律是否违宪则并不过问，这种做法可能不利于合宪法律秩序的维护，因此需要限制其适用范围。然而，法律法规违宪的判断方法虽然可以有效保障法律体系的合宪性，却会导致对已有法律体系的冲击和与政治部门的直接对立。为此如何在二者之间进行取舍，

---

〔46〕 德国宪法上的和平集会权的规范结构与此完全符合，参见《德国基本法》第 8 条："所有德国人均享有不携带武器进行和平集会的权利。"

〔47〕 Henry P. Monaghan, *Overbreadth*, Sup. Ct. Rev. 1, 3. (1981).

〔48〕 Henry P. Monaghan, *Overbreadth*, Sup. Ct. Rev. 1, 3. (1981).

关键在于宪法审查机关对保障权利和保障合宪法律秩序两种价值之间的选择。如果将宪法的核心价值定位于基本权利的保障，那么上述两种价值取向即可获得协调；而此时究竟是选择适用违宪还是法律法规违宪，最终取决于究竟何种方法更能有效地保障基本权利。下述甘斯教授的标准即是以基本权利保障为价值取向的标准：

（1）在大多数情况下法律都侵犯了个人权利，则作出法律法规违宪排除适用违宪。比如，限制言论自由的过度宽泛法律，限制隐私权、旅行权的过度宽泛法律、模糊笼统的法律都会产生畏缩效应。

（2）基于其个案效力，适用违宪判断不足以保护个人权利，则作出法律法规违宪判定。[49] 如果法律本身的瑕疵是根本性的，以至于采纳个案判断不容易消除法律本身的实质性缺陷内容，此时应当对其作出法律法规违宪判断。

其实除了上述两项标准之外，究竟选择适用违宪还是法律法规违宪还应当取决于法律的适用是否具有可分性，即所谓的"可分适用"问题。[50] 而上述所谓"全无合宪适用余地"的基准，乃建立在如下假设基础上：违宪法律的所有适用情形都可以分为合宪部分和违宪部分。然而并非所有违宪法律都可以自合宪部分剥离而单独构成独立的规范，如果法律的合宪适用和违宪适用部分不可分离，则作出法律法规违宪的判断；合宪适用的部分和违宪适用的部分是可分的，则可作出适用违宪判断。[51]

五、小结

除直接将法令判断违宪的方法之外，宪法审查机关也可回避对法律规范本身的合宪性作出判断，而仅就该法律规范适用于当下案件构成违宪作出判断，此即

---

〔49〕　David H. Gans，*Strategic Facial Challenges*，85 B. U. L. Rev. 1333（2005）.

〔50〕　［日］时国康夫：《宪法诉讼及其判断方法》，231 页，东京，第一法规出版社，1996。

〔51〕　至于如何判断是否具有可分性，参见本书第七章"全体违宪和部分违宪"部分。

适用违宪的判断方法。许多宪法案件当中在适用违宪判断与法律法规违宪判断之间存在着选择的余地。根据"全无合宪适用余地"基准，只有在法律规范适用于所有可能情形都构成违宪的前提下方可做出法律法规违宪判断，即适用违宪的判断绝对优先于法律法规违宪判断。然而采用这种基准可能放任违宪法律继续存在，而无法消除违宪法律所造成的畏缩效应，为此一旦法律适用在大多数情况下构成违宪，就须作出法律法规违宪判断。

适用违宪的判断方法一般是以个案为前提的附随制下所普遍采纳，然而即使在脱离个案的抽象审查模式下，也不排除作出适用违宪判断的可能。由于抽象审查模式下对于个案基本权利的救济不够及时，比如在德国，首先需提请宪法法院审查判断法律法规违宪后方能够得到救济。因此，如果我国采取集中式的审查模式，权利救济必须首先绕到专门的审查机关方能获得救济，因此活用适用违宪的判断方法或许可以弥补权利救济及时性的不足。如果我国采取司法机关审查模式，面对不断出现的权利诉求，司法机关可以适用法律错误，暂时替代适用违宪的判断，同样可达到救济权利的功效。随着时机成熟，可以逐渐以适用违宪取代适用法律错误。当然并不一定采用适用违宪的概念，可以采纳："该法律的适用侵犯了公民受宪法保障人格权"等类似的表述方法。

针对孙志刚案件所引发的违宪争议，我国学者季卫东教授引述日本学者的理论，认为应该区分两种不同性质的违宪，即"法规内容违宪"与"适用行为违宪"。并指出："从当局的角度来看，本来是完全可以在合宪化修改之外，通过合宪化解释的技术来更灵活地处理这个问题的；而站在市民的立场上，实际上还可以借助行政诉讼程序追究有关部门和人员的适用法规和规则的具体性行政行为的责任，进而借助对适用行为是否违宪问题的司法审查这个中介来为宪法诉讼的制度化搭桥铺路。"[52] 季卫东教授倾向采取适用违宪的判断来追究违宪的责任，但是适用违宪判断方法的适用也并不是可以无限制地运用。在孙志刚案件中，如果

---

〔52〕 季卫东：《再论合宪性审查——权力关系网的拓扑与制度变迁的博弈》，载《开放时代》，2003 (5)。

仅仅对《收容审查办法》适用作出违宪的判断，则显然不符合上文所论的关于法律法规违宪排除适用违宪的两个标准：在大多数情况下法律都侵犯了个人权利，则作出法律法规违宪排除适用违宪；基于其个案效力，适用违宪判断不足以保护个人权利，则作出法律法规违宪判定。

　　可以为适用违宪判断方法提供恰当示例的是 2003 年发生在湖南的"法院调取通话详单事件"。本案法院依据的是当时的《民事诉讼法》第 65 条规定："人民法院有权向有关单位和个人调查取证，有关单位和个人不得拒绝。"全国人大常务委员会法制工作委员会的答复确认了湖南省人大常委会法工委的解释。该解释首先指出宪法保障的通讯秘密含义以及限制：公民通信自由和通信秘密是宪法赋予公民的一项基本权利，该项权利的限制仅限于宪法明文规定的特殊情形，即因国家安全或者追查刑事犯罪的需要，由公安机关或检察机关依照法律规定的程序对通信进行检查。接着将本案事实归入宪法权利的保障范围：移动用户通信资料中的通话详单清楚地反映了一个人的通话对象、通话时间、通话规律等大量个人隐私和秘密，是通信内容的重要组成部分，应属于宪法保护的通信秘密范畴。最后得出结论：人民法院依照《民事诉讼法》第 65 条规定调查取证，应符合宪法的上述规定，不得侵犯公民的基本权利。

法院调取通话详单事件

　　2003 年 8 月 22 日，湖南省南县法院向湖南移动通信有限责任公司益阳分公司南县营业部送达了一份《协助执行通知书》，要求"调取被执行人吴立新所使用手机近一个月的通话详单"，营业部拒绝提供通话详单。2003 年 10 月 10 日，南县法院以该营业部拒绝法院调查取证为由处以 3 万元罚款。湖南移动通信有限责任公司益阳分公司不服处罚决定，遂向益阳市中级人民法院申请复议。随后，湖南移动通信有限责任公司益阳分公司向益阳市人大常委会出具书面报告，请求其依法监督。2003 年 11 月 6 日，有关当事人请求省人大法工委就人民法院是否有权检查移动通信用户通信资料做出法律解答。随后，湖南省人大法工委提请全国人大常务委员会法制工作委员会对此进行解释。最终，南县法院退还了罚款并予以赔礼道歉。

适用违宪作为一种回避法律法规违宪的判断方法，可在个案中保障基本权利得到及时的救济，同时可以减少对法律体系的冲击，然而这种判断方法并非可以毫无限制的运用。如果在那些法律法规显然构成违宪的案件中，回避法律法规违宪而作出适用违宪判断，很可能导致其他公民的权利受到侵害，而无法有效的保障宪法权利。而且可能放任违宪状态继续存在，极大的破坏法律体系的一致性，纵容更多的违宪现象。因此是否作出适用违宪的判断方法，仍需要特定的标准，而非一味地回避对抗而委曲求全，这种暂时的和谐，可能只会埋下更多的隐患。

第九章　宪法判决的方法

在我国，建立宪法审查制度一直是学界所关注的热点。如果从保障宪法全面实施的角度看，宪法审查机关的功能定位应当是一种超越传统国家权力类型（立法、司法、行政）之外的保障宪法全面实施的独立机构。[1] 设计这样一个独立的机构自然可以根据案件不同，自由而超脱地选择不同的判决形态实现合宪性控制的功能。然而，考虑到当下中国的主流意识形态以及现有的价值权威分配格局，在人民代表大会之外设立独立超脱的宪法审查机构的设想是不切合实际的。从宪法本身的规定来看，全国人民代表大会以及其常务委员会并不是一个纯粹立法机关，宪法规定了全国人民代表大会有"监督宪法的实施"的职权，全国人大常委会有"解释宪法，监督宪法的实施"的职权。其权限范围远远超出一般的立法权限范围，从现行宪法中推导出全国人大常委会具有独立于立法权之外的宪法审查的职权和功能，在制度上并不会遭遇太大的困难和阻力。正因如此，主张我国宪法中已经蕴涵了由全国人大进行宪法审查的观点是学界的一种有力学说。[2]

针对现实中的具有违宪嫌疑的法律法规以及据此形成的制度，许多法律人直接上书全国人大常委会请求合宪性审查，而学界也大多主张通过宪法审查对其作出违宪判断。[3] 其实简单地对法律法规作出抽象的违宪或是合宪的判断并不能使违宪的法律直接变为合宪的法律，宪法审查机关必须进一步对如何消除违宪状态做出认定。这也是宪法审查机关所承担的合宪性控制功能的需要。为此，单一的合宪或违宪判断可能仍然无法实现宪法判断保障合宪法律秩序的功能。而必须对作出合宪或违宪可能导致的结果进行预测，并对如何消除违宪状态作进一步指示。因此，宪法审查机关不仅仅要将法律规范判断为合宪或者违宪，还需要采取

---

〔1〕 Norman Dorsen，Michel Rosenfeld，Andras Sajo，Susanne Baer，*Comparative Constitutionalism: Cases and Materials*，West Group（2003），p. 120.

〔2〕 程湘清：《关于宪法监督的几个有争议的问题》，载《法学研究》，1992（4）；王叔文：《论宪法实施的监督》，载《中国法学》，1992（6）。

〔3〕 典型事件如，"孙志刚事件"中针对国务院制定的《城市流浪乞讨人员收容遣送办法》涉嫌违宪的讨论。

一定措施消除或改变违宪状态，促进合宪状态的达成。而所谓宪法判决的方法就是指对于宪法判断的事后处理方法。[4] 判断国家行为合宪性的方法和违宪状态的消除方法乃两个层面的问题。是否合宪的判断乃一种纯粹规范角度的思考，判决方法却是对如何使违宪状态达致理想的合宪状态作出处理。对于具体案件而言，究竟采取何种判决方法，取决于这种案件性质以及判决对政治的冲击程度、是否会导致法律出现真空状态、能否有效保护基本权利等因素来决定，故此宪法判决的方法乃主要是结果导向的判断。

如果过多地作出违宪判断，则可能会威胁法律安定性，即特定国家行为虽然"合法"但是却构成违宪而无效。此时在法律程序中所确定的状态，在宪法审查后却加以改变，无疑将使得法律缺乏可预见性而有违法安定性原则。但是出于保障法律秩序的统一和基本权利救济的需要，违宪判断"该出手时就出手"，然而这种出手必须是尽量选择能够对既定法律秩序冲击最小的方法。而这种结果的考量，使得违宪判决对法律秩序造成的冲击具有一定的回旋和迂回空间。对此韩大元教授指出："不同判决形式的合理运用有利于灵活地解释宪法规范的内涵，保持规范与现实之间的协调，尽可能避免因宪法判断而引起的法律空白与宪法秩序的不稳定现象。因为，在实际的宪法审查活动中合宪性判断也可能隐含着违背正义原则的因素，造成以法的稳定性价值牺牲正义价值的局面。"[5]

宪法审查机关面对敏感政治问题时，必须特别谨慎，甚至需要一定的"和稀泥"式的技术。而判决方法可以说是这种技术的一种典型状态。从比较法的角度看，无论宪法审查制度的正当性是否存在争议，这种技术在各国广为采纳。大致而言可分为违宪无效判决、单纯违宪判决和警告性判决三类。灵活采取不同类型的判决方法可使得审查机关在面对高度复杂的宪法问题时，能够游刃有余于宪法的理想和现实之间，这是由宪法效力逐渐通向实效的重要环节。或者也可说是应

---

〔4〕［日］中古实：《宪法诉讼的基本问题》，法曹同人，1989；胡锦光主编：《违宪审查比较研究》，98 页，王峰峰撰写部分，北京，中国人民大学出版社，2006。

〔5〕韩大元：《论合宪性推定原则》，载《山西大学学报》（哲学社会科学版），2004（3）；或韩大元：《宪法解释中的合宪性推定原则》，载《政法论坛》，2003（2）。

然与实然的一种妥协，这种妥协可以归结为法规范体系本身的事实关联性。

一、违宪无效判决方法

违宪的法规范应当不具有法效力，为此宪法审查机关时常作出自始无效的判决。然而，直接宣告法规范无效影响层面甚广，不仅触及法规范的既存状态，甚而牵动整个法律体系的结构及其稳定性，所以各国宪法审查机关在实务上发展出较为缓和的判决方法，即无效但并非自始无效，甚至可以是经过一定期间后无效。具体而言，违宪无效的判决其实可以分为违宪且自始无效、[6] 违宪向后失效。我国宪法第 67 条和《立法法》第 97 条规定的"撤销"方式大致可以对应这种违宪无效的判决形态。问题是这种撤销究竟是从制定时刻起的撤销，还是向后的撤销？如何针对不同的规范性文件作出"撤销"决定？上述各种不同的违宪无效判决形态恰好可以提供一种方法上的借鉴。

（一）违宪自始无效

根据一般法律规范理论，法规范体系乃一种金字塔式的阶层构造，宪法处于这个规范体系的顶端，其他下位规范依次呈阶梯状：法律—行政法规—规章等。根据纯粹的规范逻辑，下位规范的效力源于上位规范，为此一旦下位规范和上位规范抵触，则自然失去法的效力。据此违宪的法规范自然应当无效，且应当自违宪的那一刻起就没有宪法上的依据而无效。据此，违宪的法律自然应当被判定为自始无效。这种直接将法律规范判决为自始无效的判决方法在德国、意大利等国家被广为采纳。

在 1951 年的"西南邦国"案件，宪法法院在联邦制定的《帮界重新划分法》

---

[6] 然而法规范产生之日可能符合宪法，而后随着社会发展而与宪法相悖，所谓自始无效，乃自构成违宪之日起无效，而非自其产生之日其无效。

违宪一案的判决中指出："该法律（《邦界重新划分法》）因与基本法抵触，而自始不生法律效力。"[7] 同样在 1955 年著名的"药房"案件的判决中，宪法法院判决《巴伐利亚邦药房法》第 3 条第 1 款规定违宪，且自始无效。[8] 在 1958 年的"政治献金"案中，联邦宪法法院也采取了同样的判决方法。[9] 而且，德国宪法学的通说一般认为所谓违宪无效判决乃一种"违宪自始无效"，宪法法院的判决亦认定："联邦宪法法院如果认为下位规范与宪法抵触，则原则上应当判决无效。"[10] 就法律自始无效而言，又可分为下述两种：（1）如果是晚于宪法规范制定的法律，则自制定时即无效；（2）如果是宪法规范制定或修改之前的法律规范，自其与宪法规范发生冲突时起失效。

依据联邦宪法法院法的规定，对于违宪的法律乃至于其他违反上位规范的下位规范都应当作出无效判断，[11] 所以在德国，违宪自始无效是较为常见的一种判决方法。[12] 然而，根据宪法法院法的规定和实际形成的制度判决法律无效并非绝对的"自始无效"。具体而言，德国宪法法院法规定，已经生效的刑事判决如果其所依据的法律被判违宪无效，可依据《刑事诉讼法》的规定申请再审。而其他生效判决所依据的法律法规违宪无效，其效力不受影响。据此，联邦宪法法院对于刑事案件所采取的违宪无效判决乃一种严格的自始无效，而对于非刑事判

---

　〔7〕　BverfGE 1，14ff.

　〔8〕　BverfGE 7，377ff.

　〔9〕　BverfGE 8，51ff.

　〔10〕　BverfGE55，100，113.

　〔11〕　其第 78 条具体规定如下：联邦宪法法院确信联邦法与基本法，或者邦法与基本法或其他联邦法律抵触时，应当在裁判中确认其无效。第 95 条第 3 款规定，对于针对法律提起的宪法诉愿，如果准予其诉愿则应当判决法律无效。

　〔12〕　德国虽然采取违宪自始无效的判决方法，但是对于其实际上判决效果则另外以法律规定，虽然判决法律自始无效，但此仅仅为判决方法，至于判决效果则并不一定会导致法律自始无效。据此，对于依据违宪法律作出的刑事判决的再审，也并非是使得该判决自始无效，而不过是为当事人提供救济的途径。而行政行为所依据法律被判决违宪无效，则仅仅是对于原有法律状态的确认，而非试图改变现有的法律状态。且当事人不得因为违宪法律无效而主张公法上的不当得利请求，比如依据违宪法律所征收税款不得再主张返还（当事人已经提出行政诉讼且法院提请违宪审查的除外，此时法院应当依据违宪无效判决责令行政机关返还纳税人税款）。Hans G. Rupp，*Judicial Review in the Federal Republic of German*，The American Journal of Comparative Law，vol. 9（Winter，1996），pp. 29-47.

决或决定所依据的法律法规，实际上是适用无效向后失效的判决方法。[13] 且刑事判决所依据的法律乃特指"构成犯罪的法律规定"，即仅限于规定是否构成犯罪或构成何种犯罪的法律，且一旦和《刑法》的溯及力"从旧兼从轻"原则相悖，则再审一般不得加重刑罚。对于刑事判决以外的国家行为，若其据以作出决定的法律法规被宣告违宪无效，则该决定的效力不受影响。[14] 而意大利宪法法院的违宪自始无效判决也同德国一样集中在对那些处罚较为严厉的刑罚领域适用。与此类似，在意大利宪法法院也采取和德国联邦宪法法院同样的做法，对于刑事判决采取违宪自始无效，而一般采取违宪向后失效的判决方法。[15] 同德国联邦宪法法院一样，意大利宪法法院也是力图平衡公正原则与法安定性、可预期性原则而有选择地作出违宪自始无效判决，而不是让所有法律都自始无效。一般而言，只有对个人权利限制较为严格的刑事法律是自始无效的，也就是说如果对某个人判处刑罚所依据是违宪的法律或违宪的法律解释，那么可以重新审理此案。除此之外的其他领域，依据违宪法律作出的决定仍然保持不变。[16]

　　上述违宪自始无效的判决方法乃基于以下理由：第一，违宪法律自始无效乃一种直接基于法律规范位阶构造的无效，自产生之日起就不具规范上的正当性，当属自然无效，即使宪法审查机关不作出宪法判断，该法律规范也无效。第二，违宪自始无效，即法律规范并非是宪法审查机关可以"撤销"的，而仅仅是"确认"其为违宪无效的法律。[17] 因为如果法规范是可被宪法审查机关撤销的，则这种废止立法的权限和立法机关废止立法的权力相重叠，为此有僭越立法权之

---

〔13〕　Wolfgang Zeidler，*The Federal Constitutional Court of The Federal Republic of Germany：Decisions on the Constitutionality of Legal Norms*，62 Notre Dame L. Rev. 504 (1987).

〔14〕　然而这一法律效果和违宪自始无效的判决方法毕竟有所抵触。既然法律法规是自始无效，那么为何以之为依据的行为却依然有效？与其如此，不如接受法律法规的违宪向后失效的判决方法，而抛弃单一的违宪自始无效的判决方法。

〔15〕　William J. Nardini，*Passive Activism and the Limits of Judicial Self-Restraint：Lessons for America from the Italian Constitutional Court*，30，Seton Hall L. Rev. 1，(1999).

〔16〕　Wolfgang Zeidler，*The Federal Constitutional Court of the Federal Republic of Germany：Decisions on the Constitutionality of Legal Norms*，62 Notre Dame L. Rev. 504 (1987).

〔17〕　Hans G. Rupp，*Judicial Review in the Federal Republic of German*，The American Journal of Comparative Law，vol. 9 (Winter，1996)，pp. 29-47.

嫌。第三，作为下位规范的法律规范符合宪法乃一项法规范生效的必要条件。如果法规范和宪法冲突则自其产生之日起，即无法律效力。这种判决方法的正当性甚至直接源于宪法规定，有些国家宪法中比如奥地利宪法直接规定："法律与宪法抵触者无效。"《德国联邦宪法法院法》第 78 条第 1 款也规定："联邦宪法法院确信联邦法律或邦法律与宪法抵触时，应当判决确认其无效。"这种确认无效意味着联邦宪法法院的判决只是对无效法规范的确认，而非使其失效。换言之，宪法审查机关的判断只是一种确认权，而非形成权。

（二）违宪向后失效判决

违宪且自始无效的判决方法乃一种最为严厉的手段。宣告无效容易导致法律真空状态，且可能对法律体系甚至即已形成的法律关系造成冲击，因此倍受争议，[18] 详言之，自始无效使得依据法律所调整形成的法律关系丧失了正当性，则原来依据该法律形成的法律关系以及经其调整后的法律秩序必须加以改变，这种反复无常的改变可能会极大的破坏法秩序的稳定而有悖于法安定性原则。除了将破坏法的安定性以外，还将会损害民众因为该违宪法律所产生的合理信赖利益。因为如果采纳违宪自始无效判决方法将法律效力认定为自始无效，则一般民众依据该法所产生的合法既得利益即将丧失，如此可能导致依据法律形成的社会秩序频繁地发生变动。如果从规范体系变动的角度看，仅仅采取违宪自始无效的判断方法，则法律规范体系通过宪法审查进行自我反思的机制，成为一种刚性的反思机制。而采纳违宪但并非自始无效的判决方法可使得这种反思机制成为一种柔性的变化，从而将这种变动对法律规范体系的冲击最小化。因此单一适用违宪自始无效的判决方法可能不利于保护一般民众因为信赖法律符合宪法而依据该法所取得的信赖利益，必须另外寻求其他适宜的判决方法。

---

[18] 然而这样的论断乃基于一种普遍的效力，而非个案效力。如果法律自始无效仅仅针对当下案件，那么法律自始无效或是立即失效的方法对于法律体系的冲击力大致相当。比如，即使采取违宪自始无效的判决，由于仅仅在个案中产生效力，所以对于现有法律体系的冲击并不如德国那般深远。Mauro Cappelletti, *Judicial Review in the Contemporary World*，The Bobbs-Merrill Company，Inc.（1971），pp. 85-88.

而德国的"古迹拆除限制案件"[19] 可以说是回避采取违宪自始无效判决方法的一个典型案例。该案的事实是：一幢古旧别墅的所有人不堪忍受高额的维修费用，请求拆除该别墅，而行政主管部门依据《古迹保护法》规定作出不予许可决定。于是该别墅所有人提起行政诉讼。行政法院审理过程中中止审理，申请宪法法院对《古迹保护法》第 13 条的规定加以审查。该条规定："受保护的文化资产未经许可，不得（1）破坏、拆除或清除；（2）改建或以其他方式改变其现状；（3）非暂时性的影响其外观；（4）由目前所在位置移除。但（1）情形的许可只能在其他公益上的要求超过古迹保存及古迹维护重要性时核发，主管机关在其中必须审查此较高公益要求是否无法以其他方式来取代。"经过审查，宪法法院认定上述规定构成对财产权的不当限制而违宪，但同时却判决："《古迹保护法》的第 13 条第 1 款与基本法第 14 条第 1 款抵触的结果并不是此条文自始无效。若立法者有多种可能方式来排除违宪的状态，则联邦宪法法院可以不宣告此法律无效。"此后这种"违宪"和"自始无效"相分离的做法被宪法法院所广为采纳，在判决方法上出现了更加具体的违宪向后失效和违宪将来失效的判决方法。违宪无效判决方法乃德国宪法法院所惯用的方法，然而在德国联邦宪法法院的实践中，这种判决方法究竟是自始无效还是向后失效尚需考察判决理由部分才能确定。

1. 违宪向后失效判决的正当性："违宪"和"无效"的分离

根据德国的宪法学说，上述判决方法将违宪和自始无效加以分离的理由在于：第一，依宪法所设定的宪法审查制度，对于法律规范是否合宪的审查权力，即预设了法律规范必须经过判决方才无效，因此"违宪"和"无效"的分离，乃一种宪法规范本身所允许的，违宪自始无效理论与宪法规定不符合。[20] 第二，依据宪法规定，普通法院在审理案件时，对于所适用的法律，如果合理确信其违反宪法，则应当申请宪法法院审查其是否合宪。据此，在未经判决之前，普通法

---

[19] BverfGE 100，226 ff. 1999 年 3 月 2 日第一庭。

[20] Hans Kelsen, Judicial Review of Legislation: A Comparative Study of the Austrian and the American Constitution, 4 J. Pol. 183，185-186（1942）.

院仍暂时受其约束，因此违宪法律并非必然自始无效，如果违宪自始无效则违宪法律无须经审查自然排除其适用，法官无须提起申请。[21] 第三，《联邦宪法法院法》原来规定由宪法法院"确认"法律法规无效，随后又修改为由宪法法院判决其无效。由此可断定，宪法法院这种形成权乃经由法律所确认，因此宪法法院的宪法判决不仅仅是一种确认，且同时可视为一种撤销。

对下位规范进行审查的理论上的重要依据乃以凯尔森为代表的规范位阶理论，即法律体系本身必须是统一且无矛盾的，下位法的效力直接源于上位规范，如果失去了上位规范（即宪法）的支撑，固然失去其效力。然而如果坚持上述理论，就可得出违宪法律应当自始无效的结论，为此判决违宪的同时应当确定其自始无效。一旦判断法律违宪，依据该法形成的法律关系立即受到质疑和挑战，法秩序的安定性也就荡然无存。对此悖论，凯尔森在其后来的规范理论中加以补救，认为违宪法律的效力乃宪法本身设定的。详言之，宪法规定的违宪制度意味着违宪法律本身得以存在乃宪法所允许的，也说明违宪法律的效力乃宪法本身所认可。合宪法律的效力源于宪法，而违宪法律的效力源于宪法的宪法审查制度，在宪法审查机关废止其效力之前依然有效。[22]

凯尔森将规范的效力无一例外地追溯至宪法规范，乃坚持法律的效力必然源于宪法的前设。如果更进一步而言，乃坚持其一贯主张的价值与事实截然二分的方法二元论。然而恰恰是这种截然二分的方法论，使得其效力理论无法解决违宪的法规范继续有效和规范效力必须源于上位规范之间的悖论。凯尔森不愿意放弃规范效力位阶理论，因此坚持认为违宪法律规范有效也是宪法所确定。上述解释虽然巧妙，但是却不免和其所倡导的纯粹规范逻辑相悖。而且如果宪法规范中没有宪法审查的规定，是否意味着违宪法律规范必然自始无效呢？

立法机关制定的法律应当符合宪法，违宪法律自始不应当有效，这样的命题

---

[21]　Heinrich Gotz, *Der Wirkungsgrad verfassungswidriger Gesetz*，NJW 1960，1178，转自李建良：《论法规之司法审查与违宪宣告》，载《欧美研究》，第27卷第1期。

[22]　Hans Kelsen, *Judicial Review of Legislation：A Comparative Study of the Austrian and the American Constitution*，4 J. Pol. 183，185 - 186（1942）.

乃纯粹规范逻辑上的当为，现实中却总会有违宪的"事实"。这种规范和事实之间的矛盾，在此体现为上位规范和下位规范的矛盾。如果从宪法规范和社会现实之间的关系看，违宪和效力的暂时分离，可以说是一种"事实的规范力"[23] 或"规范对事实的妥协"。即宪法规范对违宪事实的暂时让步，这种妥协在纯粹静态的规范逻辑中自然无法获得其正当性。然而如果将这种妥协放入动态的规范变动过程中，也可以说是上位规范和下位规范的一种在互动中的发展。宪法规范的变动恰恰是在对法律规范做出违宪和合宪、有效和无效的判断中完成的，整个法律体系也由此获得了来自其自身的推动力。[24]

2. 违宪向后失效判决的类型

违宪向后失效的判决可分为立即向后失效和将来失效（参见图表 9）。立即向后失效的方法在意大利宪法法院的判决中较为常见。《意大利宪法》第 136 条第 1 款就直接规定："宪法法院宣告法律或其他具有法律效力的规范违宪时，该法律或命令自判决公布之日起失效。"然而对于刑事法律则属例外，如果据以判决被告有罪的法律违宪，则需作出违宪且自始无效的判决，之前据此做出的所有刑罚全部废止，除此之外的其他法律则仅仅是向后的立即失效。[25] 这种判决方法甚至在奥地利宪法中也有明确规定，依《奥地利宪法》第 139 条第 5 项和 140 条第 5 项的规定："宪法法院认为法律违宪，原则上自公布之日起该法律无效。但宪法法院可以另行判决其经过某一特定时期后失效。"而这一特定期限的长短，命令最长不得超过 6 个月，法律不得超过一年。而将来无效的判决又可分为：（1）违宪定期失效判决。宪法审查机关确定继续适用的期限，如果立法者在此期间内未作出改正，则法规范自动失去效力。[26] 比如德国宪法法院的"再社会化

---

[23]　"事实的规范力"理论乃由耶里内克在解释宪法变迁时所提出的理论，参见李龙主编：《西方宪法思想史》，250 页以下，林来梵撰写部分，高等教育出版社，2004。

[24]　Niklas Luhmann, *Law as a Social System*, Oxford University Press（2004），pp. 406-407.

[25]　Danica S. Dengler, *The Italian Constitutional Court：Sa feguard of the Constitution*, 19 Dick. J. Int'l L. 363-385（2001）.

[26]　实际上，法律定期失效的时点可以因为立法者的修改而提前到达，在此期间内立法者如果修改则违宪法律自然失去效力，而如果在此期间内未作修改则期限到达后即失效。

命令与刑罚执行中的工作报酬"案件[27]判决："刑罚执行法第 200 条第 1 款违宪，但暂不失效。立法者需要制定新的法律。第 200 条第 1 款最晚可以适用到 2000 年 12 月 30 日止。"再如，美国佛罗里达州法院也在宣告《堕胎法》因欠缺明确性而违宪的同时，判决违宪法律于 60 日后失效，从而使得州议会得以修改立法。[28]韩国宪法法院在同姓不得结婚案件[29]中也采取这种方式来作出判决。（2）违宪经合理期间后失效判决。也就是说，虽然法律违宪但仍然有效，经过一段合理期间后无效。比如，在 1990 年的"出版品审查委员会组织"案件[30]中德国宪法法院认为《危害少年书籍散布防治法》第 9 条第 2 项关于联邦出版品审查委员会组成成员的规定构成过度宽泛，违反法明确性原则，构成对宪法第 5 条第 3 项（艺术自由）和法治国原则的抵触。如果判决违宪无效，将使联邦出版品审查机关完全无法从事保护青少年的工作，为此宪法法院并未判决该法无效，而是设定了四年的"过渡期间"。即，该规范虽然不合宪但为实现宪法保护青少年的立法委托，该规定需要在合理期间内继续适用，该合理期间以四年为限。

同姓不得结婚违宪案

根据《韩国民法》第 809 条第 1 款规定，男女同姓者不得结婚。由于这个规定，韩国彼此相爱的男女青年就算是没有近亲关系，也不得结婚。对此韩国女性团体在很长时间内强烈要求纠正这一不合理制度。但是宗教团体对女性团体进行强烈反对。本案当事人向汉城（今首尔）家庭法院提请对不予受理婚姻登记的行政行为进行审查，并要求对据以作为法律依据的民法相关条款的合宪性作出判断。法院接受申请后提请宪法法院审查。宪法法院作出判决：《民法》第 809 条第 1 款与宪法不一致，该条款应当于 1998 年 12 月 30 日之前修改，否则 1999 年 1 月 1 日起失去效力。本案处理手法受到了韩

[27]　BverfGE 98，169-218，1998 年 7 月 1 日第二庭判决。

[28]　States v. Barquet，Fla. So. 2d，40 Lw 2586（1972）.

[29]　韩大元、莫纪宏主编：《外国宪法判例》，52 页，韩大元撰写部分，北京，中国人民大学出版社，2005。

[30]　BverfGE，83，130ff.

国学者的好评，认为"议会没有解决的问题，确由宪法法院加以解决了。"

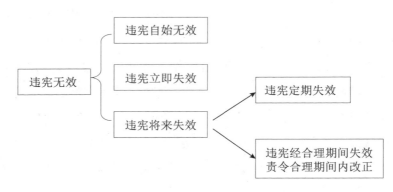

图表 10　违宪无效判决的类型

（三）违宪无效判决类型的选择方法

一般而言，法律法规的效力最终源于宪法，违宪的法律应当无效。有些国家宪法中（比如《奥地利宪法》）直接规定："法律与宪法抵触者无效。"而《德国联邦宪法法院法》第 78 条第 1 款规定："联邦宪法法院确信联邦法律或邦法律与宪法抵触时，应当判决确认其无效。"我国规范性文件备案审查的立法也采纳了此项原理："一切违宪的法律文件，都是无效的。"[31] 而且根据我国《宪法》第 67 条，对待违宪法律可以采取"撤销"的处理方式。如果全国人大常委会要对违宪的规范性文件作出撤销的决定，那么这种"撤销"是究竟是向前追溯的撤销？还是仅仅向后的撤销？这个问题也是各国宪法审查机关所普遍面临的问题，即宪法判决形态的选择方法。

如前所述，违宪法律可以作出自始无效或将来无效的判决，如果作出暂时有效将来无效判决则可能无法及时救济宪法权利，如果直接判决为无效容易导致法律空缺、无法可依的状态。因此，在违宪自始无效还是违宪立即失效之间的权衡

---

〔31〕　张春生：《中华人民共和国〈立法法〉释义》，第 78 条释义，北京，法律出版社，2000。

基准，主要是个案基本权利所保护的法益和法安定性之间的比较和取舍。刑事处罚一般被认为是较为严厉的处罚，其对基本权利的限制强度较大，而一般行政处罚对行政相对人造成的侵害较之于刑罚，属于相对轻微的侵害。因此，依据违宪法律作出的刑事处罚应当被认为自始欠缺正当性，需通过再审予以纠正，此时保障基本权利的价值高于法的安定性价值。而如果是一般行政处罚所依据的法律违宪，是否判决所依据的法律法规自始无效，则需衡量法律安定性原则（如保护信赖利益的重要性）和具体案件中保护基本权利不受侵害的法益（个案正义）之间以及违宪法律本身所保护的法益和违宪法律本身所侵害的法益之间的重要性。如果基本权利受到严重侵害则作出违宪自始无效，牺牲法安定性原则保障基本权利；如果基本权利所受侵害小于违宪自始无效判决造成的无法可依的损害，则判决违宪向后立即失效。

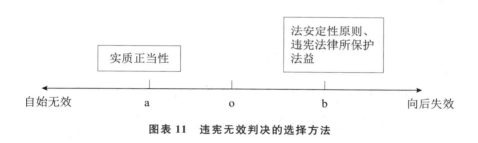

图表 11　违宪无效判决的选择方法

综合各国实践可初步得出判决违宪自始无效或者向后失效的判断方法。图解如下：a、b 分别为数轴上表示重要性程度的两点，o 为原点。a 代表案件实质妥当性，即违宪法律所侵害的法益的重要性，b 代表法安定性原则所保护法益。如果 a>b，即实质妥当性重于法安定性原则和违宪法律所保护的法益，适用违宪自始无效判决方法，且 a、b 差越大（a—b），则溯及力越强。反之，如果 a<b，即法安定性和违宪法律所保护的法益重于实质妥当性，则判决向后失效判决方法，且 a、b 差越大（b—a），则向后期限可越长（即判决定期失效的期间可以随之延长）。

　　毋庸讳言，如何作出判断，乃需要在法秩序的冲击所造成的利益和判断无效所保护的法益之间的衡量。上述方法乃一种典型的利益衡量方法。而这种利益衡量的方法其实充斥于宪法审查过程的始终，在此，如何保障这种利益衡量结果的可被接受性即利益衡量的正当化成为问题。对此，德国法学方法论已经发展出了较为成熟的理论可供参照，比如，这种衡量也可运用那种法律原则的碰撞规则进行判断，比如法安定性原则和作为原则的宪法权利。[32] 这种一般法学方法上的利益衡量运用到宪法判断时还需注意宪法问题本身的特殊性。与一般衡量比较而言，这种宪法上的衡量更需谨慎，即一方面需要谨守宪法审查机关的权限范围，另一方面需根据不同制度模式下宪法审查机关的预测能力作出判断。

　　此外，对于违宪无效判决的操作方法可以根据不同的规范类型作出不同的处理方式。如针对普遍性规范和政策性规范的不同采取不同的违宪无效。依据法规范本身的政策性色彩可将法律法规分为下列两种：（1）普遍性规范，乃是维持一般社会秩序所必须的普遍稳定的法律，这种规范受政策左右的程度较轻，甚至不受政策影响。比如，我国宪法上所谓的"基本法律"中的许多条款可以说是这种普遍性规范。（2）除上述普遍性规范之外还有些法律乃属为了实现一些短期的目标和具体事务领域而制定的政策性法规范，比如立法机关为经济宏观调控制定的法律。然而一般法律的政策性只有强弱之分，大多数法律系二者混合的产物。比如私法一般属于普遍性规范，然而现代私法的实质化却使得这种普遍化的规范带有政策性的特征，我国《物权法》对公共财产的规制，其实也可说是这种私法实质化的取向。考虑到这种规范领域的重要性，对于普遍性法律法规的违宪，不可轻易宣告无效。而如果是政策性法律规范违宪，可采取无效的判决方式。另外，针对法律法规对基本权利的不同限制程度，也可采取不同类型的违宪无效判决方法。如果限制强度过大可直接判决无效，否则可以采取较为缓和的处理的方式。而对法律效力的判断也可同违宪判断一样，作出部分无效和全部无效判决。在全

　　〔32〕　所谓原则之间的碰撞规则乃阿列克西关于利益衡量的一种学说，See Robert Alexy, *A Theory of Constitutional Right*, Oxford University Press（2002），pp. 48-56.

体违宪、全体无效、部分违宪、部分无效之间排列组合，采取更加灵活的方式。

二、单纯违宪判决

如果谨守规范位阶理论，则违宪自然需同时无效。但是法律法规一旦经过有权机关颁布，人民即对此产生合理信赖，国家机关即可据以作出各种行为，进而形成特定的法律状态。一旦该规范被判决违宪无效，则已然形成的法律秩序将遭受破坏，法秩序将处在无序和不安状态中。违宪无效的判决方法虽然严格遵守规范体系的逻辑完整性，却无法解决实践中无效判决所产生的诸种问题。违宪但将来失效的判决方法即是为解决这种悖论的一种有效手段。除此之外，单纯违宪判决可以说是一种功能类似的方法。而综观世界各国宪法审查机关所采纳的判决方法，德国之单纯违宪判决方法最为典型，且往往被其他国家宪法审查机关所效仿。

其实德国联邦宪法法院法原本没有明文规定所谓单纯违宪的判决方法，该方法乃宪法法院在宪法审查实践中所发展出来的独特方法。1958 年的"父母提供子女色情书刊"案件，宪法法院采纳这种判决方法。本案宪法诉愿人认为，《危害青少年书籍散布防治法》第 6 条："父母、法定代理人或有扶养权的其他人提供包含裸体图片的书刊给青少年的，可免除刑事处罚"的规定侵犯了宪法所保护的诉愿人的父母亲权。联邦宪法法院认为该规定所规定的免除刑罚尚不足以保护父母亲权，父母提供子女色情书刊的行为不仅仅应当免除刑罚，还应当免除其他处罚。故此，判决认定该条款违宪，而对于其是否无效则未作判断。如此判决显然是因为，如果使这一免除刑罚的例外规定失去效力，更加不利于宪法诉愿人的父母亲权的保护，而宪法法院又无法代替立法者作出修改法律减轻诉愿人负担。此后宪法法院频繁地采取单纯违宪的判决方法，开始仅仅是在宪法诉愿程序中采取，随后在规范审查程序中也广为采纳。1969 年后此类判决日益增加，至 1970 年第四次修改《联邦宪法法院法》时，此判决方法被明确规定于《宪法法院法》

第 31 条和第 79 条中。[33]

与此对应，在日本亦有该类型的判决方法，这种判决方法被称为"情况判决"。[34] 典型案例乃 1976 年 4 月 14 日的"众议院议员定数不均衡"案。[35] 千叶县第一选区的选民以 1972 年举行的众议院选举票额的差距高到 4.99 比 1，违反选举平等原则为由，主张选举违宪无效的诉求。最高法院虽然认为人口数额与议员名额比率已违反宪法上的选举平等要求，并表示该名额分配规定在整体上有违宪的瑕疵。然而对于选举的效力方面，则为了避免使整个选举归于无效而产生的不当后果，而依据《行政诉讼法》第 31 条所规定的情事判决的法理，作出仅确认议员名额分配不均衡违宪，而不认定选举无效的判决。该判决同时指出："违宪的法律，原则上自始无效，当然依据该法律作出的行为当然也无效。但是有些场合，这种无效并不利于对违宪结果的防止或更正，且可能有损于宪法上的其他法律关系，反而会与宪法的期待相违背。"单纯违宪判决作出后，该规范在特定条件下仍然存在，一方面可在违宪判断和法律无效的结果之间添加一个缓冲地带，同时也可充分尊重立法者的形成自由，为此被各国宪法审查机关所广为采纳。

（一）单纯违宪判决的适用条件

单纯违宪判决在不以案件性和争议性为前提的抽象审查程序中可以作为一种常见的判决方法，然而仅仅将规范确认违宪而不对其事后如何适用作出认定的判决方法终究无法彻底地解决法律纠纷。因此，这种判决方法的适用必须具备一定的条件方可作出。

---

[33] See Hans G. Rupp, *Judicial Review in the Federal Republic of German*, The American Journal of Comparative Law, vol. 9（winter, 1996）, pp. 29-47；Wolfgang Zeidler, *The Federal Constitutional Court of the Federal Republic of Germany：Decisions on the Constitutionality of Legal Norms*, 62 Notre Dame L. Rev. 504（1987）.

[34] 所谓"情况判决"乃日本行政诉讼法所确认的一种判决方法，情况判决原为日本行政诉讼所广为采纳，后被宪法诉讼所借鉴。情况判决，顾名思义，需要考虑各种具体情况包括：个人权利的有效救济、公共利益的保护、法安定性的维护等。不仅仅需要考虑当前情况，还应当预见将来可能的"情况"。随着时间推移，公共利益和个人利益会产生变化，比如随着各种车辆的增加，交通安全方面的公共利益可能更加重要。参见杨建顺：《日本行政法通论》，754 页，北京，中国法制出版社，1998。

[35] 日本最高法院大法庭判决，民集 30 卷 3 号第 223 页。

1. 基于防止法律空缺的考虑

法律真空的出现将极大冲击法律秩序的安定性，造成无法可依的局面，和法治基本精神相悖。因此一旦无效判决所造成的法律漏洞较之于违宪法律本身更加不利于权利的保障，则作出单纯违宪判决。此前提在于，违宪法律所规范的领域必须由法律加以规范，而作出违宪无效判断后又没有其他可以替代适用的法律，为了防止法律关系陷入无法可依状态，宪法审查机关暂时不作无效判决。案例可举德国判例"公务员津贴"案件，[36] 本案涉及联邦法律的规定：在职公务员可以领取一定的物价上涨津贴，而1945年5月已退休的公务员不在此列。宪法法院认为该法规违反宪法第33条第5款所规定的职业公务员制度原则，然而如果判决该法无效则相关领域就会产生无法可依状态，与宪法确认的职业公务员制度相悖，因此仅仅将其判决违宪。再如"子女取得国籍"案件中，宪法法院在单纯违宪判决中指出："由于国籍对于子女的法律地位相当重要，所以无法容忍有任何的法律空缺状态存在。为此违宪法律需要继续有效存在。"[37] 在一些案件中，宪法诉愿人本来还可依照该法律法规主张一定的利益，但如果将该法律法规直接判断无效则造成无法可依，使原来所享有的利益丧失法律依据，不符合提起宪法诉愿人的初衷。即所造成的法律空缺将更加不符合提起宪法审查的目的。当然如果将法律法规判决为无效后，仍有其他法规范可据以适用，则违宪无效判决并不会导致无法可依的无序状态。例如，判决某些相对于普通法律的特别规定无效，则仍有一般法规范可作为依据，这类情形仍可适用违宪无效判决。

2. 对立法不作为的违宪确认

一般而言，宪法中的许多概括条款（比如我国《宪法》规定的"国家保护……"，"国家实行……制度"[38]）需要立法者加以具体化，即所谓宪法委托。此类宪法规范乃需要立法者积极履行职权、制定法律实现国家的保护义务。宪法一旦赋予立法者一定的宪法委托，其便有实现这一委托的义务，如果立法者在该

---

〔36〕　BverfGE 8，1 ff.

〔37〕　BverfGE 37，217ff.

〔38〕　《宪法》第8条、第9条、第13条、第19～26条等。

领域消极不作为进而造成基本权利的保护不足，即构成违宪。然而对于这种不作为，宪法审查机关并不存在判决无效的对象，故此只能作出违宪，而无法判决其无效。而且立法者虽然需要实现宪法委托，然而究竟以何种方式实现这一委托并非宪法审查机关所能代为决定，为此立法不作为的判断仅仅适用单纯违宪判决。[39] 比如，在 1979 年"酒类产地登记"案件中，[40]《德国联邦酒类管理法》第 10 条第 1 项规定，酒类产地的面积如果小于 5 公顷，则不得载入酒类产地名单。联邦宪法法院认为该规定不符合宪法对财产权的保障，同时认定："该规定在规范上的漏洞，无法导致其无效的结果，宪法法院只能确认其违宪。而至于如何填补这一立法漏洞才符合宪法保障基本权利的要求则属于立法者的立法权限。"再如，韩国宪法法院在 1994 年的判决中指出："国家不履行行为义务是一种违宪，立法者在宪法保障的财产权依法令得到认可并持续得到保障的情况下，没有制定相关的补偿程序（如补偿额确定等），使法令具体化的宪法上的财产权处于实质上不可能实现的状态，其行为明显的违反了自制定第一部宪法以来有关财产权保障的宪法规定。"[41]

3. 尊重立法裁量空间

该类型主要包括平等权实现和其他宪法规范中目的规范的违宪情形。如果判决该法律无效，则会限缩在此基础上进一步采取法律手段保护基本权利的立法者的立法空间。为尊重立法者重新制定新法的权限，仅仅将法律单纯判决违宪而不判决无效，使得立法者可以在该法律基础上进一步完善立法。如果将特定规范内容判断无效，则立法者不得在修改立法时再次将该规范内容合法化，然而这样的规范可能是制定符合宪法规范的基础规范。典型的是平等原则的实现方式可有多种途径，究竟采取何种手段乃属立法者的裁量范围。一般而言，所谓的某种分类（classification）违反宪法上的平等原则，其实同时涉及两种构成要件之间的关

---

〔39〕 在德国模式下，立法不作为可以作出审查对象，然而在另外一些国家的违宪审查制度下，立法不作为并不在违宪审查的范围之内，此时由于欠缺判断权限，违宪审查机关固然无法适用任何判决方法的余地。

〔40〕 BverfGE 51, 193.

〔41〕 韩大元、莫纪宏主编：《外国宪法判例》，182 页，韩大元撰写部分，北京，中国人民大学出版社，2005。

系，即将同具有某种特征的事件群分为 a、b 两种而后给予差别对待。因此依据宪法平等原则的审查涉及两个规范构成要件之间的关系，消除违宪状态手段可有三种：[42]（1）将受到不利对待的属于 b 构成要件的对象纳入 a 组中，分享 a 构成要件的法律效果。（2）删除 a 构成要件下的法律效果，使得 a、b 一样不享有权利或义务。（3）采纳其他分类方法。[43]

假设 a 构成要件的法效果是 A（a—A），b 构成要件的法效果是 B（b—B），则宪法审查机关所面临的判断对象乃（a—A）规范和（b—B）规范。如果判决（a—A）规范无效，则立法机关不得再次制定含有该规范的法律纠正违宪状态，因此（1）途径被堵塞；而如果判决（b—B）规范违宪，则（2）途径被堵塞。而立法机关有权在实现平等原则的上述三种途径中进行选择，无效判决却会限缩立法机关的形成自由，因此单纯判决违宪可以说是一种回避侵犯立法机关权限的方法。当然如果消除违宪状态仅仅只有上述（1）（2）（3）中的一种可能性，则宪法审查机关当然可以作出违宪且无效的判决自不待言。

由于上述原因作出单纯违宪判决的案例可举德国 1967 年的"第二次职工保险法"案件[44]和"子女取得国籍"案件。在"第二次职工保险法"案中，《德国联邦职工保险法》第 82 条第 3 项规定，保险给付请求权人仅限于被保险人的配偶，被保险人的子女则无权主张权利。宪法法院认为，该规定违反宪法上的平等原则，然而改变这种违宪状态可能有三种途径：将子女同样列为可以主张给付请求权的主体；将配偶的给付请求权除去；重新规定给付请求权的范围，不再以配偶身份为分类标准。故此，联邦宪法法院认为究竟采纳何种途径乃立法者的权限范围，不宜判决无效。[45] 在其后的子女取得国籍案件[46]中，宪法法院判决《国

---

〔42〕　BverfGE 22, 349ff.

〔43〕　与上述德国联邦宪法法院的判决类似，美国的 Contrasting Orr v. Orr 案件最高法院认为，在任何以平等保护为由主张法律违宪的案件中，州可能以下述两种方法来完成宪法要求：扩大受益对象至先前承担不利的一方，或者使双方都不获得利益。See F Michael C. Dorf, *Facial Challenges to State and Federal Statutes*, 46 Stan. L. Rev. 235（1994）.

〔44〕　BverfGE 22, 349ff.

〔45〕　同时宪法法院认为，如果违宪状态的去除仅仅有一种可能则可以判决无效。

〔46〕　BverfGE 37, 217ff.

籍法》第 40 条第 1 项规定与宪法平等原则不符。该法条规定，男性德国公民与外国人结婚所生子女自然取得德国国籍，而女性公民与外国人结婚所生子女需为无国籍人时方可取得德国国籍。宪法法院判决认为："法律法规对于某一类别的人处以不利待遇时，宪法法院原则上不得直接将其纳入有利规范构成要件之内而消除违宪状态。然而这种做法的例外情形是立法者本来应当将该类情形纳入有利规范或基于宪法上的原因必须以这种方法去除违宪状态。"即只有当基于宪法明确指示以特定方式实现平等时，方可直接判决违宪无效。而本案立法者显然还有其他途径实现平等原则，因此宪法法院仅仅判决法律与宪法不符而不判决其无效。至此，宪法法院对于违反宪法平等原则适用单纯违宪判决方法的案件范围遂肯认了立法者对于除去违宪状态仍有多种选择余地。

4. 欠缺无效判断的对象

单纯违宪判决还适用那些欠缺判决无效对象的情形。比如，德国的"确认社会主义帝国党违宪"[47]判决：该党组织偏离民主原则，且表示出敌视民主的态度，违反基本法第 21 条第 2 款。判决社会主义帝国党违宪，并责令其解散。再如关于电视公司案的判决，[48]联邦宪法法院判决该公司的成立和存在违反基本法第 5 条。

另有一类比较特殊的是：对于本来就尚未生效或无效的法律违宪的判决。此类情形下欠缺可作出无效判决的对象，因此只能判决违宪，在法国抽象审查中大多属于此类。然而问题是对尚未生效的法律判决其违宪和立法机关在对其进行审查时候主动考虑宪法上的因素的做法究竟有何不同。而且尚未生效的法律是否可称为法律也不无疑问。再有对于业已失效的法律，也无法作出违宪无效判决。比如，在宪法审查程序进行中，立法机关修改法律，前法效力自然丧失，此时也可适用单纯违宪判决，对于已经失效的法律仍作出违宪判决；甚至立法者已经修改了法律，宪法审查机关对于修改之前的法律仍然作出违宪判断。典型的案例可举

---

〔47〕 BverfGE2, 1, 79.
〔48〕 BverfGE 12, 205.

美国的 Massachusetts v. Oakes 案。对于"禁止给 18 岁以下的未成年人拍摄裸照或类似照片"的法律，州最高法院作出违宪判断后，立法者修改了该法，增加了"淫秽目的"的要求。然而当案件上诉至最高法院时，最高法院仍然作出了文面违宪判断。其理由在于过度宽泛理论对言论自由的保护不仅是事后的，也是事前的。如果过度限制自由的行为无须负任何责任，立法者很可能失去接受宪法约束的动力，而合法的言论就受到威胁。[49] 立法者修改法律，使得原受审法律规范失去效力，此时如果继续判断违宪无效，则显然与无效法律本身矛盾，因此宪法审查机关仅做出单纯违宪判断。

（二）单纯违宪判决的"不单纯"

仅仅判决违宪，而对违宪的法律法规如何适用和实施完全不加理会，则可能不利于纠纷的彻底解决；而且如果仅仅是单纯确认违宪，对于权利救济可能于事无补，反而可能会导致更加混乱的状态。因此一般而言，所谓的单纯违宪判决大多附带对立法机关赋予特定的改正义务。至于究竟如何作出指示，则视宪法审查权限范围不同而不同，如在法国、德国的抽象审查中，宪法审查机关所做出的责令改正义务可以比较具体，此时宪法审查机关其实是分担了一部分立法机关的权能，宪法审查机关角色甚至已经超越了凯尔森所谓的消极立法者（Negative Legislator）的角色，而兼具积极立法（Positive Legislator）的功能。[50] 单纯作出违宪判决由于不以纠纷最终解决为目的，在美、日模式下比较少见，如美国一般禁止不以案件为导向的咨询意见。[51] 当然，如果在立法机关和宪法审查机关权限泾渭分明的制度下该方法自然没有适用的余地，比如在美国、日本。而德国和法国模式下由于宪法审查机关本身所分担的立法功能，适用该方法解决纠纷则有灵活运用的空间。

---

〔49〕 Massachusetts v. Oakes，491 U. S. 576（1989）.

〔50〕 Hans Kelsen，*Judicial Review of Legislation：A Comparative Study of the Austrian and the American Constitution*，4 J. Pol. 183，185-86（1942）.

〔51〕 Linde，*Admonitory Functions of Constitutional Courts，The United States Experience*，20 Am. J. Comp. L 424（1972）.

1. 附带立法指示

德国联邦宪法法院通常所作出的单纯违宪判决，一般会附带判决立法者应当对此作出修改，科以其消除违宪状态的义务。即所谓的立法指示。这种立法指示具体而言可分为下述三类：

（1）仅仅判决立法者改正，消除违宪状态，至于具体如何修改以及是否有期限则不作判定。如在儿童津贴补助案件[52]中，德国宪法法院判决："《矿工医疗法》有关规定违反宪法上的平等原则以及社会国原则，然而立法者消除这一不平等状态可有多种途径，这种形成自由乃立法者权限范围之内，因此必须予以尊重。但本案立法者应当迅速消除这样的不平等状态。"

（2）判决立法者在合理期间内消除违宪状态。比如，1949 年《德国宪法》第 6 条第 5 款规定，立法应当为非婚生子女提供与婚生子女同等的发展机会和社会地位。但由于该条款并未规定明确的期限，且非婚生子女没有为自己进行游说的议员，直至 1969 年，立法者也没有制定相关的法律。因此宪法法院在判决中指出，宪法虽未规定期限，但这并不意味着任由立法者自己决定何时以及如何来实现宪法第 6 条第 5 款，更为重要的是，这与人性尊严有关，因此立法者应当在合理期间内制定法律履行宪法义务。[53]

（3）明确改正法律法规的期限，"立法者至迟需在某年月日之前制定新法"。例如"行政诉讼卷宗资料阅览权"案件[54]中，联邦宪法法院同样发出修改法律的指令："立法者负有义务制定符合基本法第 19 条第 4 款（诉讼救济权条款）的规则，且必须至迟于 2001 年 12 月 31 日前完成。"对于这种附带立法指示的做法，也有学者批评其构成对立法权的侵蚀。施奈德认为："联邦宪法法院不再仅限于以其裁判单纯对法律后果作出规范，而是以详细的规定来面对立法者，而这些规定只能被理解为是法官对于将来关于堕胎权的合乎宪法规定的新规范的具体

---

〔52〕　BverfGE 39，316，332f.

〔53〕　BverfGE25，167，cited from Wolfgang Zeidler，*The Federal Constitutional Court of the Federal Republic of Germany：Decisions on the Constitutionality of Legal Norms*，62 Notre Dame L. Rev. 504 (1987).

〔54〕　1BvR 385，90，1999 年 10 月 27 日第一庭。

指令。联邦宪法法院必须要克制自己对于将来由立法者制定的新的合乎宪法规范的内容发表任何意见。否则，就会出现'由联邦宪法法院对立法者作出非职能性司法'的情况。"[55]对此，莱尔歇认为，联邦宪法法院只是担当了一个紧急立法者的角色，联邦宪法法院应当保持其尽可能轻微地介入立法的观念。这些判决不应被理解为法院的实体建议。[56]

与上述德国宪法法院的做法不同，在意大利，宪法法院的判决甚至超出立法指示的范围，直接对违宪法律作出"创造性判决"，这种创造性判决又可分为附加性判决和替代性判决。[57]前者是指，宪法法院认为法律本身有遗漏的地方，判决直接将遗漏部分加以弥补，则该法律据此可以符合宪法。例如，《意大利刑法》曾有规定，不承认法律无知，法院判决在一般情况下，不应当承认法律无知，但是例外情况下法律无知是不可避免的，特别是在法律本身模糊的情况下，更是如此。所以不能笼统的对法律无知一概加以否定。宪法法院判决指出：一般情况下，法律无知不可以作为免责事由，但是特殊情况下，《刑法》应当留有余地。所谓替代性判决，是指宪法法院直接将法律违宪的部分以新的法条加以替代的判决。例如，《意大利刑法》曾将审查犯罪的职权授予司法部，但宪法法院判决指出，该权限不属于司法部，而是法官的本职工作，从而直接以其他规范代替了原有法条。上述做法因为直接对立法权限范围的事务"指手画脚"，引起了极大争议。然而宪法法院却认为其只是严格依照宪法对有争议的法律作出自己的解释，并非法律创制行为。

我国宪法上，宪法审查机关对违反上位法的规范性文件作出"改变"决定，即可借鉴这种附带立法指示的手法。考虑到审查机关直接将规范性文件的内容加以改变可能会侵犯法律法规制定机关的职权，影响宪法上的国家权力的纵向分工。而且，直接重新制定新的规范也可能超出审查机关的能力限度，比如全国人

---

[55] 转自〔德〕克劳斯·施莱希、斯特凡·科里奥特：《德国联邦宪法法院：地位、程序与裁判》，484～485页，刘飞译，北京，法律出版社，2007。

[56] 同上注。

[57]〔意〕玛利亚·劳拉·特丽芬：《意大利宪法法院：功能与结构》，载《宪政与行政法治评论》（第3卷），北京，中国人民大学出版社，2007。

大常务委员会对于地方的情况也不如地方立法机关熟悉。因此，这种"改变"的决定可以采取立法指示的方式。即对原规范性文件作出违宪认定的同时，指示立法机关如何制定新的规范。

2. 附带适用指示

由于单纯违宪判决与无效判决不同，被宣告违宪的法律仍然具有效力，并未消除法律的违宪状态，因此宪法法院除了向立法者发出应当采纳哪些方案才能使法律与宪法一致的"立法指示"之外，同时也可对法律本身的进一步适用作出指示，即适用指示。指示适用机关（行政机关和司法机关）在适用该规范时应当以合宪的方式适用或实施。也有在作出立法指示同时，进一步判决：如果立法者不作改正，则各级法院在类似案件中应当自行以合宪的方式作出。如"雇佣合同中止期限"案件，[58] 德国联邦宪法法院判决民法第 622 条第 2 项关于劳工中止合同期限的规定违反宪法上的平等原则，且责令立法者在特定期间内作出改正。同时判决："如果诉讼停止期限过长，则不符合宪法权利的有效保障原则。立法者如果在适当期间内并未作出改正消除违宪状态，则各级法院可以自行以合宪方式作出判决。"再如，"第三次政治献金"案件，[59] 联邦宪法法院认为，《所得税法》第 10 条以及营业税法第 9 条第 3 款关于政治献金可以减免交纳税款的规定违反宪法上的平等原则；然而在判决主文中，宪法法院并未判决其无效，而是仅仅判决违宪，且同时判决在立法者修改法律之前该规定仍然得以继续适用，但政治献金折抵税款总额不得超过 10 万马克。其理由在于，如果直接判决无效，将对税务法律关系产生极大冲击，因此继续适用该法律，以免造成法律出现"真空"状态。

如果宪法审查机关能够综合运用立法指示和适用指示，既有利于规范控制，同时也使得纠纷得以彻底解决。然而，立法指示的前提在于宪法审查机关分担部分立法功能，而适用指示的前提在于宪法审查机关本身所承担的纠纷解决功能。

---

〔58〕　BverfGE 82，126ff.
〔59〕　BverfGE 73，40ff.

当然，这种附带适用指示的做法一定程度上已经超出了对抽象的法律规范进行审查的功能定位；因此在各国宪法判决中并不多见。但在我国，这种做法并不缺乏制度依托，全国人民代表大会及其常委会不但有制定法律的职权，同时还有作出法律解释的权力。实践中，法律适用者时常以请示的形式向全国人大常委会请求对法律的适用作出解释。比如，全国人大法工委对"《中华人民共和国海域使用管理法》第 42 条应如何适用"、"《渔业法》第 38 条应如何适用"等问题的答复，可以佐证。

三、警告性判决

警告性判决，顾名思义，乃宪法审查机关对立法者的一种警告，如果不积极改正则可能会导致违宪的结果。该方法以德国宪法法院的宪法审查实践最为典型，相应所形成的理论也最为完整。在德国，这种判决方法又称为"违宪警告判决"，[60] 是德国联邦宪法法院在实务中发展出来的一种特殊的判决形态。即，法律虽有违宪之嫌，但宪法法院仍然宣告"法律仍属合宪，因此尚可忍受"（not 'yet' unconstitutional, and therefore still tolerable），同时要求立法者采取合理措施使法律达到完全合宪的法律状态。[61] 而在与德国模式类似的意大利，宪法法院也以"警告"（sentenza di monito）的裁决形式，向立法机关就有关立法问题提出意见和建议以使之合宪。[62] 在以个案为前提的附随制审查模式下，宪法审查机关并没有德国抽象审查模式那般广泛的权限，因此采纳警告性判决的判例较为少见。然而并非完全拒绝这种方式，在一些判决中也可看到这种警告性判决的方法。在日本，宪法审查机关所采纳的情况判决的一部分也可归入这种警告性

---

〔60〕　［日］野中俊彦：《西德违宪判决的方法》，载《宪法诉讼的原理与技术》，东京，有斐阁，1976。

〔61〕　Wolfgang Zeidler, *The Federal Constitutional Court of the Federal Republic of Germany*：*Decisions on the Constitutionality of Legal Norms*, 62 Notre Dame L. Rev. 504 (1987).

〔62〕　Daniel S. Dengler, *The Italian Constitutional Court*：*Safeguard of the Constitution*, 19 Dick. J. Int'l L. (2001).

判决的范畴之内。[63]

一般而言，美国并没有德国那样的明确内涵和范畴的警告性判决方法，而是在所谓的"咨询意见"[64] 和法官的判决理由或补充意见中带有警告性内容。[65]对于这种判决，支持者认为其提高解决争议尤其是不具有可司法性的争议的效率；推进政治部门和司法部门的有效对话，有助于促进不同部门的合作，使政府更好地服务于人民。因此，法院对政治部门的态度不是在顺从与对抗之间徘徊，而是与之结成伙伴，共同提高民主决策能力和公众的政治责任感。[66] 而反对者则认为这种咨询性判决的弊端如下：（1）危及权力分立。虽然合作有助于提高效率，但不同部门间完全和谐统一也是有危险的，因此需要权力分立。（2）由于咨询性观点涉及政策和政治，可能削弱司法的独立性与公众对司法的信任，而且削弱立法者和公众的政治责任感。[67]（3）违背判决应当针对案件或争议的要求。（4）法院有权让当事人之外的其他人也参与诉讼（5）混淆了法院判决与法官意见之间的区别。[68]

（一）警告性判决的特征

1. 合宪抑或是违宪判决？

警告性判决是对于那些并未构成违宪的行为作出的一种特殊的"勉强"或"有瑕疵"的合宪判决。或者也可适用于那些情节轻微的违宪或不明显的违宪行

---

[63]　除此之外，日本的情况判决还包括那些单纯违宪的判决方法。参见前文"单纯违宪判决"部分。

[64]　由于违宪审查机关的纯粹司法机关的功能定位，在美国的咨询意见乃一种争议较大的判决方法，一般而言联邦法院很少作出这种咨询意见。See Felix Frankfurter, *A Note on Advisory Opinions*, 37 Hard. L. Rev. 1002 (1924)，国内文献可参见张翔："功能适当原则与宪法解释模式的选择——从美国'禁止咨询意见'原则开始"，载 http://www.calaw.cn/asp/showdetail.asp? id=11558&mykindname=宪法学研究 &typeid=57，2007 年 4 月 15 日。

[65]　和田英夫教授认为德国的警告性判决（admonitory dicisions）与美国的咨询性判决（advisory decisions）并不相同。然而根据美国学者 Linde 教授的研究，即使二者在适用范围以及具体方法上有着较大差异，但其实美国的咨询性判决发挥着与德国警告性判决相似的功能。和田英夫，*Continental System of Judicial Review*，载《大陆型违宪审查制度》（增补版），有斐阁 1994 年版；Hans A. Linde, *The United States Experience*, The American Journal of Comparative Law, Vol. 20, No. 3. (Summer, 1972), p. 415.

[66]　Neal Kumar Katyal, Judges As Advicegivers, 50 *Stan. L. Rev.* 1709 (1998).

[67]　Felix Frankfurter, A Note on Advisory Opinions, 37 Harv. L. Rev. 1002 (1924).

[68]　Mel A. Topf, The Jurisprudence of the Advisory Opinion Process in Rhode Island, 2 Roger Williams U. L. Rev. 207 (1997).

为，这种情形属于"勉强不违宪"或"尚属合宪"。该判决方法在形式上属于合宪判决，然其内容却并不同于一般合宪判决，而是带有警告性的、同时要求特定国家机关适时改正，以达至理想的合宪状态。正是由于警告性判决的这种特殊性，学说上对于其究竟属于合宪判断还是属于违宪判断仍然存在争议。比如野中俊彦教授认为，警告性判决属于违宪判决中的一种特殊形态，可以说是一种"违宪警告判决"。[69] 然而也有学者持不同意见，比如李建良博士就认为，德国的警告性判决乃一种合宪判决的方法，为此无须在违宪判决的方法中讨论。[70] 如果单纯从字面含义看，警告性判决无疑乃一种合宪判决，然而这种字面形式上合宪判决和那种真正意义的合宪判决并不相同，因为宪法审查机关作出合宪判决乃为政府行为提供宪法上的正当性依据，而警告性判决却并非如此。因此有必要将其作为一种不同于一般合宪判决的方法加以研究。

2. 警告性判决和单纯违宪判决的区别

如果就手段的严厉程度看，警告性判决和的单纯违宪判决大致相当，且对于那些违宪程度较轻的行为或灰色地带行为，二者都可能出作立法指示（Appeals opinion）。然而单纯违宪宣告针对的是法律违宪的情形，而警告性判决则适用于法律尚属合宪的情形，违宪判决乃否定性的确认该行为违宪。警告性判决虽然判决不违宪，然而却指示立法者以适当的方式防止违宪状态的发生或采取积极措施形成理想合宪状态。因此，这种"合宪判决"可能较单纯违宪的判决更加积极地介入政策形成领域，而更需要一个权限广泛的宪法判断者角色。所以很可能造成的结果是，虽然判决合宪，却较之于违宪判决对立法权施加的限制更加严厉。

（二）警告性判决的具体方法

1. 灰色地带理论

由于宪法问题本身富有的争议性以及宪法规范本身的不确定性，使在合宪与

---

〔69〕 参见［德］野中俊彦：《西德违宪判决的方法》，载《宪法诉讼的原理与技术》，东京，有斐阁，1976。

〔70〕 李建良：《论法规之司法审查与违宪宣告》，载《欧美研究》，第27卷第1期。

违宪之间常常存在灰色地带。[71] 对此，韩大元教授也指出："在宪法实践中违宪与合宪之间并不存在严格的界限，两者经常出现相互交叉或融合的形态。"[72]因此简单的合宪违宪二分，可能不足应付复杂课题。因此宪法审查机关在作出判断时，并非仅仅在合宪或违宪之间选择其一。如果构成明显违宪则做出违宪无效判决或单纯违宪判决，而完全符合宪法则判决合宪，处于此二者中间的灰色地带则可作出警告性判决（参见图表 12）。特别是当宪法判断所依据的宪法规范本身和社会现实发生偏离而处于变动的时期，虽然法规范和宪法规范之间出现抵触现象，却不适宜直接作出违宪判断。这种违宪与合宪之间的灰色地带使得通过法规范的变动带动宪法规范的变动成为可能。

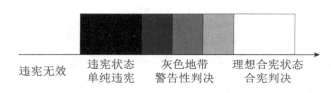

| 违宪无效 | 违宪状态
单纯违宪 | 灰色地带
警告性判决 | 理想合宪状态
合宪判决 |

图表 12　违宪合宪中间地带理论

（1）不明显或情节轻微的违宪

合宪与违宪之间并不存在一个明确清楚的界限，介于理想的合宪状态和违宪状态之间存在着部分"灰色地带"：即尚未达到违宪程度，却并非完全符合宪法，然而如果继续发展下去将构成明显违宪，故此作出警告性判决。比如，在德国的"联邦选举区划"案件[73]中，联邦众议院选举依据法律所划分的选区，已经造成结果的不平等。然而联邦宪法法院并未判决联邦选举法违宪无效，也没有判决依据该该法所进行的选举无效，而是判决当联邦众议院选举之时，该法律关于选区

　　[71]　所谓"合宪与违宪之间的灰色地带理论"乃德国的理论，对此可参见 ［日］野中俊彦：《宪法诉讼的原理与技术》，278 页，东京，有斐阁，1995。

　　[72]　韩大元：《论合宪性推定原则》，载《山西大学学报》（哲学社会科学版），2004（3）；或韩大元：《宪法解释中的合宪性推定原则》，载《政法论坛》，2003（2）。

　　[73]　BverfGE16，130.

划分的规定尚未明显的达到违宪状态，故此联邦宪法法院只是警告立法机关在国会立法期间内应当考虑修改选举法有关选区划分的规定。再如，韩国宪法法院关于总统紧急财政命令是否合宪的判决中指出："总统发布紧急命令是基于已经颁布的法律无法克服财政、经济上的危机状况的判断而作出的，没有事实证明这种判断明显不合理或是一种恣意判断，对其应当予以尊重。然而，紧急命令权在本质上是为了应付紧急状态而采取的具有暂定性质的权限，应当限于达到目的所需要在最短时期内，发动紧急权的原因消失后应予以及时解除。发布紧急命令至今已有两年，这种紧急命令的发布状态长期化的现象的确是不合理的，但是根据提供的事实，不足以宣布发布当时为合宪的紧急命令为违宪。"[74] 上述违宪警告性判决针对的情形类似于行政法上对不合理或有瑕疵的行政行为的合法性审查采取的判决策略。

总统紧急财政命令案件

1993 年韩国总统发布《金融实名制以及秘密保障的紧急财政经济命令》，当事人认为该命令违宪。宪法法院虽然判决驳回总统紧急命令的宪法审查请求，但在判决理由部分作出了违宪警告的意见。本案是宪法法院针对总统紧急命令权作出的第一个判决，尽管诉讼请求因为缺乏利益因果关系而被驳回，该判例对后来的宪法审查实践产生了积极影响。（韩国宪法法院 1996 年 2 月 29 日判决）

（2）濒临违宪的行为

如果从动态的角度看，法规范并非是静止不动的，而是应当随着社会的发展而变化，且随着时间推移，合宪的规范可能演化为违宪的规范。比如，道路交通设施的不断完备，使得对交通安全的某些限制成为不必要，为此可能侵犯基本权

---

[74] 韩大元、莫纪宏主编：《外国宪法判例》，350 页，韩大元撰写部分，北京，中国人民大学出版社，2005。

利。因此，可能在到达某一个时刻的时候，违宪状态即发生。即事实关系改变使得法律将来可能违宪。为防止社会情势继续发展导致违宪状态发生，需要对立法者作出一定的警告。如"退休金"案件[75]中依据《德国社会保险法》，鳏夫在社会保险法上的地位不如寡妇的地位。对此宪法法院判决，由于观念上的缓慢变迁，导致依据现在的观念判断，该规定违反了平等原则，而立法者又不能迅速地将这种观念明定于法律中。因此，虽然系争规范违反平等原则，但是目前为止仍不构成违宪。当然立法机关有义务在一定期间内修改法律，以符合宪法规定。再如，1984 年联邦宪法法院判决 1983 年制定的《国民户口普查法》的有关规定合宪，但仅仅是依据"目前的认知和经验"是合宪的。同时判决立法者在将来进行立法规范国家的资料收集时，应当充分考虑个人的资讯自由权。[76] 对于这种濒临违宪的行为作出警告性判决也需要一定的技术化手法，比如"日本内阁总理大臣正式参拜违宪案"法院以附论的形式作出了违宪警告的内容。

日本内阁总理大臣正式参拜违宪案

　　1985 年 8 月 15 日，中曾根康弘首相变更了过去内阁的解释，作为国家的机关而正式参拜了靖国神社，并支出三万日元的公费作为供花的充抵费用。对此，以佛教、基督教徒为主的部分战死者家属，以其侵害了宗教信仰自由、宗教上的人格权或宗教上的隐私权为由，提起了要求赔偿损害及慰藉金的诉讼。一审判决以不存在权利侵害为理由予以驳回，但二审判决（福冈高等法院 1992 年 2 月 28 日判决）虽然也认为本案的参拜不能说是公认或强加了靖国神道的信仰，不存在侵害宗教信仰自由（宗教上的人格权不是具体的权利，不具有法的利益），不过却在附论中表明：若正式参拜在制度意义上被继续进行，即使不以神道仪式参拜，也会产生"支援、助长、促进"靖国神社的效果，因此有违宪的疑惑。此外，大阪高等法院判决（1992 年 7

---

〔75〕　BverfGE39，169.

〔76〕　［德］Wilhelm Karl Geck：《西德联邦宪法法院之无效宣告以及其他宣告方式》，朱武献译，载《宪政时代》，第 10 卷第 4 期。

月 30 日）尽管也认为不存在具体权利的侵害，但阐述到：靖国神社是宗教团体，正式参拜在外观上和客观上具有"宗教活动"的性质，对其的肯定没有得到国民的公意，可能引起宗教团体和其他方面的反对以及亚洲各国的反弹，并且也不能称为是礼仪性的、习俗性的行为，如综合以上等各项事实加以判断，其违宪的嫌疑颇为重大。

2. 合理期间论

违宪状态乃宪法规范和宪法现实之间的断裂，而这种断裂状态并非单纯的宪法判断可以改变。即使通过审查作出违宪判断，也无法立即消除违宪状态，由违宪状态向合宪状态的改变毋宁是需要一定的条件和经过一定时间方可成就。[77] 立法者固然应当制定合宪的法律，以消除原先的违宪状态。然而立法机关进行立法还受到其他条件限制，比如广泛的社会调查、不同利益团体的一致意见，由于上述这些客观条件所限制，立法者可能欠缺及时改正的能力。而合理期间是指立法者由违宪状态转化为合宪状态所需要的期间，[78] 比如立法机关履行特定义务所需期间，乃一种期待可能性。为此，违反宪法的状态即使存在，但是应当考虑立法所需的各项条件而给予立法机关一定的改正期间，在该期间内立法即使违背宪法，尚且不得判断违宪，对于立法机关而言乃免责期间。[79]

此外，如果违宪判断的当时，仍处在违宪状态向合宪状态转化的期间内，则暂时不判断违宪，而是判断在合理期间内仍未消除违宪状态则构成违宪。这种"合理期间"的判决方法，也可以说是"当为"的宪法规范和实然宪法秩序之间的调和。当然这种判决终究只是一种暂时状态，因此宪法审查机关一般会在判决

---

〔77〕 这也正是违宪审查无法完成和实施宪法的全部任务的原因所在，所以实现理想的合宪状态，尚需其他国家机关的积极作为，违宪审查机关不过是作为一个监控机关而存在。

〔78〕 当然并非任何立法都需要立法合理期间，对于那些立法不需要合理期间的立法，则无须给予其合理期间，而直接判断违宪。

〔79〕 ［日］野中俊彦：《议员定数裁判的最新动向》，转自户波江二：《立法不作为的违宪确认》，载芦部信喜主编：《讲座宪法诉讼》（第 1 卷），374 页，注 17，东京，有斐阁，1987。

中指明其适用的最长期限。[80] 这种期限使规范制定者得以在合理期间内消除违宪状态，而非不考虑立法机关实际改变违宪状态的现实条件而仅仅判决违宪无效。如果从合理期间论的角度看，警告性判决可以说是违宪判决的前阶段，如果立法者不积极改正其不妥之处，则可能会被判决违宪。这种类型的判决的适用方法可分两种类型，如图表 13 所示：

合理期间

a　　　　　　　　b

图表 13　合理期间的选择方法

（1）如果判决时点正处于 a、b 中间，则在合理期间内，所以虽然有违宪瑕疵，但仍然不作出违宪判断，并指出如果到达 b 点时，仍然未加以改正，则构成违宪。典型案例可举日本最高法院关于"众议院选举名额不均等"案件的判决。1983 年11 月 7 日判决[81]中，最高法院虽然认为名额分配 3.94：1 的差距虽然和选举平等原则不符，但也不能就此认定其违反宪法；而是应当考虑人口变动的状态，要求立法机关在合理期间内改正，如果合理期间内不予改正则应当判断违宪。而至 1993年 1 月 20 日就 1990 年 2 月众议院议员选举的最大差距达到 3.18：1 的合宪性问题，最高法院判决：该差距处于违宪状态，但由于属于该案名额分配规定自施行之日起经过三年七个月，国情调查的确定数值自公布之日起约经过三年三个月之时点上的不平等的状态，为此并没有超过矫正的合理期间，不能断定名额分配规定违宪。[82]当然这种判决终究只是一种暂时状态，因此宪法审查机关一般会在判决中指明合理

---

〔80〕　就指明适用期间这一点上，合理期间后违宪和违宪将来失效判决相同，且其结果都是法律暂时可以适用，然而其区别在于：（1）后者是违宪判决，前者是"尚未构成违宪"。（2）将来无效对立法机关有拘束力，而合理期间的警告性判决，则无法律上的拘束力。违宪将来失效判决原则上以违宪无效为前提，法律将来一段时间后失去效力。（3）警告性判决作出后，法律将来可能构成违宪。然而即使之后作出违宪判决时，为避免法律真空状态，也可作出违宪但将来失效判决。

〔81〕　日本最高法院大法庭判决，民集 37 卷 9 号第 1243 页。

〔82〕　日本最高法院大法庭判决，民集 47 卷 1 号第 67 页。

期间的期限范围。这种期限使规范制定者得以在合理期间内消除违宪状态。

（2）如果判决时点处于 b 点后，则判决超出了合理期间故而构成违宪。再以上述议员名额不均等案件的判决为例。日本最高法院在 1985 年 7 月 17 日针对 1983 年 12 月众议院议员选举的投票价值最大差距达到 4.40∶1 的合宪性问题，判决 1980 年 6 月大选时，投票价值的不平等已达到违宪程度，而且在合理期间内未做修正，因而议员名额分配违宪。[83]

众议院议员名额不均衡案件判决

（1）1972 年举行的众议院选举中，千叶县第一选区的选民，以其一票的差距高到 4.99∶1，违反宪法上的选举权平等为由，提起了选举无效的诉讼。1976 年 4 月 14 日最高法院判决（最高法院大法庭判决）指出：在宪法要求考虑人口变动状态需合理期间内进行矫正但却没有得到实行的场合，应认为违宪；为此判定 5∶1 的投票价值差距（如考虑 1964 年法律修正后经过八年多仍未修正）已违反选举权平等的要求，并表示该名额分配规定在整体上带有违宪的瑕疵，不过，对于选举的效力方面，则为了回避使整个选举归于无效而产生的不当后果，而作出仅确认议员名额分配不均衡违法，而不认定选举无效的判决。

（2）1980 年 6 月众议院议员选举，投票价值差距达到 3.94∶1，引发了合宪性的争诉。最高法院 1983 年 11 月 7 日判决虽然也将该差距认定为违宪状态，但认为 1975 年的法律修正已使议员名额不均衡的差距缩减为 2.92∶1，不平等暂时得到消解，这一点可予以好评，并以从修改法律到本案选举之时（从改正法公布开始约五年，名额分配规定的施行开始约三年半）仍处在为消解名额不均衡所认可的合理期间之内为理由，判定本案的名额分配规定合宪。

（3）针对 1983 年 12 月众议院议员选举的投票价值最大差距达到 4.40∶1 的合宪性问题，最高法院 1985 年 7 月 17 日判决认为 1980 年 6 月大选时，投

---

〔83〕　日本最高法院大法庭判决，民集 39 卷 5 号第 1100 页。

票价值的不平等已达到违宪程度，而且在合理期间内未作修正，因而议员名额分配应视为违宪。但这也只是仍止于确认选举违法而已。

（4）就 1990 年 2 月众议院议员选举的最大差距达到 3.18：1 的合宪性问题，最高法院 1993 年 1 月 20 日判决（最高法院大法庭判决，民集 47 卷 1 号 67 页）指出：该差距处于违宪状态，但由于属于该案名额分配规定自施行之日起经过三年七个月，国情调查的确定数值自公布之日起约经过三年三个月之时点上的不平等的状态，为此并没有超过矫正的合理期间，不能断定名额分配规定违宪。

3. 立法指示

如果判决违宪无效，则可能会导致法律空缺或严重的政治后果，[84] 而另一方面，如果宪法法院宣告法律合宪，立法者根本就不会修改法律，因为依该法而受益的利益集团会阻止法律的修改。因此，为避免法律无效导致的政治危机，同时为了尽快消除这种违宪状态，宪法审查机关并不明确判决法律违宪，而是指示立法者尽快修改法律。

在有着立法指示的判决中，此时违宪还是合宪的判断已经不那么重要了，重要的是指示立法者修改法律。这种立法指示在德国宪法法院可以和违宪判断一并作出，也可以警告性判决的形式单独作出。而与德国这种普遍采用的手段不同，采取附随制的美国宪法审查中作出的立法指示可能较为少见、暧昧。比较而言，有以下不同：（1）德国宪法法院的警告性判决通常直接指示立法者应当做什么，而在美国由于宪法第 3 条禁止联邦法院作出正式的咨询意见，而将法院司法权仅限于解决案件或争议，联邦法院很少直接就应当怎么做才能避免联邦法律违宪作出立法指示。[85]（2）在德国只有宪法法院有权作出宪法判决，而美国采取的是

---

〔84〕　典型的案例当属德国 1963 年的"选区划分案"，在该案中，受到挑战的《选区划分法》已经违宪，但如果法院宣布其无效，将造成依据选区划分已经完成选举并已经执行立法职能的当届德国国会因违宪而不复存在，从而导致严重的政治后果。

〔85〕　Felix Frankfurter, *A Note on Advisory Opinions*, 37 Hard. L. Rev. 1002 (1924).

附随制，不仅联邦和州的最高法院，下级法院也会提出司法建议，甚至在不涉及宪法争议的案件中法院在适用法律时也会表达其关于法律规则的观点，批评法律，提出应当如何改进。[86]（3）德国的警告性判决以集体的名义，即宪法法院的名义做出立法指示，而在美国，很多场合是以法官的附带意见或不同意见的形式提出立法建议。[87] 对于这种形态的决定，批评者认为：（1）这种"附带声明"（obiter dictum）是多余的，是法院给立法者施加的不可接受的压力，它侵犯立法权，违背了权力分立原则。[88]（2）立法指示不能最终解决法律违宪的问题，也无法及时提供权利救济，无法有效保护个人权利。[89]（3）法院的建议其实是建立在政治和实践考量基础上的立法决定，这使法律和政治之间的界线变得模糊起来，导致法院忽视了为立法者设定限制框架的义务。（4）它削弱了立法和公众的责任。立法不仅是立法者的权力，而且是其义务，而警告性判决将使得立法者失去了制定最佳法律的动力，只是被动的依据法院建议行事，同时也削弱了公众积极参与立法的热情与责任感。[90]

由于这种立法指示的方法给立法者施加了压力，如果运用过度可能有侵犯立法权的危险。[91] 如果从不同国家机关的功能分配的角度看，自然应当避免宪法审查机关成为一个代位立法机关。对于一般司法机关的宪法审查是否可以积极的方式作出立法指示，仍有较大争议。即使在德国宪法法院模式下，这种判决方法如果运用不当也会受到质疑。特别是诸种判决方法的选择并无宪法以及法律的明文规定，实践中乃由宪法法院自由裁量选择，为此这种判决方法可能会有越权之

---

[86]　Edward Mcwhinney, *Supreme Courts and Judicial Law Making：Constitutional Tribunals and Constitutional Review*, Martinus Nijhoff Publishers 1986，p. 15.

[87]　Hans A. Linde, *The United States Experience* , The American Journal of Comparative Law, Vol. 20，No. 3. (Summer，1972)，pp. 428-430.

[88]　Hideo Wada, *Continental System of Judicial Review*，载《大陆型违宪审查制度》（增补版），东京，有斐阁，1994。

[89]　Wiltraut Rupp-v. Brunneck, Germany：the Federal Constitutional Court, The American Journal of Comparative Law, vol. 20，no. 3（summer，1972），pp. 387-400.

[90]　Felix Frankfurter, a Note on Advisory Opinions, 37 H. L. Rev. 1002（1924）.

[91]　Hideo Wada, *Continental System of Judicial Review*，载《大陆型违宪审查制度》（增补版），东京，有斐阁，1994。

嫌而受到质疑。而且判决立法机关明确的作出特定行为的指示尚需立法机关的高度配合，否则宪法法院的判决即丧失权威性。如果立法机关不完全遵守立法指示，宪法法院并无有效手段保障。因此，任何宪法审查机关在具体作出立法指示时候，都必须避免对立法的具体内容作出明确指示，而是仅仅对立法作出方针性的指示或否定性指示，至于立法机关选择何种具体方法消除违宪状态，属于其立法权限范围，宪法审查机关不得轻易介入。

（三）警告性判决的适用界限

为保障合宪的法律秩序，宪法审查机关需要与其他机构共同合作，而仅仅宣告法律无效是不够的，警告性判决促使立法者行动起来，同时又给它一些必要的选择空间，所以这并不是对立法权的干预，而是司法权与立法权之间的一种合作。[92] 而且，作出警告性判决可以避免宪法审查机关和其他国家机关之间的直接对抗，特别是在对一些政策性较强的立法进行合宪性判断时候尤其如此。然而警告性判决所附带的责令修改义务，如果稍有不慎则有侵犯立法者立法权限和功能的嫌疑。并且警告性判决容易演化为宪法审查机关扩张其权限的一种手段，为此其运用需要谨慎限定在辅助立法机关制定合宪法律的范围之内，防止侵犯立法机关的权限。换言之，无论在何种模式下宪法审查机关作出警告性判决必须符合其制度下的功能定位。

警告性判决并非以纠纷解决为目标，而是着眼于促使立法机关在将来达成理想合宪状态。所以，一定程度上已经超越了传统司法审查的功能定位，而带有立法决策的色彩，被学者评价为一种"徒具司法形式的政治行为"，可能会导致宪法判断的泛政治化，使法律和政治之间的界线变得模糊起来。[93] 因此在适用时需要防止其成为过度介入政策形成的手段，在作出警告性判决时需要尊重立法者的裁量范围，避免过于积极介入立法事务。

---

〔92〕 Wiltraut Rupp-v. Brunneck, *Admonitory Functions of Constitutional Courts*, The American Journal of Comparative Law, Vol. 20, No. 3 (Summer, 1972), pp. 400-403.

〔93〕 Felix Frankfurter, *A Note on Advisory Opinions*, 37 Hard. L. Rev. 1002 (1924).

如果警告性判决仅仅抽象的对立法者作出指示，对于当事人、一般法院、行政机关的而言究竟如何认定法律的效力、如何适用该法，并未提供较为明确的指示，可能使纠纷仍然处于未决状态。为此需要尽量避免超出案件范围之外，抽象的作出立法指示，而置本案当事人权利的保护和法律纠纷的解决于不顾。因此，不可否认警告性判决是一把"双刃剑"，它既可以是宪法审查机关避免对抗的一种策略，也可能使宪法审查机关陷入政治的旋涡当中，因此在作出警告性判决时必须谨慎小心，并时刻谨守"保护人权的最终的目的"。[94]

根据我国现有的宪法审查体制，对于规范性文件，如确有违宪问题，制定机关又拒绝修改或废止，则应报经人大常委会秘书长或主任会议同意，由有关专门委员会或工作委员会或常委会办事机构，向报送机关提出书面审查意见。这种书面意见可以说是一种准宪法决定，问题是怎样提出书面审查意见呢？如果是过于具体化的意见，则有侵犯规范性文件制定机关权限的嫌疑。因此可以参考警告性判决的做法，对规范性文件进行合理适当的监督。值得一提的是，2004 年 6 月 22 日全国人大法工委在"地方性法规设定毒品范围和对娱乐场所经营单位及个人处罚"的答复中对争议的法律法规合法性使用了"是否合适，尚需研究"的表述，这种形式的答复也可以说是一种带有警告性的宪法意见。当然，运用这种警告性的决定形式需要考虑中央与地方权限的划分以及国家机关之间职权分配。

四、小结

宪法审查的一个重要功能就在于保障宪法价值在法律体系中得以贯彻，然而仅仅将法律法规认定为违宪并不足以有效实现对法律体系的合宪性控制。因此宪法判断的方法在广义上还包括宪法判断的事后处理方法，即宪法判决的方法。而

---

〔94〕〔日〕和田英夫，*Continental System of Judicial Review*，载《大陆型违宪审查制度》（增补版），东京，有斐阁，1994。

灵活运用不同的判决方法则可以促使合宪状态的达成，同时避免对政治和法律秩序造成过渡的冲击。大致而言，宪法判决的方法主要包括违宪无效判决、单纯违宪判决和警告性判决。不同违宪判决形态的选择方法和原理是政治智慧和法律技巧相结合的产物，因此对这些不同模式下的判决形态选择方法加以梳理、比较，并分析其背后的制度因素，可为激活我国的宪法审查制度提供一种可能的推进策略。

判决方法不同于判断方法，乃一种事后处理的方法，因此在不同的制度模式下，即使针对类似案件，采纳的判决方法可能大相径庭。比如，同样针对选区划分不平等的判决，不同国家采取的方法也不同。德国宪法法院针对《联邦选举法》划分选区的不平等仅仅作出警告性判决，在类似案件中，日本法院作出了单纯违宪判决，而美国却直接作出违宪无效判决。如果从判断违宪的对象上看，由于美国最高法院所判断违宪的乃州议会制定的《选区划分办法》，因此直接判断违宪无效可能并不会导致与强大政治部门的对立。而德国和日本宪法审查机关所面临的是国家最高立法机关制定的法律，为此作出违宪判断自然需要谨慎。

国　　家	德　　国	日　　本	美　　国
判断对象	联邦选举法	国会制定的选举法	州议会制定的选区划分办法
判决方法	不明显违宪的警告性判决或单纯违宪	情况判决：单纯违宪但选举有效，或合理期间内改正	判决选区划分办法违宪无效[95]
判例	联邦选举区划案件：BverfGE16，130	众议院议员定数不均衡判决（日本最高法院大法庭判决，民集30卷3号223页）	Baker　v. Carra　369 U. S. 18（1962）；Davis　v. Bandemer　478 U. S. 109（1986）

图表 14　选区划分案件判决方法的比较

---

〔95〕　美国联邦最高法院的早期判例认为，选区划分属于欠缺司法可判断性的政治问题不予受理，例如 1946 年 Colegrove v. Green 328 U. S. 552（1946），在其后著名的 Baker v. Carra 案件，Brennan 法官所确立了政治问题的贝克基准（Baker test）后，此类案件遂被界定在政治问题范围之外。See Jesse H. Choper, *The Political Question Doctrine：Suggested Criteria*，54 Duke L. J. 1457（2005）.

　　除了上述判断对象不同而采取不同判决方法外，宪法审查机关本身的权限范围也是决定判决方法选择的重要原因。在美日模式下，宪法审查机关脱离案件对立法机关作出警告性指示可能争议较大。而德国宪法法院在国家机关中所具有的独立和特殊地位，使得其在作出判决时候可以灵活选择采取不同的判决方法，甚至综合运用各种方法，在特定案件中将判决方法的"十八般兵器"，挨个操练一遍。比如，在 1972 年"大学入学名额限制"案件，[96] 联邦宪法法院经过审理认为《汉堡大学法》第 17 条授权学术咨询会制定入学名额限制的规定有违宪法上授权明确性原则而违宪。且同时判决："在新的法律颁布之前，该规范可继续适用，但最长不超过 1973 年夏季学期开学时。且该规范如果能依据判决指示作合宪的适用，则无判决无效的必要。故此，应给予立法者一定期间以便消除违宪状态，而在这一过渡时期该规范适用自然应当受到（合宪适用）限制。"这种综合了违宪定期失效，且附带合宪适用指示的判决也唯有权威的宪法法院才能作出。而与德国类似，意大利、南非等国家宪法法院的判决方法也可以说是一应俱全，然而在美国和日本的普通司法机关进行宪法审查的模式下，采取的判决方法显然不如设置了宪法法院的国家广泛。

类型 国家	违宪且 自始无效	违宪且 立即失效	违宪但 将来失效	单纯违宪	警告性判决	附修改 法律的指示
美国	√	√	×	×	√	×
日本	×	√	√	√	√	×
法国	√	√	×	×	×	√
德国[97]	√	√	√	√	√	√
意大利	√	√	√	√	√	√
南非	√	√	√	√	×	×
奥地利	√	√	√	√		

图表 15　各国判决方法的比较

---

〔96〕　BverfGE 33，303ff.
〔97〕　德国的判决方法类型尚且包含联邦下所属的各邦宪法法院的判决方法。

比较各国违宪判决的实践，宪法审查机关本身的权限范围是决定判决形态选择的重要原因，在美日普通法院具体审查模式下宪法审查机关脱离案件对立法机关作出警告性指示可能争议较大。然而德国宪法法院在宪法机关中所具有的独立和特殊地位，使得其在作出判决时候可以灵活选择采取不同的判决方法。诚然，上述这些门类齐全、功能不同的判决方法和形态必须依托于具体的制度才能发挥作用。我国并不缺乏文本上的宪法监督审查制度，但有实效性保障的宪法审查制度仍有待"激活"，上述针对不同宪法问题所采取的不同判决形态可以为激活法律文本中的宪法审查制度提供必要的法律技术手段。

面对法律法规违反宪法的情形，宪法审查机关需要考虑作出这种决定对实证法体系的影响，同时也要兼顾决定本身对既有政治格局的冲击。如果对法律法规或其他国家行为作出违宪的判断，中国的宪法审查机关自然也需要那种在政治风口浪尖上"手把红旗旗不湿"的策略和技术，而在各国宪法审查判决实践中逐步积累的各种违宪判决的形态和原理正是这种政治智慧和法律技巧结合的产物。就我国当下而言，如果考虑到国家机关对于"违宪"称谓的敏感，则完全可以借鉴对现有法律和政治格局冲击较小的"警告性判决"的做法来激活沉睡的宪法审查制度，待到时机成熟时再针对那些明显且较为严重的违宪法律法规直接作出违宪无效的决定，甚至进一步作出修改指示，消除和纠正违宪行为，以此来建构中国的宪法审查。

第十章　宪法判断的制度模式选择

　　宪法判断的方法是对宪法案件进行结果导向的思考框架，是宪法案件推理的一部分，从流程上看属于宪法案件处理程序的后半部分。除此之外，与宪法判断方法紧密相关的宪法审查的启动要件和宪法审查方法以及宪法审查的基准也是宪法案件推理不可或缺的思考框架。其中，宪法审查的启动要件是如何判断特定案件是否构成一个宪法案件从而启动宪法审查程序的规则和方法。而宪法审查的方法是针对国家行为合宪性审查的具体方法，从思考顺序来看，审查方法和宪法审查的基准则是处于宪法判断方法之前，是判断合宪性的方法和标尺，主要侧重于客观中立地进行审查，而不必考量得出的结论会导致何种政治后果。

　　从时间的维度看，宪法判断未必处于审查的后期。宪法审查程序开启之初，宪法审查机构可能已经采取一种结果导向的思维，而有意回避宪法判断。一旦主动采取回避宪法判断的立场和方法，则审查对象的合宪性继续处于不确定的状态。但宪法案件就此终结，当事人需要再次开启宪法审查制度才可以得到救济。如果宪法审查机构不回避宪法判断，则在逻辑上有两种可能性：直接依据法律字面得出结论和结合宪法事实得出结论。前者称为文面判断的方法，后者属于结合宪法事实得出结论的方法。如果宪法审查机构采取合宪限定解释的方法，则原本对法律法规作出违宪判断可以转化为合宪判断。如果系严重违宪而无法作出合宪判断，则宪法审查机关仍可针对不同情形作出法律法规全部违宪和部分违宪、适用违宪的判断。具体而言，如果是法律法规的违宪部分与其他部分无法分离，则应当对法律法规的全部作出违宪的判断；如果违宪部分可以与合宪部分完整分离，则只需要作出部分违宪的判断即可。在具体性案件中，如果法律法规具有"适用可分性"，则宪法审查机关可以作出法律法规适用于特定"事例群"构成违宪而回避作出法律法规本身违宪的判断。对于法律法规违宪的情形，宪法审查机关仍然可以针对不同案情采取不同的判决方法，即违宪警告性判决、单纯违宪判决和违宪无效判决。上述违宪无效的判决仍然可以再细分为违宪自始无效、违宪立即向后失效、违宪定期失效、违宪经合理期间后失去效力等不同类型的判决手法。

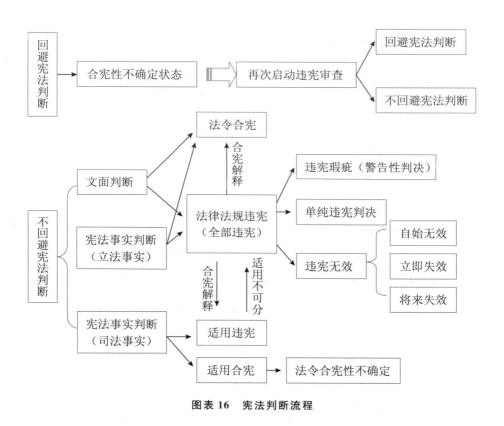

图表 16　宪法判断流程

　　整合上文所论，宪法判断方法的大致结构如图 16 所示，从回避判断的方法到宪法判决的方法，这诸多种类的方法交叉组合，在宪法审查中可以分别得出不同的结论。而在不同的制度模式下，诸种方法的操作技术也各不相同。然而对于当下的我国而言，上述方法面临的最大困窘即在于方法的制度性依托问题。也就是说，特定方法必须依托于具体的制度才能发挥作用，而就我国而言，那种具备实效性保障的宪法审查制度仍有待生成。皮之不存，毛将焉附？

一、宪法审查的制度模式选择

从比较学法学角度来看，世界上大多数法治国家采纳了宪法审查制度，美国、德国、意大利、日本、西班牙、加拿大等国家的法治体系如果没有宪法审查将无法有效运作。正如道森教授所言，20 世纪是宪法审查的世纪。[1] 而综观世界各国宪法审查的制度模式，大致可分为具体审查模式、抽象审查模式（如法国）和复合模式（如德国）。[2] 在上述不同的模式下，宪法审查制度的功能定位不同，宪法判断方法的选择也不同。因此针对我国未来制度模式发展的几种假设可采取如下推进策略：

（1）如果选择具体审查制度模式，宪法挑战必须附带于具体案件中提起，则一方面，需采取回避宪法判断的方法或回避违宪判断的合宪限定解释方法作出合宪判断，而适用违宪的判断方法可以作为宪法理念和制度成熟后采取的方法；另一方面，为克服具体审查的不足，可放宽当事人资格（standing），适时采取文面判断方法。

（2）如果选择抽象审查模式，为弥补这种制度模式下权利救济的不力，可借鉴具体审查模式的优点，在制度设计上为宪法权利提供切实有效的救济。这种制度模式下，以法律法规违宪判断为通常采取的方法，适用违宪作为例外手段。当然在制度运作的初期，回避宪法判断的方法是必不可少的方法。

（3）如果选择复合制，则可兼顾宪法审查的权利保障和法律体系的合宪控制功能，判断方法的选择余地也较大，然而此时需要特别注意的是，判断方法选择必须兼顾不同机关（比如普通司法机关和宪法审查机关）之间对于合宪性控制的

---

〔1〕　Norman Dorsen，Michel Rosenfeld，Andras Sajo，Susanne Baer，*Comparative Constitutionalism：Cases and Materials*，West Group（2003），p. 109.

〔2〕　有关的综述可参见林来梵：《从宪法规范到规范宪法——规范宪法学的一种前言》，324～342页，北京，法律出版社，2001。

功能分配的界限。

　　这种复合制度特别为我国学者所青睐，不少学者主张由全国人大和司法机关分担宪法审查功能。[3] 我国《立法法》规定，国务院、中央军事委员会、最高人民法院、最高人民检察院和各省、自治区、直辖市的人民代表大会常务委员会认为行政法规、地方性法规、自治条例和单行条例同宪法或者法律相抵触的，可以向全国人民代表大会常务委员会书面提出进行审查的要求，由常务委员会工作机构分送有关的专门委员会进行审查、提出意见。这些主体中，最高人民法院是法律法规的适用机关，如果将最高人民法院向全国人大常务委员会之间的审查通道加以制度化，那么具体审查制度下的某些做法同样可以作为借鉴。在具体案件中如果最高人民法院认为行政法规、地方性法规、自治条例和单行条例违宪时可以以书面意见的形式提出，这种对法规的合宪性进行认定的意见也是一种宪法性决定，不过这种意见并不具有最终法律效力。在制度建立初期可由回避宪法判断逐渐发展到作出合宪判断，待时机成熟选择典型案件作出违宪判断。具体而言，首先在一般法律适用中广泛引入合宪解释方法，一方面可以积极地进行合宪性控制而分担部分宪法审查的功能，同时也可增强法官的宪法意识。条件具备时，采纳类似适用违宪的判断方法，在上诉审或再审程序中以适用法律法规未考虑宪法规范为由予以改判。当然此时仍需采取一定的回避技巧，比如表述为：原审判决并未考虑公民人身自由的保护，构成适用法律不当。当然上述步骤仍需始终围绕宪法权利展开，且谨慎操作，避免介入其他国家机关之间的纷争。这种分不同阶段采取不同的判断方法的经验可以参考日本宪法判断的实践。

二、宪法判断的功能定位

　　以上是针对制度发展的可能性所提供的推进策略，而宪法审查制度发展至

---

　　[3]　蔡定剑：《中国宪法实施的私法化之路》，载《中国社会科学》，2004（2）。

今，不同的制度模式虽有千差万别，但所采用的判断方法却有趋同化之势。而就我国而言，无论采取何种制度模式，在判断方法选择上还必须考虑如下因素：

1. 立法功能 vs. 司法功能

宪法学一般理论对宪法审查理想的功能定位如下：既不是司法的一部分，也不是广义的司法权，宪法审查是一种超越传统国家权力类型之外的保障宪法全面实施的独立机构。[4] 然而实际上，各国宪法审查机构的功能分配仍未超出立法与司法范围之外。其实非司法机关同样可能进行一种司法性的审查，即使是政治部门所主导的政治机构的合宪控制也会在其审查主体不变的情况下逐渐演变为司法性的宪法审查，反之司法机关的审查也可能演化为一种政治性的审查。[5] 在我国以全国人大为最高权力机关的体制下，全国人大对某些具体法律适用的解释，[6] 已经超出传统的立法功能定位，而具有一定的准司法功能。其实宪法审查的争论关键在于如何审查，就我国当下有关制度模式的论争而言，其焦点并非在于由谁来作出判断，而在于如何作出判断。因此即使是由立法机关进行审查，通过判断方法的推进，也可渐次成为一种"司法性"的审查；而如果过度介入政策形成领域则司法机关的审查最终也可能成为一种立法性审查。若将宪法审查定位为一种纯粹司法性的审查，则判断方法只能围绕个案而展开，不得超越个案作出判断，这种选择显然与维护合宪法律秩序的功能相悖。因此保障合宪法律秩序不可避免需要宪法审查机关承担一定的立法功能，至少是消极的立法功能。[7]问题是，在两种功能之间如何作出选择，如法国的宪法审查机关显然分担了更多的立法功能，而美国宪法审查机关相对而言分担的立法功能要少得多。就我国而

---

〔4〕 Norman Dorsen，Michel Rosenfeld，Andras Sajo，Susanne Baer，*Comparative Constitutionalism：Cases and Materials*，West Group（2003），p. 120.

〔5〕 Mauro Cappelletti，Judicial Review in the Contemporary World，The Bobbs-Merrill Company，INC（1971），pp. 12-13.

〔6〕 如 2004 年 6 月 22 日全国人大法工委关于"地方性法规设定毒品范围和对娱乐场所经营单位及个人处罚"的答复。

〔7〕 宪法判断不免会分担部分立法的功能，比如通过直接废弃特定的法律法规（判断违宪无效）或判断立法机关履行特定的立法义务（立法不作为），甚至直接对立法机关的立法作出指示（附带修法指示）。参见本书第九章"宪法判决的方法"部分。

言，判断方法的选择仍需回溯到宪法审查机关在宪法秩序下的功能定位。而功能定位本身却又存在着通过灵活采取不同的宪法判断逐步加以改变的空间，当然这种改变功能的过程需要特定的宪法判断方法与原理作为技术支撑。

2. 私权保障 vs. 宪法保障

根据蒙纳汉教授的分类，美国的宪法审查在于保障个人权利，为此可称为一种私权保障型（private rights model）宪法审查，而欧陆型的宪法审查，其价值取向与美国的私权保障功能不同，为此可以称之为特殊功能模式（special function model）。[8] 在蒙纳汉教授的基础上，芦部信喜教授进一步将宪法审查的功能模式区分为古典的私权保障型和现代宪法保障型的宪法审查。[9] 在私权保障型的宪法审查下，宪法判断必须以解决私权纠纷为目的，因此宪法判断的范围应当局限于个案争议，而不得超出个案范围之外作出不必要的宪法判断。相对于美国私权保障型宪法审查，欧陆宪法审查却是以保障符合宪法的法律秩序为重心，为此宪法判断的价值取向乃以保障宪法秩序为指针。

当然上述两种价值取向并非水火不容，如果将宪法权利本身视为一种规范存在，则保障权利和保障合宪法律秩序这两种价值之间也可获得一定程度的整合。然而以保障合宪法律秩序为价值取向的宪法判断必然要求一个更积极的判断者角色，如果是司法机关进行部分的宪法审查则可能会遭遇所谓的"反多数难题"（counter-majority difficulty）或民主正当性的危机，[10] 而以私权保障为取向的宪法判断方法遵循宪法判断的必要性原则，原则上采取适用违宪判断，因此可在一定程度上消解宪法审查的正当性争议。而反观当下我国，究竟具体案件中采取何种判断方法仍需在上述两种价值立场之间作出选择。

---

〔8〕　Henry Monaghan，*Constitutional Adjudication：The Who and When*，82 Yale Law Journal 1365 (1973)．

〔9〕　参见［日］芦部信喜：《宪法诉讼的现代展开》，4～6页，东京，有斐阁，1982。

〔10〕　关于反多数难题的介绍，See Barry Freidman，*The Counter-Majoritarian Problem and The Pathology of Constitutional Scholarship*，95 Nw. U. L. Rev. 933 (2001)．

三、宪法审查的历史课题

世界宪法发展的历史经历了由近代宪法至现代宪法的嬗变过程。近代宪法的课题毋宁首先是着眼于人作为"赤裸裸的个人"面对国家，彻底地实现个人的解放，为此尤其重视保障那种私人领域的核心不受侵犯。依近代宪法理念，宪法乃对国家权力限制的规范体系，宪法权利规范乃一种针对国家的防御权规范，故而要求国家权力对市民生活领域的介入必须遵守一定界限。基于这种理念，宪法规范发挥着条件规范（konditional programme，conditional programme）的功能。即宪法规范为国家行为设定相应的条件，如果满足这些条件则合宪，否则违宪。作为一种条件规范的宪法，要求宪法判断尽可能为国家权力的活动划定明确的界限。与此相对，在现代国家对基本权利的保护义务的理念之下，宪法规范乃一种目的规范（Zweckprogramme，purpose-specific programme），[11] 即需要通过各种途径加以实施的目标。[12] 与此相类似，樋口阳一教授提出了违宪审查的近代型和现代型的历史类型。[13] 将宪法作为一种客观价值秩序的目的规范，还是将宪法作为一种"条件规范"或"界限规范"，以此二者为前提则涉及功能不同的宪法审查制度下不同类型的宪法判断方法的选择和取舍。

当今主要西方法治国家，甚至大都已经完成了这些现代宪法的课题，并有走向"后现代宪法"的趋势。就我国当下而言，计划经济体制下形成的相对集中的权力格局在许多领域仍然存在，保障那种不受国家侵犯的私人核心领域，完成权利保障的近代课题对于我国当下而言仍有举足轻重的意义。然而，社会主义国家

---

〔11〕 "条件规范"或"条件程式"与"目的规范"或"目的程式"这对概念是卢曼的区分，See Niklas Luhmann，*Law as Social System*，translated by Klaus A. Ziegert，Oxford University Press（2004），pp. 196-203.

〔12〕 这一源于德国宪法理论对于宪法规范区分已经被学者所广为接受，参见 ［日］西原博史：《政治部门与法院的宪法解释》，载《公法研究》第 66 号。

〔13〕 ［日］樋口阳一：《违宪审查制的近代型与现代型》，《法律时报》39 卷 9 号。

宪法是对近代宪法中自由权利至上价值理念的超越，从规范内涵看，具有现代宪法的特征。[14] 而且，三十年来经济体制改革的不断推进，弱势群体的社会权保障问题也尤为迫切，立宪主义的现代课题也同样有待完成。在近代宪法课题尚未完成、而现代课题却接踵而来的前提下，[15] 方法的选择在终极意义上可归结为宪法规范两种价值取向的取舍，特别是我国具有实效性的宪法审查制度尚未完备的前提下，任何简单的选择都将是武断的。

而除此之外，宪法判断方法的选择仍须面对形式法治和实质法治之间的张力。详言之，近代的形式法治理念虽然要求通过制定有效法律保障权利不受国家行为的侵犯，却无法保障基本权利不受到立法机关制定的实证法律本身的侵犯。为了保障基本权利不受实证法侵犯，实质法治国理念应运而生，而通过对实证法进行宪法审查保障基本权利恰是实质法治理念的制度要件之一。毋庸讳言，两种法治理念之间存在着一定程度的紧张和抵牾。反观中国法治的现状，形式法治所要求的"规则之治"尚未完全实现，同时却不得不同时面对拉德布鲁赫所言的"实证法的不法"[16] 这样的悖论。再者，由于宪法规范的开放性，宪法判断更多是一种依据原则的判断，为此需要引入大量的外部论证，[17] 而这本身又和形式法治所要求的规则之治相悖，基于此宪法判断方法的选择即不可避免地遭遇形式法治和实质法治两种历史课题之间的兼容交错。

---

〔14〕 ［日］芦部信喜，前引书，第5章。

〔15〕 有关我国当下立宪主义的近代课题与现代课题的区分以及整合的可能性，参见林来梵：《从宪法规范到规范宪法——规范宪法学的一种前言》，22—27页，北京，法律出版社，2001。

〔16〕 ［德］拉德布鲁赫：《法哲学》，227页，王朴译，北京，法律出版社，2005。

〔17〕 其原因可归结为作为一种原则的宪法权利规范所具有的那种对道德权利开放的特征，See Andras Sajo, *Constitutional Adjudication in Light of Discourse Theory*, 17 Cardozo L. Rev. 1193（1996）.

第十一章　推进合宪性审查的另一种思路

一、宪法判断的正当化功能

　　宪法实施监督的重要方式之一就是对特定国家行为的合宪性作出具有法律效力的宪法判断，从而实现宪法对所有国家行为的规范效力。一般来说，这种具有法律效力的宪法判断有助于实现基本权利的保障和法律体系的统一。[1] 在我国，上述两大功能定位已经内化为宪法规范中的人权条款和法制统一条款。[2] 基于上述功能定位，法学界对于宪法审查的研究大多从权利保障和法制统合两个角度进行分析，并提出相应的学理主张。[3] 不可否认，保障基本权利和维护法制的统一是宪法监督，乃至于作为根本法的宪法本身所要实现的主要功能。然而，除了上述功能之外，对于国家行为的正当化（Legitimating Function）也是宪法判断所能实现的一个重要功能。从各国宪法判断的实践来看，宪法判断的作用不仅仅是将法律法规判断为违宪无效，作为一种保障宪法实施机制的内在要求，宪法判断的另一个重要功能就在于通过宪法判断赋予特定的国家行为在宪法上的正当性。典型的例证是美国联邦最高法院通过宪法判断来确保各州法律与联邦宪法之间的统一性，进而正当化联邦的州际贸易政策。通过对最高法院作出的宪法判断进行实证分析，罗伯特·达尔指出宪法判断的一个重要的功能就是对执政者的某

---

　　[1]　基于上述两大功能定位，有学者将宪法审查分为权利保障模式和宪法保障模式。根据 H. Monaghan 教授的分类，美国的宪法审查在于保障个人权利，为此可称为一种私权保障型（private rights model）宪法审查，而欧陆型的宪法审查其价值取向于一种不同于美国的私权保障功能，为此可以称之为特殊功能模式（special function model）。在此基础上，芦部信喜教授进一步将宪法审查的功能模式区分为古典的私权保障型和现代宪法保障型的宪法审查。Henry Monaghan, *Constitutional Adjudication：The Who and When*，82 Yale Law Journal 1365（1973），[日] 芦部信喜：《宪法诉讼的现代展开》，4～6 页，东京，有斐阁，1982。

　　[2]　宪法第 33 条第 3 款："国家尊重和保障人权。"宪法第 5 条第 2 款："国家维护社会主义法制的统一和尊严。"

　　[3]　参见蔡定剑：《中国宪法实施的私法化之路》，载《中国社会科学》，2004（2）。

些基本政策进行正当化。[4] 与上述观点类似，美国宪法学者布莱克也认为，宪法判断的重要功能就是实现对国家公权力行为的正当化，而非颠覆性的否定国家行为。[5] 日本的芦部信喜教授也注意到宪法判断在监督制衡功能之外，对国家权力所具有的正当化功能。[6] 而且，比较宪法学的研究表明，已经建立并实施宪法审查制度的国家都特别重视通过具有法律效力的宪法判断来实现对公权行为的正当化。[7] 就我国而言，相关的理论研究大多围绕宪法判断对于保障基本权利和维护法制统一的功能展开，而忽视了对宪法判断的正当化功能的研究，由此可能会导致对于现实中宪法问题的分析有失偏颇，从而难以提出切实可行的解答方案。就中国法治的发展现状而言，以宪法判断的正当化功能为切入点，可以提供研究和思考宪法问题的另一种分析框架，从而对现有的宪法理论形成有益的补充，有助于全面把握和认识宪法判断的功能。

二、宪法判断正当化的依据

在法治国家，一般公权力行为需要符合法律，才能获得正当性，即通过合法化实现国家权力的正当化。而在法律体系内部也存在一个正当性的系谱，即由不同位阶的法律规范构成一个正当性体系，这种正当性最终可以归结为宪法。从超越实证法的外部视角来看，宪法的正当性基础可以追溯到社会的价值共识或根本规范，而且宪法内在的正当性与外在的社会结构之间也存在密切关联。因此，宪法判断可以为公权力行为提供道德伦理上的正当性和社会学意义上的可接受性，

---

〔4〕 达尔进一步认为这种正当化不仅为占据统治地位的政治联盟的具体政策提供正当性，长远来看也是为民主制度所必须的基本行为方式提供正当性。Robert Dahl, "Decision-Making in a Democracy: The Supreme Court as a National Policy-Maker", *Journal of Public Law*, vol. 6, 1957, pp. 279-295.

〔5〕 Charles L. Black Jr., *The People and the Court*, NJ: Prentice-Hall, 1960, p. 52, pp. 66-67, cited from Bickel, The Least Dangerous Branch, Bobbs-Merill Company, Inc. (1962), p. 29.

〔6〕 ［日］芦部信喜：《宪法诉讼理论》，15 页，东京，有斐阁，1973。

〔7〕 See F. L. Morton, "Judicial Review in France: A Comparative Analysis", *The American Journal of Comparative Law*, vol. 36, no. 1, 1988, pp. 89-110.

实现一种超越实证宪法的正当化。此外，宪法既是一种政治现象也是一种法律现象，宪法判断在对国家行为提供内部正当化和外部正当化的同时，也可以整合法律系统和政治系统的正当性资源，实现国家法律和政治、道德系统的相互支撑和良性互动。

（一） 宪法正当性的来源

在一个国家的法律规范体系中，宪法体现了一个社会最低限度的价值共识，也是法律体系的价值根基，宪法之下所有的公权力行为都要直接或间接地从宪法中找到正当性基础。[8] 恰如梁启超所言，宪法是"国家一切法度之根源""一国之元气"。[9] 在形式上，国家的法律法规是依据宪法所确认的程序制定；在内容上，法律对特定事项的规定不得超越宪法许可的范围，并符合宪法对基本权利保障的要求。而且根据法规范的效力位阶学说，下位法与宪法抵触的，应当不具有规范上的妥当性和正当性。同理，其他抽象或具体的国家行为如果没有宪法上的依据，也不具有正当性。因此，宪法是法律体系的正当性基础，以宪法为依据作出法律判断可以实现对国家公权力行为的正当化。在当前有关国家行为的正当性论证中，以合宪性来论证正当性的观念已经被理论界和实务界所接受，我国宪法实践中也不乏以宪法作为正当性依据来增强法律正当性的例子。比如，《全国人民代表大会关于〈中华人民共和国香港特别行政区基本法〉的决定》指出："香港特别行政区基本法是根据《中华人民共和国宪法》按照香港的具体情况制定的，是符合宪法的"。从法律体系的效力位阶来看，这种正当性论证需要通过法律上的判断来确认其正当性，即通过宪法判断实现国家行为的正当化。

如果进一步溯源，实证宪法规范可以作为正当化的依据在根本上是因为宪法规范承载着超越实证法之上的根本价值。在法哲学意义上，实证宪法的正当性来源可以追溯至制宪权，即人民通过制宪权的发动和行使创制了宪法，此后所有国

---

[8] Frank I. Michelman, "Constitutional Legitimation for Political Acts", *The Modern Law Review*, vol. 66, no. 1, 2003, pp. 1-15.

[9] 梁启超：《立宪法议》，载《饮冰室合集1·饮冰室文集之五》，北京，中华书局，1988。

家公权力都必须依据宪法来运作，国家行为也因此而获得了正当性。[10] 对此，最早提出制宪权理论的西耶斯将宪法的正当性归于国民意志，并认为国民意志"仅凭其实际存在便永远合法，是一切合法性的本源"。[11] 在此基础上，传统制宪权理论的代表施密特进一步认为，制宪权是宪法正当性的唯一终极来源，是不受任何规范约束的决断。[12] 然而，这种决断主义的宪法理论因潜含着"强权决定公理"的命题而广受批判。规范主义的宪法学说则坚持认为，强权和实力永远无法推导出规范上的正当性，制宪权并非如施密特所言的游离于"法的世界"之外而不受任何规范约束的赤裸裸的实力。[13] 这种制定宪法的权力，同样也受到某种"根本规范"或"超实定的法原则"的约束，为此才能获得规范上的正当性。

如上所述，在超越实证宪法的层面上，宪法规范的正当性需要回溯到这种超越实证法的"高级法"或"根本规范"。至于这种根本规范究竟是什么？规范性的宪法学说一般将其归结为立基于自然权理念之上的、以人性尊严为核心的基本权利体系。[14] 这种以基本权利作为超越实证宪法规范之上的根本规范已被现代宪法学说所普遍接受。[15] 现代宪法理念普遍接受了"宪法是对超实证法的价值的实证化"的观点，将宪法中的基本权利规范则作为汇通自然法与实证法、合宪性与正当性的连接点。当然，作为宪法根本规范的基本权利也是随着时代发展而

---

〔10〕　在我国，全国人大是最高国家权力机关，有修改宪法的职权。但作为宪法之下的国家机关，其正当性基础源于宪法，主流的政治理论也体现了这种成文宪法观念。如李鹏在 2001 年法制宣传日的讲话中曾指出："全国人大及其常委会是宪法规定的最高国家权力机关，其权力来源于宪法，也必须在宪法范围内活动，必须在宪法规定的范围内行使立法、监督等职权，不得超越宪法。"

〔11〕　[法] 西耶斯：《论特权·第三等级是什么》，57～60 页，冯棠译，张芝联校，北京，商务印书馆，1990。

〔12〕　[德] 施密特：《宪法学说》，87～98 页，刘锋译，上海人民出版社，2005。有关的评论参见 David Dyzenhaus, *Law as Politics*：*Carl Schmitt's Critique of Liberalism*，Durham：Duke University Press，1998，pp. 32-35.

〔13〕　[日] 芦部信喜：《宪法制定权》，39 页，东京，东京大学出版会，1983。

〔14〕　参见 [日] 芦部信喜：《宪法》第 11 页，林来梵、凌维慈、龙绚丽译，北京，北京大学出版社，2006。

〔15〕　现代宪法理论一般认为，宪法所确认的基本权利是以法律规范的形式体现的特定社会的根本道德规范，也是宪法体系内的价值核心，尊重和保护一般人所享有的基本权利是统治正当性的最主要条件。参见 [美] 杰弗里·赖曼：《宪法、权利和正当性的条件》，载 [美] 阿兰·S. 罗森鲍姆编：《宪政的哲学之维》，178 页，郑戈译，北京，生活·读书·新知三联书店，2001。

变化，因此对于宪法规范的理解和解释也必须随着时代变迁而不断丰富和完善。相应的，通过宪法判断实现正当化的过程也要随着社会的变动而补充和强化。在社会转型的背景下，通过宪法判断所包含的宪法解释机制来实现宪法规范和社会根本价值的对接，使宪法规范体系能有效回应社会变迁，历久弥新。换言之，特定时空下对于宪法规范的理解实际上是一定阶段社会主流价值和观念的体现，因此以宪法作为依据的法律判断可以赋予宪法规范以新的价值基础，从而回应社会的发展变迁，正是这种"活的宪法"才能使得国家行为能够不断获得持续的合法性和正当性。

（二）依据宪法的正当化与超宪法的正当化

从不同的视角看，正当性可以分为法律正当性、道德正当性以及社会正当性。[16] 基于法律规范的内部视角，只需依据宪法规范做出判断就可以为特定的国家行为提供直接的法律正当性支撑。如果将法律视为一个绝对封闭的规范系统和正当性的唯一来源，那么宪法是国家行为正当性的最终依据，对国家行为的正当化无须诉诸法律体系外的论证资源。这种严格法律实证主义的观点在方法论上将法律和道德截然二分，同时也切断了法律体系外部的正当性支撑，迄今已不是法学的主流。[17] 一般法学理论都认为法律内在的正当性与外在的道德伦理和社会结构之间存在密切关联。因此，静态的实证宪法规范不是正当性的唯一来源，国家行为的正当化还应从宪法之外寻求正当性支撑，实现从依据宪法的正当化到超越宪法之外的正当化，才能够在完整意义上正当化国家行为，使得国家的法律系统和政治系统能够建立在社会的基本价值共识之上，从而得到社会的普遍接受。

如前所述，宪法所确认的基本权利是以法律规范的形式体现的特定社会的根本规范，以基本权利规范作为依据对有关国家行为的合宪性做出判断可以为其提

---

〔16〕 Richard H. Fallon, "Legitimacy and the Constitution", *Harvard Law Review*, vol. 118, no. 6, 2005, pp. 1787-1853.

〔17〕 特别是对于正处于社会转型时期的我国而言，法律的正当性和法律的实效性同等重要，上述严格法律实证主义的观点可能会将实证法置于阻碍社会发展进步的尴尬境地。

供一种道德伦理上的正当性。[18] 特别是在那些贫富差距日益加剧的社会，通过宪法判断来保护那些孤立而分散的少数人的基本权利可以强化和巩固国家公权力行为的正当性基础。从社会治理的角度看，维持一个动态稳定的社会秩序也需要多种渠道的基本权利救济机制来化解各种社会风险。一般来说，这些权利诉求应当主要由司法机关来处理，并就其权利是否受法律保护作出裁决。但是受一般司法机关解决纠纷的能力和职权范围所限，仍有许多穷尽法律途径后仍无法得到有效救济的权利保障诉求被搁置在法律程序之外。如果没有一个补充性的救济机制，大量的权利诉求将会流入其他非正式的权利救济渠道，造成不同制度之间功能紊乱和异化，最终将会对社会稳定构成威胁。而通过对法律的合宪性进行审查并做出判断，可以在对国家法律进行正当化的同时，发挥宪法救济作为社会的"减压阀"的作用，在一定程度上消除和淡化民众的心理不满，减少政治权威的流失，分散社会风险，维持社会的长期稳定。特别是在那些正处于民主法治转型时期的国家，宪法判断的一个重要的功能就是在接纳权利诉求、引导民众理性解决纠纷的过程中不断型塑社会的价值共识，使得国家的法律以及公权力行为能够获得道德伦理上的正当性和社会学意义上的可接受性。

除了通过宪法判断对法律体系进行正当化之外，宪法判断在更宽泛的意义上还可以为政治系统提供正当性支撑。在社会功能日益分化的现代国家，法律系统和政治系统既相对自足，同时又相互影响。[19] 通过宪法中的立法程序规范，法

---

　　[18]　如国家要制定法律法规或其他规范性文件对某些权利的范围进行限制，这种限制可能会遭到宪法上的正当性质疑。如果通过正当化论证，可以得出该行为符合宪法程序，并未超出宪法所允许的程度，则该国家行为可以获得宪法上的正当性。当然判断这种对基本权利限制的规范是否具有宪法上正当性，在法律技术上有各种不同的标准。See Michael J. Perry, *The Constitution，the Courts，and Human Rights*, New Haven：Yale University Press，1982，pp. 163-165.

　　[19]　就我国而言，随着依法治国方略的实施，特别是社会主义法律体系的形成和完善，法律系统相对于政治系统的独立性已经逐渐显现。而这种独立性也是我国宪法制度设计的一个理论前提。根据 1982 年宪法修改档案记载，宪法的起草者特意区分了"写进宪法的政治制度"和"没有写进宪法的政治制度"，认为"写到宪法里，就变成一个法律问题"。在 1993 年修改宪法时候，针对有常委会组成人员提出将政协作为一项基本政治制度以宪法形式加以确认的提议，宪法修改小组认为，"共产党领导的多党合作和政治协商制度也是一项重要的政治制度，但政治制度并不都要用宪法加以规定"。蔡定剑：《宪法精解》，151～152 页，北京，法律出版社，2006。

律系统提供了政治过程影响法律秩序形成和发展的渠道。作为组织政治权力的法律形式，宪法是连接法律系统与政治系统的媒介，它在为法律系统提供正当性的同时，也为一些政治争议的解决提供了法律途径，以此来协调法律和政治这两个社会子系统。[20] 具体而言，通过宪法判断既可以确认政治系统的正当性，同时也可以在法律领域引入道德和政治问题的讨论，通过法律技术来解决政治问题。而且宪法判断也有助于整合两个系统的正当性资源，为国家行为提供更加充分的正当化论证。当政治系统足以维持其正当性时，宪法判断往往需要采取一种消极主义的立场，维持政治系统的独立和自足。当政治系统无法提供有效的正当性论证时，就需要引入宪法问题的审查和判断，以此来补充民主政治运作过程中的正当性不足和缺陷。

在理想的法治状态下，政治系统的正当性需要大量的引入宪法和法律的论证，这种正当化过程常常是以法律系统为主导。然而在一些法治发展中国家，法律系统仅具有相对的独立性，其权威性往往需要借助于政治系统得以强化。在这种权力格局下，依靠政治权威来发动各种社会力量仍可以有效实现社会控制，一旦社会秩序出现局部危机，通过将社会问题纳入政治系统中加以政治化，仍可以及时化解社会危机，实现社会秩序的稳定。比如，将某些问题上升到政治高度，社会各界就会高度重视，集中力量加以解决。然而，过多的诉诸政治化解决的做法，可能会导致政治系统正当性权威不断耗散。在上述背景下，宪法判断的意义在于防止政治系统的权威被过度透支，一方面可以为政治系统提供正当性支撑，以此维护政治系统的权威性；同时可以通过宪法判断整合法统、政统和道统领域的正当性资源，实现国家法律和政治、道德系统的相互支撑和良性互动。

---

[20]　See Niklas Luhmann, *Law as Social System*, Oxford: Oxford University Press, 2004, pp. 404-410.

三、通过合宪判断的正当化

宪法是国家行为正当性的来源，将特定的国家行为认定为"合宪"是确认或增强其正当性的一种重要方法。因此许多宪法性案件都是公权力机关主动提请宪法审查，试图通过合宪判断来正当化公权力行为。在各国宪法审查机关所作出的宪法判断中，合宪判断所占比例居绝对多数。这种对法律法规或其他国家行为的合宪性进行肯定的做法对那些有争议的国家行为赋予了宪法上的正当性，从而保障其公信力和权威性。甚至有宪法学者认为，通过宪法审查确认公权力行为合宪从而实现其正当化是宪法审查的重要功能，这种功能与违宪判断的功能同等重要。[21] 当然，宪法判断不是对既有权力格局的确认和背书，过多的通过合宪判断对国家权力进行正当化的做法也会遭到法律学界的批判和质疑。[22]

（一）典型的合宪判断

一般来说，为了维持法律和政治秩序的稳定性，在未经有权机关作出具有法效力的宪法判断之前，国家行为应当被推定具有宪法上的正当性，此即合宪性推定原则。[23] 该原则是各不同模式下的宪法审查制度普遍接受的一项原则。合宪性推定的对象主要是以抽象的法律法规形式存在的国家行为，与该原则相关的还有一些其他标准和原则，比如明显性原则。[24] 合宪性推定原则在宪法制度设计

---

[21] See F. L. Morton, "Judicial Review in France: A Comparative Analysis", *The American Journal of Comparative Law*, vol. 36, no. 1, 1988, pp. 89-110.

[22] 参见 Jan-Erick Lane:《宪法与政治理论》，176 页，杨智杰译，台北，韦伯文化国际出版有限公司，2003。

[23] James B. Thayer, "The Origin and Scope of the American Doctrine of Constitutional Law", *Harvard Law Review*, vol. 7, no. 3, 1893, pp. 129-156.

[24] 所谓明显性原则是指除非法律法规明显违反宪法，一般不作违宪判断。James B. Thayer, "The Origin and Scope of the American Doctrine of Constitutional Law", *Harvard Law Review*, vol. 7, no. 3, 1893, pp. 129-156.

上也往往有所体现。比如,《俄罗斯宪法法院法》第 72 条规定,在通过有关法律文件、国家权力机关之间的协议以及尚未生效的俄罗斯联邦国际条约是否符合宪法的决定时,如果表决结果同意和反对各半,则表示通过了被审理条款不违反宪法的决定。当然,这种合宪性推定并非意味着既存法律体系绝对的具有合宪正当性,而是一种初步的正当性推定。以合宪性推定为一般原则,宪法审查机关对有争议的国家行为所作出的宪法判断中,合宪判断占据绝对多数。正因如此,在各国宪法审查的实践中,很多宪法性争议往往是由政府部门提出,以期获得合宪性确认而具有宪法正当性。

典型的合宪判断是直接对有争议的国家行为做出合宪认定,以此来确认其宪法上的正当性,强化其法律权威。比如,在宪法程序法中规定,对法律法规作出合宪判断后,各级法院法官不得拒绝适用。[25] 具有违宪嫌疑的法律法规或者其他国家行为在具体的实施过程中容易引发正当性危机,被架空或者变通执行,从而削弱其实效性。因此,对于那些具有宪法争议的国家行为作出合宪判断可以强化其法律效力。[26] 特别是依据宪法上的基本权利规范做出的合宪判断可以直接为法律法规提供正当性依据。比如,美国新政时期最高法院在西海岸宾馆诉帕里什案件[27]中对有关保护劳工权利的法律及时做出合宪判断,从而使得一系列保护劳工权利的法律获得正当性,同时也化解了一场宪法危机。此后,最高法院通过对其他法律也作出合宪判断继续巩固其正当性。以这种合宪判断为契机,对劳工权利的保护作为对契约自由的一种正当限制逐渐被社会普遍接受。

这种合宪判断还可以用来解决所谓"良性违宪"[28]的悖论。在制度变革时期,一些在形式上构成违宪的改革措施可能会遭到违宪的质疑。对此有学者用宪法变迁理论来解释这种宪法规范与社会改革之间的关系,即有些看似与宪法不一致的国家行为,实际上是宪法规范的一种无形修改,并非是一种违宪现象,宪法

---

　〔25〕　吴志光:《比较违宪审查制度》,29 页,台北,神州出版有限公司,2003。

　〔26〕　政府部门往往会通过提起宪法审查来确认特定政策在宪法上的正当性,比如美国最高法院许多宪法案件都是由立法机构或者政府部门提出。

　〔27〕　West Coast Hotel v. Parrish, 300 U.S. 379 (1937).

　〔28〕　参见郝铁川:《论良性违宪》,载《法学研究》,1996 (4)。

学上称之为"宪法变迁"。[29]从宪法判断方法来看，对于此类问题大多是通过宪法解释赋予规范新的含义，并据此对特定的行为或措施做出合宪判断，从而解决宪法规范与社会事实之间在形式上的矛盾。通过宪法判断来正当化宪法变迁的事实，是一种以法律解释的宪法变迁来取代社会学意义的宪法变迁[30]的方法，可以跳出"良性违宪"的悖论，为社会变革过程中的"先行先试"提供正当性支撑，同时又有效地维护法律的安定性。此外，对于一些宪法实施过程中出现的一些不成文的政治或法律惯例也可以通过合宪判断来对其正当性进行确认。

（二）附条件的合宪判断

除了对国家行为作出单纯的合宪性确认以外，合宪判断的另一种形式是附条件的合宪判断。一般而言，宪法判断是一种法律判断，只需要依据宪法规范做出决定即可，无须考虑各种政治力量的对比。然而这终究只是一种理想状态，宪法判断也无法超脱于特定社会的政治秩序之外。由于宪法性案件本身的政治敏感性，一旦作出违宪判断，对法律秩序的安定性必然会造成较大冲击，所以为了避免卷入政治纷争和影响既存法秩序的稳定，宪法审查机关面对宪法案件时往往考虑是否可以合宪判断的形式来回避作出违宪判断。然而单纯采取回避策略无异于放弃对国家行为的合宪性控制，从而违背宪法保障制度的初衷。因此，需要对其做出附条件的合宪判断，在回避违宪判断的同时也对其进行宪法上的正当化，从而维持法律体系和国家公权秩序的权威。这种判断方法主要针对以抽象法律法规为存在形式的国家行为，通过对其进行合宪化解释实现正当化的目的。一般而言，当具有宪法争议的法律法规可以做出不同种类的理解和解释的情况下，应选择与宪法相一致的解释，从而排除其构成违宪的可能性，对其正当性和法律效力进行救济和弥补。[31]通过运用这种解释技术，宪法审查机关对于一些有违宪嫌

---

〔29〕　韩大元：《宪法变迁理论评析》，《法学评论》，1997（4）。

〔30〕　有关法解释学和社会学意义的宪法变迁的理论，参见［日］川添利幸：《宪法保障的理论》，26页，静冈，尚学社，1986。

〔31〕　［日］芦部信喜：《宪法诉讼理论》，231页，东京，有斐阁，1973。

疑的法律可做出形式上合宪的判断。这种解释目的并非是确定作为审查对象的法规范的具体含义，其重心是在法律规范中"嵌入"一个例外规则从而回避违宪判断，达到对其合宪化的目的。[32] 这种合宪判断方法最早出现在美国最高法院的宪法判断实践，其典型判例是 1936 年的阿什旺案件。[33] 本案中，最高法院较为完整地确立了合宪解释的法律方法。此后这种解释方法甚至被作为一种"准宪法规则"（Quasi-Constitutional Law）[34] 被司法系统遵守。这种最早产生于美国的判断方法被世界上许多国家所采纳[35]，甚至直接在宪法条款中加以明确规定。[36] 在采纳抽象审查模式的德国，宪法法院的判决中采用这种合宪解释作出判断的案件占很大比例。据统计，在德国联邦宪法法院成立的 34 年间，做出违宪判断的案件共计 199 件（联邦法 182 件，州法 21 件），但采纳合宪解释对法律进行合宪化处理的案件共计 1080 件（其中联邦法 845 件，州法 235 件）。[37] 在法国宪法委员会的判决中，大约有 21％ 的案件运用这种方法。[38]

　　运用合宪解释的方法将宪法的价值秩序以水银泻地般的辐射渗透至整个法律体系，同样也可实现对国家行为进行合宪性控制和正当化的效果。在宪法实践中，上述通过合宪解释进行正当化的方法较多见于对一些规定过于含糊不清的法

---

　　[32] 从法律方法的角度看，完整的合宪限定解释可包含以下步骤：（1）嵌入一个例外规则：X 法第 x 条并非意味着……；（2）对该法第 x 条应当做出如下解释：……；（3）故此，该法第 x 条与宪法第 y 条并不违背。

　　[33] 本案中，布兰代斯法官在补充意见中总结了最高法院作出宪法判断所采纳的 7 个规则，美国宪法上称之为"布兰代斯规则"。Ashwander et al. v. Tennessee valley authority et al.，297 U. S. 288 (1936).

　　[34] William N. Eskridge, Jr. and Philip P. Frickey， "*Quasi-Constitutional Law：Clear Statement Rules as Constitutional Lawmaking*"，*Vanderbilt Law Review*，vol. 45，1992，p. 599.

　　[35] 比如德国、法国、意大利和西班牙等国家的宪法审查机关往往会在宪法判断中采纳这种方法，see Alec Stone Sweet， "Why Europe Rejected American Judicial Review and Why it May Not Matter"，*Michigan Law Review*，vol. 101，2003，pp. 201-237.

　　[36] 比如，南非 1993 年过渡宪法第 35 条第 2 款和第 232 条第 3 款规定：法律不应当因为其字面上可作违宪解释而违宪，此时如果可以合理做出符合宪法的解释，则对法律必须作出限定解释（restricted interpretation）。

　　[37] Donald P. Kommers，*The Constitutional Jurisprudence of the Federal Republic of Germany*，Durham：Duke University Press，1989，p. 58.

　　[38] Louis Favoreu，The Constitutional Council and Parliament in France，Constitutional Review and Legislation：An International Comparison，Christine Landfried ed. Nomos Verlagsgesellschaft Baden-Baden (1988)，pp. 97.

律法规的处理。举例而言，法律法规的条文表述不清楚、不确定，以至于根本无法适用或者一旦适用就会导致严重不公，因此可能构成因模糊而违宪（void for vagueness）。[39] 然而如果对其进行限定性解释，将不确定性缩减到一个可接受的范围之内，则可以将模糊笼统的法律条款转化为明确的法律规范从而作出合宪判断，维持其正当性。如，日本最高法院在宪法判例中对刑法中"淫秽图书"的概念进行限定性的解释，将"具有高度艺术性、思想性的图书"排除在"淫秽图书"的范围之外，通过对法律概念进行限定解释去除其不明确性而维持了该法律的合宪性。[40] 而韩国宪法法院在一起类似的案件中同样对"淫秽"概念进行限定性解释，[41] 从而作出合宪的判断，最大程度的维持法律的合宪性。

（三）合宪化修改

合宪判断作为正当化手段，除了合宪解释之外，还有一种更加积极的方法，即对法律法规的合宪化修改（二者的区别参见图表 2）。这种方法可以说是一种超出文意范围之外的法律续造。从方法论的角度来看，合宪解释和合宪化修改是法律思维的连续步骤，如拉伦茨所指出："法律解释与法的续造并非本质截然不同之事，只应视其为同一思考过程的不同阶段。"[42] 这种合宪化修改的方法在宪法判断的实践中较为多见。比如法国宪法委员会经常进行一种所谓的"取代性合宪解释"，即直接以新的法律规范代替违宪法律规范，以此来实现合宪性控

---

〔39〕 参见［日］藤井俊夫：《过度广泛性理论与明确性理论》，载［日］芦部信喜：《讲座宪法诉讼（第 2 卷）》，365～376 页，东京，有斐阁，1987；Gerald Gunther and Kathleen Sullivan, *Constitutional Law*, New York：The Foundation Press，1997，pp. 1337-1339.

〔40〕 典型判例是"查泰莱夫人案"和"《恶德之荣》案"对《刑法》第 175 条作出的合宪判断。参见［日］芦部信喜：《宪法》，162～163 页，林来梵、凌维慈、龙绚丽译，北京，北京大学出版社，2006。

〔41〕 韩大元、莫纪宏主编：《外国宪法判例》，219～222 页，北京，中国人民大学出版社，2005。

〔42〕 ［德］拉伦茨：《法学方法论》，246 页，陈爱娥译，北京，商务印书馆，2003。

制。[43] 同样类似的法律方法在意大利、西班牙等国家的宪法判断中也比较常见。[44] 根据这种合宪化的方法，当法律法规的内容已构成违宪时，为尽可能维持法律规范的正当性，可以通过对其进行合宪化修改。[45] 上述对国家行为进行合宪化修改，一方面可以弥补其缺陷或者漏洞，消除法律法规的正当性不足，同时也可以避免因直接对法律法规做出违宪认定造成与其他国家机关的紧张和对立。

（四）合宪判断正当化的界限

合宪判断是正当化国家行为的一种重要手段和方法，但是合宪判断的运用也具有一定的限度。合宪判断固然可以直接为国家行为提供正当性支撑，但是因合宪而获得的正当性只是一种最低限度的正当性。换言之，违宪的国家行为肯定是不正当，但是合宪的国家行为也并非是绝对的、无可挑剔的。以宪法作为依据作出法律判断的一个理论上的前提在于将宪法看作是一种条件规范，即如果符合这种条件则作出合宪判断，如果不符合这种条件则作出违宪判断。作为条件规范的宪法并非一种"至善法则"，而只是一个最低限度的条件，仅仅构成国家行为的一个框架或界限。换言之，合宪的国家行为未必是最合理的，但违宪的国家行为肯定是不合理的。[46] 把宪法当做绝对至善法则的解释学说，将使得宪法无法应对日益多元化的社会。因此，即使是作出合宪判断也并不等于该国家行为的正当性无可挑剔。

而且从宪法和社会变迁的角度看，即使做出了合宪判断也不等于国家行为具有超越时空的绝对正当性。因为宪法并不具备道德上的圆满性和绝对性，而是对特定问题留下了进一步协商的余地，以此来保持其稳定性同时使其能够适应社会

---

[43] Louis Favoreu, "The Constitutional Council and Parliament in France", *in* Christine Landfried ed. *Constitutional Review and Legislation: An International Comparison*, Baden-Baden: Nomos Verlagsgesellschaft, 1988, p. 101.

[44] Alec Stone Sweet, "Why Europe Rejected American Judicial Review and Why it May Not Matter", *Michigan Law Review*, vol. 101, 2003, pp. 201-237.

[45] ［德］克劳斯·施莱希、斯特凡·科里奥特：《德国联邦宪法法院》，457~459 页，刘飞译，北京，法律出版社，2007。

[46] 正因如此，宪法不宜作为政治意识形态或者道德上是否正确和无可置疑的标准。

的变迁而日久弥新。[47] 随着社会的变迁，这种因合宪而具有的正当性也会发生变化，因此对同一行为可能会做出前后不同的合宪判断与违宪判断。比如，对于某些濒临违宪，但是还不构成违宪的国家行为暂时做出形式上的合宪判断维持其正当性，然而如果放任这种行为，则可能造成违宪的后果而丧失正当性。因此，通过警告性判决来督促其改正，以达到合宪性控制的效果。[48]

四、违宪判断与正当化

一般来说，宪法是法律体系正当性的基础，违宪判断意味着有关国家行为丧失宪法上的正当性，容易遭到有关国家机关的抵触，因此各国宪法审查机关对违宪判断大多采取一种消极谨慎的态度。一般来说，在宪法实践中宪法审查机关往往遵循违宪判断的必要性原则，仅仅在无法做出合宪化处理的情形下才做出违宪判断，以实现对国家行为的合宪性控制。与合宪判断不同，违宪判断并非宪法判断的常态，在数量上也不占多数。据统计，从 1803 年到 2002 年，美国最高法院对联邦法律做出的违宪判断总计不过 158 次，约占总数的 2％，而且有些违宪判例已经被后来的新的判例所推翻。[49] 同样在采纳美国分散式违宪审查模式的日本，在实施宪法审查制度后的五十多年间，最高法院做出违宪判断的案件只有 5 件。[50] 在韩国，宪法法院作出的违宪判断仅占总数的 0.3％。[51] 而采取集中审查模式的德国，联邦宪法法院的判决也是以合宪判断为主，对国家行为做出违宪判断的案件所占比例极少。据统计，在德国联邦宪法法院成立后将近 40 年间涉

---

〔47〕　Richard H. Fallon，"Legitimacy and the Constitution"，*Harvard Law Review*，vol. 118，no. 6，2005，pp. 1789-1853.

〔48〕　参见翟国强：《违宪判决的形态》，载《法学研究》，2009（3）。

〔49〕　Congressional Research Service and Library of Congress（ed.），*The Constitution of the United States of America：Analysis and Interpretation*，New York：U. S. Government Printing Office，2004，pp. 2117-2384.

〔50〕　牟宪魁：《日本宪法诉讼制度论的课题与展望》，载《法商研究》，2006（1）。

〔51〕　莫纪宏主编：《违宪审查的理论与实践》，319 页，北京，法律出版社，2006。

及联邦法律合宪性的案件共计约 4020 件，其中违宪无效判断共计 102 件，仅仅占案件总数的 2.5%；而且随着宪法判例的累积，违宪判决的数量呈不断递减趋势，到 20 世纪 80 年代以后，违宪判决所占比例仅为 1.5%。[52] 同样的趋势也可以在法国、奥地利等国家的宪法判例中得到佐证。[53] 在宪法审查的实践中，为数不多的违宪判断并未对法律体系和公权力造成过度的冲击，而且如果运用得当，也会达到正当化国家行为的效果。

（一）违宪的法律效果

从宪法学的角度看，违宪是指国家的法律法规或公权力行为与宪法相冲突的现象，我国宪法文本中的表述是"违反宪法""同宪法相抵触"。虽然有权机关尚未作出任何违宪判断，但在我国的法律实践中并非没有违宪现象，只是有权机关对违宪现象在法定程序之外采取了消极化的处理措施。而传统的政治理论将违宪判断看作是对国家公权力正当性的严重否定和削弱，从而使得"违宪"的含义在一定程度上被误解，甚至"妖魔化"。忽略了违宪的法律效果，将违宪等同于政治上的不正确以及"严厉追究、制裁违宪行为"等观念无疑将会加剧社会各界对违宪的误解和顾虑。也正是因为违宪被赋予的政治和道德上的否定性评价，从而使其对公权力具有一定的"阻吓效应"（chilling effect）[54]。要消除上述对违宪判

---

〔52〕 Ralf Rogowski & Thomas Gawron, *Constitutional Courts in Comparison：The U. S. Supreme Court and German Federal Constitutional Court*, New York and Oxford：Berghahn Books，2002，p. 243.

〔53〕 Christine Landfried（Ed.），*Constitutional Review and Legislation：an International Comparison*，Baden-Baden：Nomos Verlagsgesellschaft，1988，pp. 79-80，pp. 94-99. 当然，也有例外，比如土耳其宪法法院在 1080 年至 2000 年间，共收到抽象审查申请案件 185 件，其中做出违宪判断的有 140 件，占 76% 的案件做出违宪判决。在具体审查的案件中，做出违宪判断的占 17.7%。其原因主要是宪法法院的抽象审查本身分担了部分上院的宪法功能和高度政治化的运作，这种做法类似于法国宪法委员会早期的宪法判断实践。Said Amir Arjomand, Constitutional Politics in the Middle East，Hart Publishing（2007），p. 108.

〔54〕 "chilling effect" 在宪法学上一般是指对基本权利主体构成的某种潜在威胁，从而使其不敢轻易行使言论自由，亦称"畏缩效应""萎缩效应""禁压效应""寒蝉效应""激泠效应""阻吓效果"等。参见〔日〕时国康夫：《宪法诉讼及其判断方法》，231 页，东京，第一法规出版社，1996；〔日〕中古实：《宪法诉讼的基本问题》，90 页，东京，法曹同人，1989；陈起行：《由 Reno v. ACLU 一案论法院与网络的规范》，载《欧美研究》，第 33 卷第 3 期。

断的顾虑，在宪法理论上需要澄清对违宪以及违宪所导致的法律效果的一些误解。如果将宪法仅仅看作是意识形态的法定化形式，那么宪法只是衡量政治上是否正确的标准。从法律体系的正当性系谱来看，作为法律体系顶端的宪法主要是判断下位法是否正当、有效的标准。因此，违宪判断与政治决断不同，是适用宪法规范对国家行为作出的法律判断，最后导致的法律效果不过是另一个法律程序的开启。比如，违宪会导致特定的法律规则无效，适用其他合宪的法律规则，或者法律规则在一定期限内修改等。

从各国宪法判断的实践来看，宪法审查机关对于违宪行为并非进行政治意识形态上的否定性评价，而是根据不同情况选择相应的判断方法和形态，对那些与宪法不符的行为加以修正，有则改之，无则加勉，最终通过法律技术的运用赋予法律体系和国家行为在宪法上的正当性。从法律责任承担的形式来看，违宪的法律责任也极少涉及对个人的制裁，而更多的是有关国家机关的一种宪法义务。然而，传统的宪法理论将宪法仅仅看作是各种政治力量对比的体现，从而忽视宪法作为根本法的规范效力，这种将违宪高度意识形态化的倾向导致了公权力机关对违宪的排斥甚至恐惧。

除了对于违宪的意识形态化理解之外，忽视宪法的弱制裁性也是导致违宪恐惧的另一个原因。一般而言，宪法不具有制裁性，或者说仅仅具有弱制裁性。[55]在法律体系中，普通法律以国家强制力为后盾，而宪法以法律和国家权力为规范对象，由此形成的一个悖论就是规范的对象同时也是规范的保障者。[56]具有最高法律效力的宪法具有弱执行性和制裁性，反之效力位阶低于宪法的一般法律、法规具有较强的可执行性和制裁性。[57]换言之，一般法规范的效力位阶低于宪法，但因为有国家权力作为后盾其制裁性却高于宪法。违反一般法律可能会导致对违法主体的法律制裁，但是违反宪法并不会直接导致法律制裁。然而违宪的法

---

〔55〕　在我国的司法判决实践中也可以找到宪法弱制裁性的依据，比如 1955 年《最高人民法院关于在刑事判决中不宜援引宪法作论罪科刑的依据的批复》就是一个体现宪法弱制裁性的例子。

〔56〕　迪特儿·格林：《现代宪法的诞生、运作和前景》，18 页，刘刚译，北京，法律出版社，2010。

〔57〕　比如，作为位阶较低的规章，甚至政府部门的规范性文件在实际工作中要比宪法和法律更"有用"，更具实效性。基于此，也就不难理解为什么有些时候红头文件比法律更有实效性。

律意味着某个国家行为不具有宪法上的正当性，由此可能会导致其丧失法律效力、停止适用等一系列的法律后果。

（二）违宪判断如何维系正当性

一般来说，违宪判断是对正当性的否定，不利于维系国家行为的正当性。然而在具体宪法案件处理过程中，如果能够运用违宪判断的不同方法和形态来处理违宪现象，则可以避免造成对法律秩序的冲击，将违宪判断导致的正当性损耗降至最低。这些维持正当性的方法和形态主要有：（1）如果法律法规的部分规范构成违宪，且该部分与其他部分可以分离，则宪法审查机关会做出部分违宪的判断，以此来最大限度的维持法律法规其他部分的正当性。[58]（2）为了避免对法律法规直接做出违宪判断，宪法审查机关往往会做出适用违宪的判断。[59] 即，通过限定解释对法律法规作出符合宪法的判断，但是有关机关对其适用构成了违宪，从而有效的维持法律法规的正当性。（3）通过对法律法规是否违宪与是否有效分别作出判断，可以维持构成违宪的法律法规在一定期间内的正当性。一般而言，根据法律的效力位阶理论，下位规范的效力源于上位规范，违宪的法规范不具有宪法上的正当性，因此不应当具有法效力。然而直接宣告法规范自始至终无效，有时影响面很广，不仅触及特定法规范的既存状态和据此做出的法律判决的正当性，甚而可能牵动整个法律体系的结构和宪法秩序的稳定，所以各国宪法审查机关在实务上乃发展出"轻重缓急"的不同判决形态，宣告法律法规的无效并不一定是溯及既往的无效，甚至可以是经过一定期间后丧失法效力，从而维持其在一定期间内的正当性。[60]（4）违宪判断的个案效力可以最大限度地降低其对

---

〔58〕 即以部分违宪回避全部违宪，see Wolfgang Zeidler, "The Federal Constitutional Court of the Federal Republic of Germany：Decisions on the Constitutionality of Legal Norms", *Notre Dame Law Review*, vol. 62, 1987, p. 504.；Louis Favoreu, "The Constitutional Council and Parliament in France", *in* Christine Landfried ed. *Constitutional Review and Legislation：An International Comparison*, Baden-Baden：Nomos Verlagsgesellschaft, 1988, p. 97.

〔59〕 参见〔日〕青柳幸一：《法令违宪·适用违宪》，载〔日〕芦部信喜编：《讲座宪法诉讼》（第3卷），22~31页，东京，有斐阁，1987。

〔60〕 翟国强：《违宪判决的形态》，载《法学研究》，2009（3）。

法律规范正当性的影响。违宪判断的法律效果并不会导致既有法律体系的崩溃。因为宪法判断是对具体案件作出的，这种判断对于其他类似的情形是否可以同样适用，具有可以灵活掌握的空间。比如，在美国和日本，对违宪判断的法律效力就有个案效力还是普遍效力的争论。而在拉丁美洲国家，违宪判断仅仅对于个案具有拘束力，只有在个案进一步累积达到一定数量后才具有普遍效力。[61]

除了最大程度的确保被审查的法律或公权力行为的正当性之外，运用不同的违宪判断方法和形态还可以进一步实现对其他法律和公权力行为的正当化。一般而言，"违宪"所导致的一个逻辑结论是"无效"，即丧失宪法上的正当性。但违宪判断可以正当化其他有合宪性争议的国家行为。比如，有关堕胎的罗伊案件是一个违宪判断，将州法有关堕胎的规定判定为违宪，但是本案的判决结果却可以为其他有合宪性争议的州行为提供正当性支持。[62] 在罗伊案件之后的判决中，最高法院指出："作为违宪判断，罗伊判决的直接效力并不能正当化任何政府行为。因为该违宪判决是直接对德州堕胎法案效力的否定。但是，该违宪判决却为无数效力不确定的国家行为提供了正当性依据。这些国家行为可能是已经发生或将要发生的，比如，法院判决类似法律违宪的行为、州立医院提供适当堕胎措施的行为等等。"[63] 再如，1964—1965 年美国最高法院通过对各州立法中的歧视措施作出违宪判断实现联邦民权法案的正当化，结束了南方各州对黑人的歧视政策，巩固了联邦法律的权威。

此外，违宪判断可以划定合宪性的界限，以此作为参照对其他正当性不明确的国家行为实现正当化。除了正当化其他国家行为之外，违宪判断的示范效应还可以确立某种具体制度的正当性。在法律制度改革过程中许多规则和制度的正当性是通过违宪判断加以确立的，比如美国刑事诉讼程序中的"米兰达规则"就是通过违宪判断确立一般法律规则正当性的典型例子。这种规则被许多宪法学者称

---

〔61〕　See Allan R. Brewer-Carías, *Constitutional Protection of Human Rights in Latin America*：*A Comparative Study of Amparo Proceedings*，New York：Cambridge University Press，2009，pp. 387-393.

〔62〕　Frank I. Michelman，"Constitutional Legitimation for Political Acts"，*The Modern Law Review*，vol. 66，no. 1，2003，pp. 1-15.

〔63〕　Compare Planned Parenthood v. Casey，505 US 833，867（1992）.

为"宪法普通法"。[64]而且，对于在转型时期所采取的改革措施而言，违宪判断还可以为改革扫除法律障碍，正当化改革的措施和成果。比如，美国新政时期司法机关通过判断法律违宪，确立那些虽然违反法律却符合宪法的改革措施的正当性，从而消除了各项改革措施的法律障碍。

（三）违宪判断作为纠偏机制的意义

违宪判断是法律体系的一种"否定之否定"的自我矫正机制，正是通过对法律规范做出违宪和合宪、有效和无效的判断法律体系得以对其自身进行不断完善和发展。[65]实现规则治理首先就是要严格依据法律来进行社会治理，但由于表达机制不畅，民意被不断过滤导致法律体系本身的正当性也受到影响，特别是由于部门利益集团化以及立法游说等新生现象也对法律的正当性构成了威胁。因此需要一种自我矫正机制来对那些违反宪法的法律规则进行合宪化处理，以此来弥补代议制下民意可能被不断过滤扭曲的缺陷，有效的弥补民主过程的正当性不足问题，使得国家法律和公权力行为在尊重和保障基本权利过程中获得更加充分有效的正当性。这种正当化在宽泛的意义上也可以称得上是一种"通过程序的正当化"。[66]

从长远来看，法律体系的合宪性缺陷自然会导致法律体系的正当性流失和法律公信力的降低，因此需要一种及时纠错的常态化处理机制对其进行持续不断的正当化。在法治的权威性有待确立的社会，违宪判断可以对法律体系的缺陷进行弥补，有效防止风险不断累积造成民众对于法律的信任危机。通过运用违宪判断的不同方法和形态，对现实中发生的违宪现象做出法律上的认定和处理，将法律

---

〔64〕 有关宪法普通法（Constitutional common law）的研究可参见［日］佐藤幸治：《宪法诉讼与司法权》，160～161 页，东京，日本评论社，1984。

〔65〕 Niklas Luhmann, *Law as a Social System*, New York: Oxford University Press, 2004, pp. 406-407.

〔66〕 通过宪法判断正当化过程恰恰提供了民主程序本身所必备的条件，即公民参与所必须的基本权利。对此，罗伯特·达尔从政治学的角度指出："民主政治是一系列作出决定的基本程序，这些程序的运作需要预设一些基本的权利和义务、自由和限制。简言之，需要特定的行为模式。这些行为模式的存在预设了一个对行为有效性和正当性的广泛共识。这种正当化的过程不仅仅是为特定的政策提供正当性，而且为民主程序所必须的行为方式提供正当性。" Robert Dahl, *Decision-Making in a Democracy*: *The Supreme Court as a National Policy-Maker*, Journal of Public Law, vol. 6, 1957, pp. 279-295.

体系下的漏洞和缺陷逐个击破，随时发现、随时调整，对法律体系进行不间断的优化。这种在具体案件中纠正违宪的做法，一方面可以维护法律体系的融贯性和法律秩序的稳定性，同时也有助于发挥减压阀作用，分散风险，防止法律缺陷和漏洞不断累积，造成整个法律体系的正当性危机。

五、结语

传统的宪法学说对于宪法判断的功能定位往往着重强调其监督宪法实施，纠正违宪行为，进而保障基本权利和维护法制统一的功能。不可否认，上述功能是宪法判断所要实现的主要功能。但是如果仅仅强调上述功能而忽视了宪法判断对法律规范或公权力行为的正当化功能，可能会导致对于现实中宪法问题的分析有失偏颇，从而难以提出切实可行的解答方案。一般来说，法治首先要求依据规则进行治理，因此需要建立一个相对完备的法律体系。随着形式法治课题的逐步完成，在有效的规则体系形成后，就需要一个在整体上对法律体系的正当性进行清理、整合的制度设计，进而从形式法治逐步过渡到实质法治。否则，已经形成的法律体系的正当性可能会被不断损耗、透支，以此为依据的国家公权力行为的权威性和公信力将会受到质疑，最终影响整个法律制度和国家权力体系的正当性基础。在上述背景下，以宪法判断正当化功能为切入点进行理论建构与分析，可以为转型时期如何实现从形式法治向实质法治过渡提供一个新的思考框架。

考虑到宪法性案件本身的政治敏感性和维持既有法律秩序的需要，如果武断地作出违宪判断将会导致不同的宪法机关之间产生不必要的紧张和冲突，甚至可能会引起不同部门之间产生"宪法危机"。比较来看，在不同的宪法审查模式下，有权机关往往会尽可能地避免作出违宪判断，对宪法性争议的国家行为更多的是得出合宪结论。通过各种合宪判断的法律技术，可以强化或者补充其宪法上的正当性，实现正当化的功能。退一步而言，即使是违宪判断，通过法律方法和技术的运用，也可以实现对特定法律规范或国家行为的正当化功能。

参考文献

一、中文部分

（一）论文

[1] 林来梵：《宪法不能没牙》，载张士宝主编：《法学家茶座》（第 10 辑），济南，山东人民出版社，2006。

[2] 林来梵、郑磊：《所谓"围绕规范"——续谈方法论意义上的规范宪法学》，载《浙江学刊》，2005（4）。

[3] 季卫东："再论合宪性审查——权力关系网的拓扑与制度变迁的博弈"，载《开放时代》，2003（5）。

[4] 胡锦光：《论我国抽象行政行为的司法审查》，载《中国人民大学学报》，2005（5）。

[5] 韩大元：《宪法解释程序中的合宪性推定原则》，载《政法论坛》，2003（2）。

[6] 刘茂林：《宪法究竟是什么》，载《中国法学》，2002（6）。

[7] 王广辉：《宪法解释与宪法理解》，载《中国法学》，2001（4）。

[8] 刘嗣元：《宪法监督司法化若干问题的理论探讨》，载《法商研究》，2002（3）。

[9] 张千帆：《司法审查的标准与方法》，载《法学家》，2006（6）。

[10] 吕艳滨：《适用违宪若干问题研究：基于日本的违宪审查制度》，载《宪政论丛》第 5 卷。

[11] 韩大元：《现代宪法解释基本理论》，北京，中国民主法制出版社，2006。

[12] 章剑生：《论司法审查有限原则》，载《行政法学研究》，1998（2）。

[13] 童之伟、姜光文：《日本的违宪审查制及其启示》，载《法学评论》，2005（4）。

[14] 蔡定剑：《中国宪法司法化路径探索》，载《法学研究》，2005（5）。

（二）著作

国内著作

[1] 林来梵：《从宪法规范到规范宪法——规范宪法学的一种前言》，北京，法律出版社，2001。

[2] 林来梵：《剩余的断想》，北京，中国法制出版社，2007。

[3] 胡建淼主编：《外国宪法案例及评析》（上、下册），北京，北京大学出版社，2004。

[4] 韩大元、莫纪宏主编：《外国宪法判例》，北京，中国人民大学出版社，2005。

[5] 胡锦光：《中国宪法问题研究》，北京，新华出版社，1998。

[6] 胡锦光主编：《违宪审查比较研究》，北京，中国人民大学出版社，2006。

[7] 莫纪宏主编：《违宪审查的理论与实践》，北京，法律出版社，2006。

[8] 胡锦光、韩大元：《中国宪法》，北京，法律出版社，2004。

[9] 孙笑侠：《程序的法理》，北京，商务印书馆，2005。

[10] 刘茂林：《宪法学》，北京，中国人民公安大学出版社、人民法院出版社，2003。

[11] 王广辉：《比较宪法学》，武汉，武汉大学出版社，1998。

[12] 刘嗣元：《宪政秩序的维护——宪法监督的理论与实践》，武汉，武汉大学出版社，2001。

[13] 李忠：《宪法监督论》，北京，社科文献出版社，1999。

[14] 施启扬：《西德联邦宪法法院论》，台北，商务印书馆，1971。

[15] 刘兆兴：《德国联邦宪法法院总论》，北京，法律出版社，1998。

[16] 张千帆：《西方宪政体系》（上、下册），北京，中国政法大学出版社，2001。

[17] 童之伟：《法权与宪政》，济南，山东人民出版社，2001。

[18] 吴庚：《宪法的解释与适用》，台北，三民书局，2004。

[19] 苏永钦：《合宪性控制的理论与实际》，台北，月旦出版社，1994。

[20] 吴志光：《比较违宪审查制度》，台北，神州图书出版社，2003。

[21] 刘孔中、陈新民主编：《宪法解释之理论与实务》（第三辑·上册），台北，中山人文社会科学研究所，2002。

[22] 宋冰编：《美国与德国的司法制度及司法程序》，北京，中国政法大学出版社，1999。

[23] 王名扬：《美国行政法》，北京，中国法制出版社，1995。

译著

[1] ［美］詹姆斯·安修：《美国宪法判例与解释》，黎建飞译，北京，中国政法大学出版社，1999。

[2] ［美］路易斯·亨金、阿尔伯特·J. 罗森塔尔编：《宪政与权利：美国宪法的域外影响》，郑戈、赵晓力、强世功译，北京，生活·读书·新知三联书店，1996。

[3] ［美］保罗·布莱斯特等编：《宪法决策的过程：案例与材料》（上、下册），张千帆等译，北京，中国政法大学出版社，2002。

[4] ［美］凯斯·桑斯坦：《偏颇的宪法》，宋华琳、毕竞悦译，北京，北京大学出版社，2005。

[5] ［美］克里斯托弗·沃尔夫：《司法能动主义——自由的保障还是安全的威胁?》，黄金荣译，北京，中国政法大学出版社，2004。

[6] ［德］卡尔·拉伦茨：《法学方法论》，陈爱娥译，北京，商务印书馆，2003。

[7] ［日］芦部信喜：《宪法》，林来梵、凌维慈、龙绚丽译，北京，北京大学出版社，2006。

[8] ［日］阿部照哉、池田政章、初宿正典、户松秀典编：《宪法》，周宗宪译，台北，元照出版公司，2001。

[9] ［日］棚濑孝雄：《现代日本的法和秩序》，易平译，北京，中国政法大学出版社，2002。

[10] ［日］藤仓皓一郎、木下毅、高桥一修、樋口范雄主编：《英美判例百选》，段匡、杨永庄译，北京，北京大学出版社，2005。

[11] ［日］谷口安平：《程序的正义与诉讼》，王亚新、刘荣军译，北京，中国政法大学出版社，1996。

[12] ［德］克劳斯·施莱希、斯特凡·科里奥特：《德国联邦宪法法院：地位、程序与裁判》，刘飞译，北京，法律出版社，2007。

其他

[1]《德国联邦宪法法院裁判选辑》（第一至九辑），台湾"司法院"印行，2000。

［2］《美国联邦最高法院宪法判决选译》（第一、二辑），台湾"司法院"印行，2001。

二、英文部分

［1］ A. Morgan Cloud，*Comparative Constitutionalism：Structure and Values in Constitutional Interpretation*，40 Emory L. J. 875 （1991）.

［2］ Abram Chayes，*The Role of The Judge in Public Law Litigation*，89 H. L. Rev. 7 （1976）.

［3］ Adam Hoffman，*Corralling Constitutional Fact，De Novo Fact Review in The Federal Appellate Courts*，50 Duke L. J. 1427 （2001）.

［4］ Alan K. Chen，*The Ultimate Standard：Qualified Immunity in The Age of Constitutional Balancing Tests*，81 Iowa L. Rev. 261 （1995）.

［5］ Aleinikoff，T. Alexander，*Constitutional Law in the Age of Balancing*，96 Yale Law Journal （1987）.

［6］ Andras Sajo，*Constitutional Adjudication in Light of Discourse Theory*，17 Cardozo L. Rev. 1193 （1996）.

［7］ Antonin Scalia，*The Rule of Law as A Law of Rules*，56 U. Chi. L. Rev. 1175 （1989）.

［8］ Ashutosh Bhagwat，*Purpose Scrutiny in Constitutional Analysis*，85 Calif. L. Rev. 297 （1997）.

［9］ Barry Friedman，*The Politics of Judicial Review*，84 Tex. L. Rev. 257 （2005）.

［10］ B. BusSc，*Void for Vagueness：the Layman's Contract in Court*，102 The South African Law Journal 663 （1985）.

［11］ Bernhard Schlink，*Liberalism，Republicanism，and Constitutionalism：The Dynamics of Constitutional Adjudication*，17 Cardozo L. Rev. 1231 （1996）.

［12］ Carolyn Mcniven，*Using Severability Clauses to Solve The Attainment Deadline Dilemma in Environmental Statutes*，80 Calif. L. Rev. 1255 （1992）.

［13］ Cass R. Sunstein，*Leaving Things Undecided*，110 Harv. L. Rev. 6 （1996）.

［14］ Charles F. Abernathy，*Civil Rights and Constitutional Litigation：Cases and Materials*，West Publishing Co. （1992）.

[15] Christopher Wolfe, *The Result-Oriented Adjudicator's Guide to Constitutional Law*, 70 Tex. L. Rev. 1325 (1992).

[16] Christopher Wolfe, *The Rise of Modern Judicial Review: From Constitutional Interpretation to Judge-made Law*, Basic Books, Inc., Publisher (1986).

[17] Daniel S. Dengler, *The Italian Constitutional Court: Safeguard of the Constitution*, 19 Dick. J. Int'l L. (2001).

[18] David H. Gans, *Strategic Facial Challenges*, 85 B. U. L. Rev. 1333 (2005).

[19] David L. Faigman, *"Normative Constitutional Fact-Finding": Exploring The Empirical Component of Constitutional Interpretation*, 139 U. Pa. L. Rev. 541 (1991).

[20] David L. Faigman, *Madisonian Balancing: A Theory of Constitutional Adjudication*, 88 Nw. U. L. Rev. 641 (1994).

[21] David L. Faigman, *Measuring Constitutionality Transactionally*, 45 Hastings L. J. 753 (1994).

[22] David M. Beatty, *The Ultimate Rule of Law*, Oxford University Press (2004).

[23] David M. Driesen, *Standing for Nothing: The Paradox of Demanding Concrete Context for Formalist Adjudication*, 89 Cornell L. Rev. 808 (2004).

[24] Danielle E. Finck, *Judicial Review: The United States Supreme Court Versus the German Constitutional Court*, 20 B. C. Int'l & Comp. L. Rev. 123 (1997).

[25] Donald P. Kommers, *The Constitutional Jurisprudence of the Federal Republic of Germany*, Duke University Press (1989).

[26] Edward Mcwhinney, *Supreme Courts and Judicial Law Making: Constitutional Tribunals and Constitutional Review*, Martinus Nijhoff Publishers (1986).

[27] Erhard Denninger, *Judicial Review Revisited: The German Experience*, 59 Tul. L. Rev. 1013 (1985).

[28] Erwin Chemerinsky, *Parity Reconsidered: Defining A Role for The Federal Judiciary*, 36 Ucla L. Rev. 233 (1988).

[29] Felix Frankfurter, *A Note on Advisory Opinions*, 37 Hard. L. Rev. 1002 (1924).

[30] Frederick Schauer, *Ashwander Revisited*, The Supreme Court Review, Vol. 1995. (1995).

［31］Frederick Schauer，*The Occasions of Constitutional Interpretation*，72 B. U. L. Rev. 729 (1992)．

［32］Gerald Gunther，*Constitutional law*，Westbury，NY：Foundtion Press (1997)．

［33］Gerald L. Neuman，*The Uses of International Law in Constitutional Interpretation*，98 A. J. I. L. 82 (2004)．

［34］Gillian Hadfield's，*Weighing the Value of Vagueness：An Economic Perspective on Precision in the Law*，82 Calif. L. Rev. 541 (1994)．

［35］Gloria F. Taft，*Challenging The Facial Challenge*，21 Campbell L. Rev. 81 (1998)．

［36］Hans G. Rupp，*Judicial Review in the Federal Republic of German*，The American Journal of Comparative Law，vol. 9 (Winter，1996)．

［37］Henry P. Monaghan，Constitutional Adjudication：The Who and When，82 Yale Law Journal 1365 (1973)．

［38］Henry P. Monaghan，*Constitutional Fact Review*，85 Colum. L. Rev. 229 (1985)．

［39］Henry P. Monaghan，*Stare Decisis and Constitutional Adjudication*，88 Colum. L. Rev. 723 (1988)．

［40］Henry P. Monaghan，*Third Party Standing*，84 Colum. L. Rev. 277 (1984)．

［41］Henry Paul Monaghan：*Overbreadth*，Sup. Ct. Rev. 1. (1981)．

［42］Herbert O. Reid，*Contemporary Review of Constitutional Decisions：The Rehnquist Court and Constitutional Interpretation*，1987 How. L. J. 897 (1987)．

［43］James C. Rehnquist，*The Power That Shall Be Vested in A Precedent：Stare Decisis，The Constitution and The Supreme Court*，66 B. U. L. Rev. 345 (1986)．

［44］James E. Fleming，*The Natural Rights-Based Justification For Judicial Review*，69 Fordham L. Rev. 2119 (2001)．

［45］James G. Wilson，*The Role of Public Opinion in Constitutional Interpretation*，B. Y. U. L. Rev. 1037 (1993)．

［46］Jeffrey M. Shaman，*Constitutional Interpretation：Illusion and Reality*，Greenwood Press (2001)．

［47］Jeremy Waldron，*Void For Vagueness：Vagueness in Law and Language：Some Philosophical Issues*，82 Calif. L. Rev. 509 (1994)．

［48］John Christopher Ford，*The Casey Standard for Evaluating Facial Attacks on Abortion Statutes*，95 Mich. L. Rev. 1443（1997）．

［49］John Copeland Nagle，Severability，72 N. C. L. Rev. 203（1993）．

［50］John Hart Ely，*Democracy and Distrust*，*A Theory of Judicial Review*，Harvard University Press（1980）．

［51］John P. Roche，*Judicial Self-restrain*，The American Political Science Review，Vol. 49，No. 3.（Sep.，1955）．

［52］Jonathan Daniels，*Valid Despite Vagueness*：*The Relationship Between Vagueness and Shifting Objective*，58 Sask. L. Rev. 101（1994）．

［53］Jonathan L. Entin，*Separation of Powers*，*The Political Branches*，*and The Limits of Judicial Review*，51 Ohio St. L. J. 175（1990）．

［54］Joseph C. Wilkinson，*Civil Code Article* 39 *Unconstitutional As Applied to Venue Requirements in Actions for Annulment of Marriage*，*Separation*，*or Divorce*，53 Tul. L. Rev. 973（1979）．

［55］K. Davis，*An Approach to Problems of Evidence in the Administrative Process*，55 Harv. L. Rev. 364（1942）．

［56］Hans Kelsen，*Judicial Review of Legislation*：*A Comparative Study of The Austrian and The American Constitution*，4 J. Pol. 183（1942）．

［57］Kenneth F. Ripple，*Constitutional Litigation*，The Michie Company Law Publishers（1984）．

［58］Laurence H. Tribe & Michael C. Dorf，*on Reading The Constitutiona*，Harvard University Press（1991）．

［59］Laurence H. Tribe，*Constitutional Choices*，Harvard University Press（1985）．

［60］Lawrence M. Solan，*Private Language*，*Public Laws*：*The Central Role of Legislative Intent in Statutory Interpretation*，93 Geo. L. J. 427（2005）．

［61］Linda R. Cohen & Roger G. Noll，*Whether to Vote*：*Strategies for Voting and Abstaining on Congressional Roll Calls*，13 Pol. Behav. 97（1991）．

［62］Linde，*Admonitory Functions of Constitutional Courts*，*The United States Experience*，20 Am. J. Comp. L 424（1972）．

［63］ Lisa A. Kloppenberg，*Avoiding Constitutional Questions*，35 B. C. L. Rev 1003 （1994）.

［64］ Lisa A. Kloppenberg，*Avoiding Serious Constitutional Doubts：The Supreme Court's Construction of Statutes Raising Free Speech Concerns*，30 U. C. Davis L. Rev. 1 （1996）.

［65］ Louis Favoreu，*The Constitutional Council and Parliament in France*，*Constitutional Review and Legislation：An International Comparison*，Christine Landfried ed. Nomos Verlagsgesellschaft Baden-Baden （1988）.

［66］ Louis Kaplow，*Rules Versus Standards：an Economic Analysis*，42 Duke L. J. 571 （1992）.

［67］ Luke Meier，*A Broad Attack On Overbreadth*，40 Val. U. L. Rev. 113 （2005）.

［68］ M. B. W. Sinclair，*Legislative Intent：Fact or Fabrication?* 41 N. Y. L. Sch. L. Rev. 1329 （1997）.

［69］ Manfred H. Wiegandt，*Germany's International Integration：The Rulings of The German Federal Constitutional Court on The Maastricht Treaty and The Out-of-Area Deployment of German Troops*，10 Am. U. J. Int'l L. & Pol'y 889 （1995）.

［70］ Marc E. Isserles，*Overcoming Overbreadth Facial Challenges and The Valid Rule Requirement*，48 Am. U. L. Rev. 359 （1998）.

［71］ Mark Tushnet，*Meet The New Boss：The New Judicial Center*，83 N. C. L. Rev. 1205 （2005）.

［72］ Mark Tushnet，*Taking The Constitution Away from The Courts*，Princeton University Press （1999）.

［73］ Martin H. Belsky，*The Rehnquist Court：A Retrospective*，Oxford University Press （2002）.

［74］ Matthew D. Adler，*Response：Rights，Rules，and The Structure of Constitutional Adjudication：A Response to Professor Fallon*，113 Harv. L. Rev. 1371 （2000）.

［75］ Matthew D. Adler，*Rights against Rules：The Moral Structure of American Constitutional Law*，97 Mich. L. Rev. 1 （1998）.

［76］ Mauro Cappelletti，*Judicial Review in Contemporary World*，The Bobbs-merrill Company，Inc. （1971）.

［77］ Mcwhinney Edward，*Supreme Courts and Judicial Law-Making：Constitutional Tribu-*

nals and Constitutional Review，Martins Nijhoff（1966）．

［78］Michael B. Miller，*The Justiciability of Legislative Rules and The "Political" Political Question Doctrine*，78 Calif. L. Rev. 1341（1990）．

［79］Michael C. Dorf，*Facial Challenges to State and Federal Statutes*，46 Stan. L. Rev. 239（1994）．

［80］Michael C. Dorf，*The Limits of Socratic Deliberation*，112 Harv. L. Rev. 4（1998）．

［81］Michael D. Shumsky，*Severability，Inseverability，and The Rule of Law*，41 Harv. J. On Legis. 227（2004）．

［82］Michael J. Perry，*The Constitution，The Courts，and Human Rights*，Yale University Press（1982）．

［83］Michael J. Perry，*The Constitution，The Courts，and The Question of Minimalism*，88 Nw. U. L. Rev. 84（1993）．

［84］Michael T. Kersten，*Exactions，Severability and Takings：When Courts Should Sever Unconstitutional Conditions from Development Permits*，27 B. C. Envtl. Aff. L. Rev. 279（2000）．

［85］Niklas Luhmann，*Law as a Social System*，Oxford University Press（2004）．

［86］Note，*Inseparability in Application of Statues Impairing Civil Liberties*，Harvard Law Review，Vol. 61，No. 7.（1948）．

［87］Note，*Overbreadth Review and The Burger Court*，49 N. Y. U. L. Rev. 532（1974）．

［88］Note，*Statue Prohibiting Sale of Synthetic Food Is Unconstitutional As Applied to Wholesome Product Sold in Container Clearly Indicating Ingredients*，46 Virginia L. Rev. 1（1960）．

［89］Note，*The Aftermath of Chadha：The Impact of the Severability Doctrine on the Management of Intra-governmental Relations*，71 Va. L. Rev. 1211（1985）．

［90］Note，*The Flag：Sexual Misconduct Statute Not Unconstitutional as Applied*，59 J. Mo. B. 5（2003）．

［91］Note，*The Void-For-Vagueness Doctrine in The Supreme Court*，109 U. Pa. L. Rev. 77（1960）．

［92］Note，*The First Amendment Overbreadth Doctrine*，83 Harv. L. Rev. 844（1969）．

［93］ Note，*The Supreme Court Interpretation of Statutes to Avoid Constitutional Dicisions*，53 Columbia L. Rev. 633 （1953）．

［94］ Note，*The Aftermath of Chadha：The Impact of The Severability Doctrine on The Management of Intra-governmental Relations*，71 Va. L. Rev. 1211 （1985）．

［95］ R. George Wright，*Two Models of Constitutional Adjudication*，40 Am. U. L. Rev. 1357 （1991）．

［96］ R. Randall Kelso，*Styles of Constitutional Interpretation and The Four Main Approaches to Constitutional Interpretation in American Legal History*，29 Val. U. L. Rev. 121 （1994）．

［97］ Richard H. Fallon，*As-Applied And Facial Challenges*，113 Harv. L. Rev. 1321 （2000）．

［98］ Richard H. Fallon，*Making Sense of Overbreadth*，100 Yale L. J. 853 （1991）．

［99］ Richard H. Fallon，*The "Conservative" Paths of The Rehnquist Court's Federalism Decisions*，69 U. Chi. L. Rev. 429 （2002）．

［100］ Robert Alexy，*A Theory of Constitutional Right*，translated by Julian Rivers. Oxford University Press （2002）．

［101］ Robert E. Keeton，*Legislative Facts and Similar Things：Deciding Disputed Premise Facts*，73 Minn. L. Rev. 1 （1988）．

［102］ Robert E. Keeton，*Legislative Facts and Similar Things：Deciding Disputed Premise Facts*，73 Minn. L. Rev. 1 （1988）．

［103］ Robert L. Stern，*Separability and Separability Clauses in The Supreme Court*，51h. L. Rev. 1 （1937）．

［104］ Shad L. Brown，*Criminal Libel Statute Held Unconstitutional as Applied to Public Statements Involving Public Concerns：State V. Powell*，24 N. M. L. Rev. 495 （1994）．

［105］ Shawn Kolitch，*Constitutional Fact Finding and The Appropriate Use of Empirical Data in Constitutional Law*，10 Lewis & Clark L. Rev. 673 （2006）．

［106］ Skye Gabel，*Casey Versus Salerno：Determining an Appropriate Standard for Evaluating The Facial Constitutionality of Abortion Statutes*，19 Cardozo L. Rev. 1825 （1998）
．

［107］ Steven Alan Childress，*Constitutional Fact and Process：A First Amendment Model of*

Censorial Discretion，70 Tul. L. Rev. 1229，1241（1996）．

[108] Sylvia Brown Hamano，*Incomplete Revolutions and Not So Alien Transplants：The Japanese Constitution and Human Rights*，1 U. Pa. J. Const. L. 415（1999）．

[109] William A. Fletcher，*The Structure of Standing*，98 Yale L. J. 221（1988）．

[110] William F. Ryan，*Rush to Judgment：A Constitutional Analysis of Time Limits on Judicial Decisions*，77 B. U. L. Rev. 761（1997）．

[111] William J. Nardini，*Passive Activism and the Limits of Judicial Self-Restraint：Lessons for America from the Italian Constitutional Court*，30 Seton Hall L. Rev. 1（1999）．

[112] William N. Eskridge，Jr. & Philip P. Frickey，*Statutory Interpretation as Practical Reasoning*，42 Stan. L. Rev. 321（1990）．

[113] William N. Eskridge，Jr. & Philip P. Frickey，*Quasi-Constitutional Law：Clear Statement Rules as Constitutional Lawmaking*，45 Vand. L. Rev. 599（1992）．

[114] William N. Eskridge，Jr.，*Dynamic Statutory Interpretation*，Harvard University Press（1994）．

[115] William N. Eskridge，*Public Values In Statutory Interpretation*，137 U. Pa. L. Rev. 1007（1989）．

[116] Wiltraut Rupp-v. Brunneck，*Admonitory Functions of Constitutional Courts*，The American Journal of Comparative Law，Vol. 20，No. 3（Summer，1972）．

三、日文部分

[1] 芦部信喜：《宪法诉讼的理论》，东京，有斐阁，1973。

[2] 芦部信喜：《现代人权论》，东京，有斐阁，1974。

[3] 芦部信喜：《宪法诉讼的现代展开》，东京，有斐阁，1981。

[4] 芦部信喜：《讲座宪法诉讼》（1、2、3），东京，有斐阁，1987。

[5] 佐藤幸治：《宪法诉讼与司法权》，东京，日本评论社，1984。

[6] 和田英夫：《大陆型违宪审查制》（增补版），东京，有斐阁，1994。

[7] 野中俊彦：《宪法诉讼的原理与技术》，东京，有斐阁，1995。

［8］高桥和之：《宪法判断的方法》，东京，有斐阁，1995。

［9］户松秀典：《宪法诉讼》，东京，有斐阁，2000。

［10］阿部照哉：《基本人权的法理》，东京，有斐阁，1976。

［11］时国康夫：《宪法诉讼及其判断方法》，东京，第一法规，1996。

［12］中村睦男：《宪法 30 讲》，东京，青林书院，1999。

［13］中古实：《宪法诉讼的基本问题》，东京，法曹同人，1989。

［14］永田秀树：《适用违宪的法理》，载《法学家》，1994（1037）。

图表目录

索 引

一、法律法规索引

二、外国判例索引

日本最高法院大法庭判决昭和 50 年 9 月 10 日，刑事判例集 29 卷 8 号第 489 页。 §142

三、中国事案例索引

四、人名索引

五、专门术语索引